Übersicht Radtouren

Nr.	Kondition	Technik	Tour	km	Höhenmeter	Fahrzeit	Ausgangspunkt
1	**	*	Salzburger Stadtrunde	38,1	80	2:30	Salzburg
2	**	*	Salzburg-Oberndorf-Rupertiwinkel	41,5	160	3:00	Salzburg
3	***	*	Rund um den Eugendorfer Berg	36,9	580	2:45	Salzburg
4	**	*	Von Salzburg nach Obertrum	41,6	420	3:15	Salzburg
5	****	*	Große Gaisbergrunde	53,9	740	4:00	Salzburg
6	***	*	Zum Wiestalstausee	28,3	490	2:15	Salzburg-Elsbethen
7	***	**	Von Salzburg in das Bluntautal	56,5	340	4:00	Salzburg-Elsbethen
8	***	*	Von Mondsee um den Irrsee	33,0	620	2:45	Mondsee
9	**	*	Kleine Wallersee Runde	21,5	240	2:00	Seekirchen
10	***	*	Große Wallersee Runde	43,5	650	3:15	Seekirchen
11	*	**	Rund um den Mattsee	13,2	150	1:15	Mattsee
12	**	*	Rund um Obertrumer- und Grabensee	27,2	300	2:00	Obertrum
13	***	*	Trumer 3-Seen Runde	40,8	520	3:30	Obertrum
14	****	*	Von Oberndorf über den Haunsberg	45,4	610	3:30	Oberndorf
15	*	*	Von Oberndorf ins Bürmooser Moor	28,8	190	2:00	Oberndorf
16	**	**	Rund um den Högl	36,6	350	2:45	Salzburg
17	*	**	Rund um den Abtsdorfer See	33,0	170	2:00	Salzburg
18	**	*	In den nördlichen Rupertiwinkel	49,4	370	3:00	Salzburg
19	**	*	In den südlichen Rupertiwinkel	43.6	350	2:45	Salzburg
20	***	*	Surspeicher - Schönramer Filz	58,7	470	4:00	Salzburg
21	**	*	Zwischen Teisendorf und Traunstein	37,9	520	3:00	Teisendorf
22	***	*	Von Teisendorf um den Waginger See	47,9	620	3:30	Teisendorf
23	*	*	Waginger Seenrunde	28,5	190	2:00	Waging
24	**	*	Durch das Waginger Hinterland	25,3	360	2:00	Waging
25	*	*	Kirchanschöring - Tittmoning	37,7	250	2:45	Kirchanschöring
26	**	**	Von Siegsdorf um den Zinnkopf	29,4	350	2:30	Siegsdorf
27	***	**	Rund um den Untersberg	43,7	560	3:15	Grödig
28	***	*	Berchtesgaden - Königssee - Böcklweiher	24,5	460	2:15	Berchtesgaden

W0200604

Übersicht Mountainbike-Touren

29	**	****S2	Högltrails	14,0	530	2:00	Hammerau
30	***	***	Reichenhaller Salinenwege	28,5	620	3:00	Bad Reichenhall
31	***	****S2	Heubergtrails	20,2	550	2:15	Salzburg
32	**	**	Rund um den Gaisberg	25,2	540	2:30	Salzburg
33	**	*****S3	Gaisbergtrails	22,3	720	2:45	Salzburg
34	**	****S2	Mühlstein	15,5	620	2:00	Elsbethen
35	***	*****S3	Flachgauer Trailrunde	38,8	970	4:15	Salzburg Sam
36	**	*	Von Hallein über den Dürrnberg	20,8	650	2:00	Hallein
37	**	**	Gaißauer Almentour	24,5	940	2:45	Gaißau
38	***	**	Von Voglau zur Postalm	44,1	1240	4:00	Voglau
39	***	*	Mondseeberg	40,9	870	3:30	Mondsee
40	**	**	Eisenauer Alm	25,8	650	2:30	Unterach
41	***	***	Rund um das Zwölferhorn	27,6	900	3:00	Faistenau-Tiefbrunnau
42	***	***S1	Zwölferhorn	12,8	650	2:00	Faistenau-Tiefbrunnau
43	***	**	Rund um den Breitenberg	30,4	1070	3:30	Abersee
44	***	****S2	Biketour um den Untersberg	43,0	870	3:45	Grödig
45	****	**	Berchtesgadener Panoramatour	40,2	1100	3:15	Marktschellenberg
46	****	***S1	Rossfeld	36,4	1220	4:00	Marktschellenberg
47	***	*	Kehlsteinhaus	16,7	780	2:00	Berchtesgaden-Obersalzberg
48	****	**	Gotzenalm	23,3	1120	3:00	Berchtesgaden-Hinterbrand
49	****	**	Watzmann-Panoramastraße zur Kühroint	16,7	790	2:15	Ramsau
50	***	**	Kallbrunnalm (um den Gerhardstein)	26,3	910	2:30	Weißbach
51	****	*	Über die Loferer Alm	40,1	1380	4:00	Unken
52	***	***S1	Rund um das Lattengebirge	34,0	840	3:30	Bad Reichenhall
53	*****	**	Rund um die Reiter Alpe	66,1	1530	5:30	Bad Reichenhall
54	****	***	Rund um den Staufen	42,2	1020	4:00	Piding
55	***	*S2	Rund um den Rauschberg	35,4	790	3:00	Weißbach
56	****	***S2	Stoißeralm und Steineralm	35,0	1170	3:15	Piding
57	***	***	Von Ruhpolding um das Dürrnbachhorn	33,5	690	3:00	Ruhpolding
58	***	**	Von Ruhpolding um den Hochfelln	26,3	850	2:30	Ruhpolding
59	**	*	Ruhpolding, Röthelmoos - Eschelmoosalm	39,9	670	3:00	Ruhpolding
60	***	***S1	Vom Seegatterl zum Dreiländereck	30,5	1050	3:30	Reit im Winkl/Seegatterl

Verhaltensregeln für Mountainbiker

· Schütze deinen Kopf durch einen Helm und kontrolliere die Ausrüstung vor Antritt jeder Radtour (Reifen, Bremsen, Schnellverschlüsse an Sattelstütze und Radnaben).

· Fahre stets mit kontrollierter Geschwindigkeit und auf halbe Sicht, besonders bei Kurven, da jederzeit mit Hindernissen zu rechnen ist (z.B. Fahrbahnschäden, Steine, Äste, zwischengelagertes Holz, Weidevieh, Weideroste, Schranken, Forstmaschinen, Fahrzeuge von Berechtigten)! · Nimm Rücksicht auf Wanderer und Fußgänger und überhole nur im Schritttempo!

· Nimm Rücksicht auf den Schwierigkeitsgrad der Strecke und schätze deine Erfahrungen und dein Können als Biker genau ein! · Halte dich an Absperrungen und akzeptiere, dass dieser Weg primär der land- und forstwirtschaftlichen Nutzung dient! Schließe die Weidegatter!

· Nimm Rücksicht auf Natur und Wild, verzichte auf das Fahren abseits der geöffneten Wege und beende deine Biketour vor der Dämmerung.

· Und zum Schluss noch eine große Bitte! Halte die Landschaft sauber und nimm deine Abfälle wieder mit. Dadurch hilfst du mit, unsere Natur rein zu halten, damit sich auch die Gäste nach dir noch freuen können.

Nach Unwettern können Wege beinahe unpassierbar sein, Steine und Bäume können auf den Weg stürzen. Wege führen oft durch Steilgelände, wo Absturzgefahr besteht. Üblicherweise werden derartige Gefahrenstellen nicht abgesichert. Da unsere Wälder und Almen bewirtschaftet werden, muss man auch auf den freigegebenen MTB-Routen mit Autoverkehr rechnen. Es kann auch vorkommen, dass Routen zeitweilig gesperrt werden, weil auf der Strecke Holzarbeiten durchgeführt werden.

Alpines Notsignal

· Im Notfall sechsmal pro Minute in regelmäßigen Abständen (also alle zehn Sekunden) ein seh- oder hörbares Zeichen geben. Eine Minute Pause, dann wiederholen.

Unfallmeldung

Wer meldet?
Wo ist etwas passiert?
Was ist geschehen?
Wie viele Personen benötigen Hilfe?
Wie ist das Wetter im Unfallgebiet?

Wichtige Notrufnummern

112 Euronotruf
140 Alpiner Notruf (Österreich)
133 Polizei (Österreich)
144 Rettung (Österreich)
112 Rettung (Deutschland)

Alles zum Thema E-Bike

Die beiden Autoren haben für dieses Jahr von KTM je ein Elektro MTB zur Verfügung gestellt bekommen. Sie sind mit diesen E-Bikes viele der 60 Touren mit größter Zufriedenheit abgefahren.

Wie funktioniert ein E-Bike?

Grundsätzlich spricht man von einem E-Bike, wenn die Motorunterstützung nur beim Treten freigegeben wird. Hört man beim E-Bike auf zu treten, schaltet sich auch der Motor ab. Ebenso, wenn eine Geschwindigkeit von 25 km/h überschritten wird. Der Motor eines E-Bikes übernimmt also nicht die ganze Arbeit, sondern leistet nur eine gewisse Hilfestellung, die von der eingesetzten Tretkraft abhängt. Die Unterstützung kann über eine Bedienkonsole am Lenker in verschiedenen Modi und Level gewählt werden. Für E-Bikes mit einer Unterstützung bis 25 km/h gelten dieselben Regeln wie bei einem normalen Fahrrad. Für den Gesetzgeber gelten die schnellen E-Bikes (bis 45 km/h Unterstützung) als Leichtkrafträder. Sie sind versicherungspflichtig, brauchen ein Kennzeichen und dürfen Radwege nur mit dem Zusatzschild „Mofas frei" benützen.

Wie lange muss der Akku eines E-Bikes laden?

Je nach Akkuladezustand variiert auch die Ladezeit eines E-Bike-Akkus. Das Laden am Netz mit Ladegerät nimmt ca. drei bis vier Stunden in Anspruch.

Wie weit kann ich mit einer Akkuladung fahren?

Aufgrund der verschiedenen Akkutypen bei E-Bikes lässt sich die Reichweite pauschal nur sehr schwer angeben. Darüber hinaus spielt es eine Rolle, wo man mit dem Elektrobike unterwegs ist. Auf einer flachen Strecke wird natürlich weniger Energie verbraucht als bei einer Bergfahrt. Auch das Gewicht des Fahrers nimmt Einfluss der Akkuleistung eines E-Bikes. Dennoch sollten heutzutage mit einer Aufladung 60 bis 80 km, bei sparsamem ECO-Betrieb sogar bis zu 150 km zu schaffen sein.

Welche Antriebskonzepte gibt es?

In der Technologie unterscheiden sich die E-Bikes durch drei verschiedene Antriebskonzepte:

1. Mittelmotor

Der Motor befindet sich im Bereich des Tretlagers. Bei den neueren Modellen wird der Motor vom Rahmen umschlossen, so wird der Motor vor Beschädigungen von unten geschützt. Von großem Vorteil ist auch die Schiebehilfe, die im steilen Gelände sehr hilfreich unterstützt. Der zentrale Schwerpunkt erleichtert das Handling. Diese Antriebsart hat sich am besten durchgesetzt und wird von allen Markenherstellern angeboten.

2. Hinterradnabenmotor

Hier befindet sich der Akku am Unterrohr des E-Bikes und sorgt für eine gute Gewichtsverteilung. Zudem muss die Rahmengeometrie nicht verändert werden und entspricht dem eines ganz normalen Bikes.

In Sachen Fahrverhalten eines E-Bikes punktet der Hinterradantrieb vor allem bei Steigungen, da die Belastung am Hinterrad liegt. Diese sportlichste Variante eines E-Bike Antriebs bietet bestes Antriebsgefühl und geringes Gewicht, etwas kompliziert wird es beim Reifenwechsel. Beim Bergabfahren oder beim Bremsen kann über einen Rekuperationsmodus dem Akku Energie zurückgeführt werden.

3. Frontmotor

Aufgrund der Gewichtsverteilung kann hier das Vorderrad des E-Bikes leicht wegrutschen und somit bergauf einen Teil der Schubkraft auf lockerem Schotterboden verloren gehen. Der Frontmotor ist oft die kostengünstigste Variante eines E-Bikes, aber der ruckartige Einsatz des Antriebes beeinflusst das Steuerverhalten in der Kurve.

Mehr Infos unter **www.adfc.de**

Vorwort

Im Frühjahr 2001 ist das Erstlingswerk dieses Radführers auf den Markt gekommen. Und jetzt, nach 15 Jahren wird bereits die 4. Auflage gedruckt. Natürlich haben wir mehrere Routenführungen aktualisiert bzw. verändert. So präsentieren wir Ihnen mit dieser Auflage ausschließlich aktualisierte Touren, 24 Touren mit veränderter Routenführung, sowie 23 neue Touren. Die wichtigste Neuerung an dieser Auflage ist jedoch, wir haben alle Touren mittels GPS aufgezeichnet und können diese GPS-Tracks an Sie weitergeben. Die Tracks können Sie direkt beim Verlag Plenk Berchtesgaden GmbH und Co. KG bestellen.

Ihren persönlichen Code zum Download der GPS Daten finden Sie auf der Innenseite des Ordners, zwischen den beiden Übersichtskarten. Diesen Code schicken Sie direkt an plenk-verlag@t-online.de. Ihr Auftrag wird immer am nächsten Werktag bearbeitet. Zum Download erhalten Sie einen Link. Dieser ist 7 Tage gültig.

Die teils hügelige, abwechslungsreiche Landschaft, die blühenden Wiesen mit den darin eingebetteten Seen, das dichte, aber auf Nebenstraßen verkehrsarme Straßennetz bietet gerade dem Radfahrer eine ausgezeichnete Möglichkeit, die Aussage von Alexander von Humboldt nachzuvollziehen:

„Salzburg und seine Umgebung - eine der drei schönsten Gegenden der Erde".

Nördlich der Festspielstadt Salzburg liegt eine Erholungslandschaft der besonderen Art: das Alpenvorland. Dieses Ferienparadies, reich an Kultur und mit viel Natur bietet sich mit seinen Seen ideal zum Radfahren und Baden an. Der Dramatiker Carl Zuckmayer lebte zwölf Jahre in der Wiesmühl in Henndorf am Wallersee. In seiner Autobiographie „Als wär's ein Stück von mir..." schrieb er „Einmal gelebt im Paradiese..." und meinte dabei das Gebiet um den Wallersee.
Im Salzburger Land findet jährlich von August bis Oktober der Bauernherbst statt. Nach alter Tradition wird das Einbringen der Ernte gefeiert, die Bauern bieten ihre frischen Hofprodukte zum Verkosten an. Bodenständige Traditionen und Bräuche werden von den Einheimischen dargeboten. Sportlicher Höhepunkt des Bauernherbstes ist der Autofreie Tag rund um den Obertrumer See.

An diesem Tag ist auf der Straße rund um den Obertrumer See mit den Orten Obertrum, Seeham und Mattsee Volksfeststimmung. Radfahrer, Inlineskater, Fußgänger und sonstige „motorlose Fahrzeuge" beherrschen das Geschehen. Einblick in das bäuerliche Leben geben auch die Heimatmuseen. Abseits der Tourismuszentren und doch zentral liegt der Rupertiwinkel, ein ideales Ausflugsgebiet. Um 700 n. Chr. brachte Bischof Rupertus die von Hunnen zerstörte Salzgewinnung wieder in Gang. Dadurch erhielt dieser Teil des Erzstiftes Salzburg den Namen Rupertiwinkel, was jedoch kein offizieller, sondern ein im Volksmund gebräuchlicher Name ist.

Die beiden Autoren Wolfgang Stumtner und Walter Köberl

Ringförmig von zwei Flüssen, der Salzach und Saalach, eingeschlossen, liegt das Berchtesgadener Land. Auf kleinstem Raum sind selten so viele herausragende Naturschönheiten zu finden. Der sagenumwobene Watzmann mit seinen „Kindern", der Königssee, ein bayerischer Fjord, der zwischen Watzmann und Hagengebirge eingebettet ist. Ludwig Ganghofer prägte bei seinen zahlreichen Aufenthalten über diese Landschaft die berühmt gewordenen Worte:

„Wen Gott lieb hat, den lässt er fallen in dieses Land".

Dieser Radführer gibt Vorschläge für Familienausflüge, leichte Radstrecken, hügelige Radtouren und auch anstrengende Mountainbiketouren für sportliche Radfahrer und bietet damit ein breites Spektrum an Möglichkeiten an. Wir hoffen, dass auch für Sie etwas Ansprechendes dabei ist. Genießen Sie die vielen schönen Stunden im Sattel, sammeln Sie Eindrücke und geben Sie diese weiter.

Wir wünschen Ihnen viel Freude, schönes Wetter, passen Sie Ihr Fahrverhalten immer den Geländeverhältnissen an und beachten Sie, dass auf allen Verkehrswegen die Stra-ßenverkehrsordnung gilt. Wir danken allen, die zum Gelingen dieses Buches beigetragen haben.

Berchtesgaden/Salzburg im Frühling 2016

Zum Gebrauch des Radführers

Die Routen sind entsprechend nach ihrer geografischen Lage (Salzburg Stadt, Salzburg Umgebung, Berchtesgadener Land, Chiemgau) geordnet. Die ersten 28 Touren sind mit Mountainbike, Trekkingrad, E-Bike bzw. Rennrad zu bewältigen, für die restlichen 32 Touren empfehlen wir ausschließlich Mountainbikes bzw. E-MTB. Die Streckenbeschreibungen basieren auf die im Jahr 2015 durchgeführten Befahrungen. Zwischenzeitliche Änderungen des Straßenzustandes, der Wegweisung, der rechtlichen Situation bzw. besondere Kennzeichnungen sind daher möglich. Die Mitnahme der jeweils angegebenen Karten ist empfehlenswert. Nummerierte Wegpunkte beschreiben jene Stellen, die einer genauen Wegbeschreibung bedürfen. Diese Wegpunkte (WP) stimmen mit Tourenbeschreibung, Karte, Höhendiagramm sowie dem aufgezeichneten Track überein. Zwischen den Orientierungspunkten sollte man stets auf dem eingeschlagenen Hauptweg bleiben.

Die Symbole** stellen eine übersichtliche Entscheidungshilfe zur jeweiligen Tour dar: Kondition, Tourlänge, Höhenmeter, Streckenprofil und Fahrzeit. Fahrtechnik gibt Aufschluss über Wegbeschaffenheit, Trage- und Schiebepassagen. Die Bewertung der Mountainbike-Touren ist gegenüber den normalen Radtouren etwas höher einzustufen, d.h. die Schwierigkeit einer Bike Tour mit ** entspricht die einer Radtour mit ***.

leicht	*
mittel	**
anspruchsvoll	***
schwer	****
sehr schwer	*****

MTB-Touren bzw. Abfahrts-Varianten mit schwierigen Trailabschnitten wurden mit „S1“ „S2“ „S3“ klassifiziert. Eine detaillierte Einstufung der technischen Schwierigkeiten findet man unter: **www.singletrail-skala.de**

S1 Wege mit kleineren Hindernissen wie Wurzeln und kleinen Steinen. Sehr häufig sind vereinzelte Wasserrinnen und Erosionsschäden Grund für den erhöhten Schwierigkeitsgrad, der Untergrund kann teilweise auch nicht verfestigt sein. Das Gefälle beträgt maximal 40%. Spitzkehren sind nicht zu erwarten.

S2 Wege und Pfade mit größeren Wurzeln und Steinen. Der Boden ist häufig nicht verfestigt. Stufen und flache Treppen sind zu erwarten. Oftmals kommen enge Kurven vor, die Steilheit beträgt passagenweise bis zu 70%.

S3 Verblockte Singletrails mit vielen größeren Felsbrocken und/oder Wurzelpassagen. Hohe Stufen, Spitzkehren und kniffelige Schrägfahrten kommen oft vor. Häufig ist auch mit losem Untergrund zu rechnen, Steilheiten über 70% sind keine Seltenheit.
Die angegebenen Fahrzeiten sind reine Nettofahrzeiten für einen durchschnittlichen Radler, das heißt ohne irgendwelche Pausen, und soll nur als zusätzlicher Hinweis zur Dauer einer Tour angesehen wer-

den. Für konditionsstarke Radfahrer und E-Biker sind die Zeitangaben inklusive kleiner Pausen. Die angegebenen Höhenmeter entsprechen den zu absolvierenden Auffahrts-Höhenmetern.

Unbedingt ist darauf zu achten, dass Ihr Fahrradcomputer richtig eingestellt ist. Es genügt nicht, den Umrechnungsfaktor (wie üblicherweise beschrieben) auf Grund der Raddimension in den Radcomputer einzugeben. Eine genaue Einstellung erreicht man, indem man den Raddurchmesser mit einem Maßband abmisst und diesen Wert als Faktor in den Radcomputer eingibt.

Satellitennavigation für Radfahrer

Zum Sprachgebrauch, GPS ist die Abkürzung für „Global Positioning System", besser verständlich unter Satellitennavigation. Eine Radtour ohne ortskundigen Begleiter, ohne Karte, ohne Straßenschilder, ist so etwas möglich? Ein idealer Begleiter ist das GPS Gerät am Fahrradlenker. Dieses Gerät weiß immer, wo ich gerade bin, informiert mich über Geschwindigkeit, Höhe etc. und hat noch einen weiteren großen Vorteil: es zeichnet die gefahrene Tour auf, ermittelt neben der gefahrenen Strecke auch Höhendaten, Geschwindigkeiten und teilweise auch Trainingsdaten. Es dient also zur Dokumentation gefahrener Touren, zum Speichern gefundener Objekte und dem späteren Austausch mit anderen GPS Bikern. Der Weg zur erfolgreichen Nutzung der Outdoor Navigation führt über manch steinigen Weg. Diese Navigation für Radler ist längst nicht so einfach und preiswert wie die Kfz-Navigation. Hier müssen die gewünschten Touren am PC geplant bzw. verwaltet und dann auf das GPS Gerät geladen werden. Der Lohn für diese Mühen: man fährt stressfrei im unbekannten Gelände, man findet alles metergenau ohne Karte, also tolle Aussichten für neue Touren.

Und was braucht man dazu alles?

Ein GPS Gerät, einen PC, geeignete Software und digitale Karten. Vor allem brauchen Sie aber etwas Zeit und Geduld, um sich in diese Materie einzuarbeiten. Sollten Sie mit dem PC auf Kriegsfuß stehen, werden Sie mit diesem System wenig Freude haben und auch weiterhin mit der herkömmlichen, alten Methode navigieren.

Wie bringe ich den Track in meinen Computer

1. Schreiben Sie einfach eine E-Mail mit Ihrem Aktivierungscode an folgende E-Mail: **plenk-verlag@t-online.de**
2. Spätestens am nächsten Werktag bekommen Sie die Tracks als Download zugesandt.

Wie bringe ich den Track auf mein GPS Gerät

Sie haben die Track-Daten in einem dafür angelegten Ordner ihres Computers gespeichert. Nun muss die ausgewählte Datei (Track) in das BaseCamp oder MapSource-Programm (beide von Garmin) importiert werden.

BaseCamp

Datei öffnen – den dafür angelegten Ordner wählen – „01 Rund um Salzburg.gpx“ (für Tour 1) öffnen. Nun kann man die ausgewählte Tour auf der Karte z.B. „Topo Österreich, OSM etc.“ genau verfolgen. Anschließend wird dieser Track an das mit dem PC verbundene GPS-Gerät übertragen. Am Display des GPS-Gerätes erscheint nun unter gespeicherte Tracks „01 Stadtrunde“. Bei den gängigen GPS-Geräten von Garmin kann man bis zu 200 Tracks speichern. Es sind alle Track-Dateien im meist verwendeten „gpx“ Format abgespeichert. Es wird ihnen sehr hilfreich sein, auch alle ihre selbst abgespeicherten Tracks im gleichen gpx Format zu speichern. Die Touren wurden in voller Tracklänge abgespeichert. Bei Geräten mit kleineren Speichermedien, wie z.B. dem Garmin GPSMAP 60, kann es evtl. erforderlich sein, die Trackpunkte auf 500 Einheiten zu kürzen, da die Tracklänge ansonsten selbstständig vom Gerät gekürzt wird, so dass die Tour in verkürzter Form angezeigt wird.

Google Earth

Google Earth kann zur Ansicht und Verwaltung von GPS Tracks verwendet werden – dies ist insbesondere interessant für Sie, wenn Sie kein GPS-Gerät besitzen. Mit Google Earth kann man GPS Tracks im gpx-Format laden, ansehen und die Route abfahren lassen. Dies ist insbesondere durch die 3D-Ansicht auch als Vorbereitung zur Tour zu empfehlen.

Gewährleistung

Alle Angaben wurden nach bestem Wissen erstellt und mit größtmöglicher Sorgfalt überprüft. Gleichwohl sind – wie wir im Sinne des Produkthaftungsrechts betonen müssen – inhaltliche Fehler nicht auszuschließen. Daher erfolgen sämtliche Angaben ohne jegliche Verpflichtung, Gewähr oder Garantie des Verlages und der Autoren. Verlag und Autoren übernehmen keinerlei Verpflichtung und Haftung für etwaige inhaltliche Unstimmigkeiten. Die Ausarbeitung der Touren erfolgte nach bestem Wissen und Gewissen. Dennoch erfolgt das Nachfahren der Routen auf eigene Gefahr. Soweit gesetzlich zulässig, wird eine Haftung für etwaige Unfälle, Verletzungen und Schäden jeglicher Art, die durch diese Informationen hervorgerufen werden könnten, weder vom Verlag noch von den Autoren aus keinem Rechtsgrund übernommen. Für Korrekturen, Hinweise und Verbesserungsvorschläge sind der Verlag und die Autoren jederzeit dankbar.

Copyright

Die GPS-Daten sind Eigentum der Autoren bzw. des Verlages und werden Ihnen nur zur persönlichen Nutzung überlassen. Die Weitergabe der GPS-Daten an Dritte ist untersagt, ebenso wie das Publizieren oder die Weitergabe der Daten, insbesondere im Internet oder per mail. Eventuelle Verstöße werden vom Verlag strafrechtlich verfolgt. Wir bitten um Ihr Verständnis. Bitte verlassen Sie sich nicht ausschließlich auf ihr GPS Gerät! Die Anzeige kann bei schlechtem Empfang ausfallen, oder die Batterien bei kalter Witterung zusammenbrechen. Eine Navigation ist dann unmöglich! Technische Defekte sind nie auszuschließen! Die Mitnahme einer Karte ist deshalb zu empfehlen!

**Viel Spaß beim Biken und Radln
und allzeit sichere Fahrt!**

Impressum:

Herausgeber: Verlag Plenk Berchtesgaden GmbH & Co. KG
D-83471 Berchtesgaden • Koch-Sternfeld-Straße 5
Telefon 086 52/4474 •Fax 086 52/662 77
plenk-verlag@t-online.de • www.plenk-verlag.com
ISBN 978-3-944501-29-1 • 4. stark überarbeitete Auflage 2016

Text:	Walter Köberl u. Wolfgang Stumtner, Salzburg
Titelfoto:	Festung Hohensalzburg mit Müllner Steg
Rückseite:	Biker vor dem Watzmann (Collage)
Fotos:	Walter Köberl, Wolfgang Stumtner, Verlag
DTP:	Verlag Plenk Berchtesgaden GmbH & Co. KG Anton Quirin Plenk
Karten:	© OpenStreetMap-Mitwirkende, OdbL Alle Karten wurden vom Verlag auf Grundlage von OSM erstellt und abgeändert.
Lektorat:	Stefanie Zweckl, Bischofswiesen
Druck:	Druckerei A. Plenk KG, Berchtesgaden
Copyright:	Verlag Plenk Berchtesgaden GmbH & Co. KG

© Verlag Plenk Berchtesgaden GmbH & Co. KG. Das Werk ist urheberrechtlich geschützt. Die dadurch begründeten Rechte, insbesondere die der Übersetzung, des Nachdrucks, der Funksendung, der Wiedergabe auf photomechanischem oder ähnlichem Wege sowie die Speicherung und Auswertung auf Datenverarbeitungsanlagen bleiben auch bei auszugsweiser Verwendung vorbehalten. Vervielfältigung usw. nur mit schriftlicher Einwilligung des Verlages. Alle Angaben wurden mit Sorgfalt zusammengesetell und von den Autoren auf ihre Richtigkeit überprüft. Für Zeitangaben oder inzwischen veränderte Wegführungen oder Veränderungen über die befahrbarkeit der Wege, kann weder der Verfasser, noch der Verlag Verantwortung übernehmen. Für alle Touren im Berchtesgadener Land empfehlen wir die Karte "Berchtesgadener Alpen 1:25.000 Verlag Plenk Berchtesgaden GmbH & Co. Kg ISBN 978-3-940141-98-9 8,90€". Für alle anderen Touren empfehlen wir die in der Tour angegebenen Karten.

Rechtliche Hinweise:

Da in Österreich, im Gegensatz zu Südtirol und Bayern, manche Gesetze und Verordnungen nicht mit den Bedürfnissen großer Bevölkerungskreise konform gehen, bitten wir, die rechtlichen Hinweise zu beachten. Ausdrücklich wird darauf hingewiesen, dass die Befahrung der angeführten Strecken auf eigene Gefahr erfolgt und jegliche Haftung ausgeschlossen ist. Sämtliche durch die jeweiligen Behörden erlassenen Verkehrsge- und -verbote sind einzuhalten, für die Übertretung dieser Vorschriften in diesem Zusammenhang wird nicht gehaftet. Anders als in Bayern ist das Befahren von Forstwegen in Österreich nach der derzeit geltenden Gesetzeslage nur mit Zustimmung des Grundeigentümers erlaubt. Die beschriebenen Routenvorschläge sind diesbezüglich nicht geprüft worden. Jeder Biker ist daher für die Einhaltung der jeweils geltenden Gesetze und Vorschriften selbst verantwortlich und kann niemanden zur Haftung heranziehen, wenn Rechte Zweiter oder Dritter geltend gemacht werden.

Tour 1

Salzburger Stadtrunde

Tour 1
Salzburger Stadtrunde

Fahrradtyp	Trekkingrad, Bike, E-Bike
Kondition	
Fahrtechnik	
Länge	38,1 Kilometer
Anstiege	80 Höhenmeter
Fahrzeit	2:30 Stunden
Charakteristik	Eine flache Radtour auf Radwegen rund um die Landeshauptstadt. Fast die Hälfte der Strecke verläuft entlang der Salzach und Saalach, wobei es viele Möglichkeiten gibt, in diese Runde zu starten oder sie zu beenden. Auch der Mozart Radweg wird einige Kilometer befahren. Ein gemütlicher Radausflug für die ganze Familie.
Sehenswürdigkeiten	Tierpark und Schloss Hellbrunn, das Weltkulturerbe Salzburger Altstadt.
Einkehrmöglichkeiten	Gasthaus Überfuhr in Aigen, Gasthaus Pflegerbrücke, Mostwastl in Eichet, Saalachstuben, Grünauer Hof in Grünau, Gasthaus Gann bei der Red Bull Akademie
Ausgangspunkt	Salzachkraftwerk Sohlstufe Lehen zwischen Lehener- und Autobahnbrücke.
Karten	Kompass Nr. 16.

0	km 0,0:	Vom Salzachkraftwerk in Lehen links der Salzach (orographisch rechts) flussaufwärts in Richtung Salzburg Zentrum. Am Salzach Treppelweg durch das Zentrum bis in den Ortsteil Aigen. (Es kann auch am gegenüberliegenden Salzachufer gefahren werden.)
1	km 5,9:	Rechts über den Wilhelm Kaufmann Steg und geradeaus Richtung Josefiau. 100 m nach der Brücke links, dann geradeaus über den Kinderspielplatz.
	km 6,4:	Einmündung in Asphaltstraße rechts, dann die Billrothstraße geradeaus.
	km 6,9:	Die Alpenstraße geradeaus überqueren, dann weiter am Frohnburgweg. Vor dem Schloss Frohnburg rechts, nach 50 m links weiter.
2	km 7,5:	Einmündung in Hellbrunner Allee, links die Allee entlang bis Hellbrunn „Mozartradweg Hellbrunn“.
3	km 9,2:	Hellbrunn; Geradeaus über den Parkplatz (Bodenmarkierung) durch das Tor in den Hellbrunner Park. Nach dem Tor vor dem Spielplatz links und entlang der Schlossmauer und Eichenreihe im Schlosspark.
	km 10,3:	Rechts, Radwegweisung „Mozartradweg Anif“. Nach 200 m links aufwärts und durch das Gelände des Hellbrunner Zoos. Anschließend durch das Tor Richtung Anif (nach dem Tor rechts entlang der Mauer gelangt man zum Eingang des Zoos).
4	km 11,1:	Anif; beim Hotel Friesacher rechts in die Hellbrunner Straße „Mozartradweg Grödig“, nach 130 m links in die Brunnhausstraße, immer geradeaus die Brunnhausstraße entlang.
	km 12,6:	An der Wegkreuzung links „Mozartradweg Grödig“. Nach 150 m beim Hochstand rechts.
	km 13,4:	Geradeaus weiter (hier zweigt der Mozartradweg nach links ab).

5 km 13,8: Eichet; die Berchtesgadener Straße geradeaus überqueren in die Pflegerstraße, Radwegweisung „Rund um den Untersberg Fürstenbrunn". Hier bieten sich zwei Gasthäuser (Mostwastl und Pflegerbrücke) zu einer gemütlichen Einkehr an. Nach 1,2 km Einbindung in die Glanegger Straße, rechts.

6 km 16,1: Glanegg; geradeaus durch den Schlosspark Glanegg „Rund um den Untersberg Fürstenbrunn".

7 km 17,0: Fürstenbrunn; 80 m nach der Bushaltestelle rechts in den Salzweg „Rund um den Untersberg Großgmain". Nach 700 m rechts in die Glanstraße, nach weiteren 200 m links am Glan Wanderweg.

km 18,3: Beim Ortsendeschild von Fürstenbrunn links über die Glanbrücke, dann rechts entlang der Glan.

8 km 19,3: Vor der Autobahnunterführung links „Rund um den Untersberg Großgmain". (Geradeaus durch die Autobahnunterführung führt entlang der Glan ein Radweg nach Maxglan.)

km 20,2: Links auf den Schotterweg, Radwegweisung: „Rund um den Untersberg Querverbindung Goiser Wiesen".

km 21,2: Nach dem Wiesenpfad rechts auf Asphalt. Nach 900 m an der Kreuzung rechts, nach weiteren 200 m an der Verzweigung links.

9 km 23,3: Einmündung in die Großgmainer Landesstraße, rechts abwärts durch die Autobahnunterführung „Radroute Saalachspitz Wals". Nach 500 m links in die Untere Walserfeldstraße durch den Ortsteil Walserberg.

km 24,5: Vor der Bundesstraße links durch die Radwegunterführung, nach der Unterführung links aufwärts. Nach 100 m rechts in die Obere Walserfeldstraße Richtung Käferheim/Grünau „Radroute Saalachspitz".

10 km 25,4: Käferheim; an der Verzweigung vor der Saalachstube links in die Grünauer Straße. Entlang der Grünauer Straße durch Grünau.

km 26,9: 250 m nach dem Grünauer Hof links in die Wehrstraße, nach 150 m rechts in den Dammweg entlang der Saalach.

km 29,6: Siezenheimer Steg.

km 31,7: Nach dem Schranken links und vorbei am Holzlagerplatz der Fa. Kaindl.

km 32,3: Nach der Bahnunterführung geradeaus in die Saalachstraße. Nach 500 m durch die Unterführung der Münchner Bundesstraße, weiter in der Rechten Saalachzeile.

11 km 33,8: Vor der Red Bull Akademie geradeaus weiter entlang der Saalach. Anschließend am Radweg durch den renaturierten Auwald am Saalachspitz.

km 34,6: Nach der Holzbrücke am Salzach Treppelweg zurück nach Salzburg.

km 35,7: Vorbei am Badesee Liefering.

km 38,1: Salzachkraftwerk Sohlstufe Lehen.

Die Walser Wiesen, im Hintergrund der Gaisberg

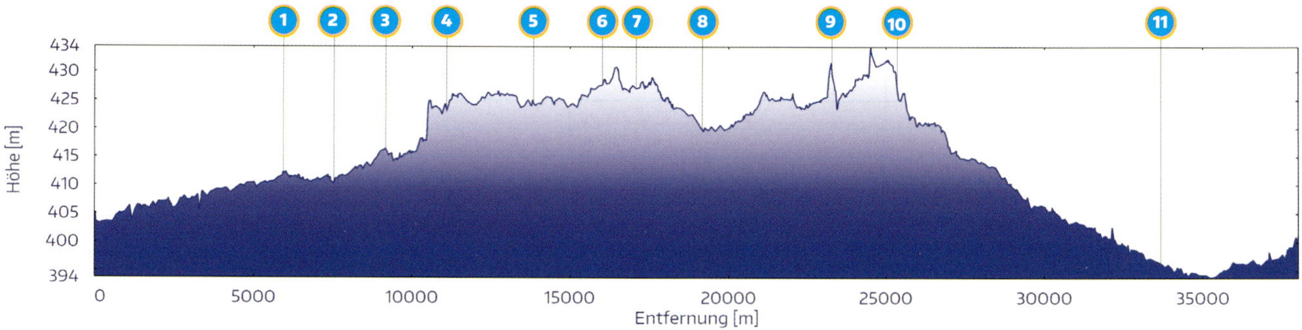

Brücke am Saalachspitz

Der Salzachradweg in Salzburg

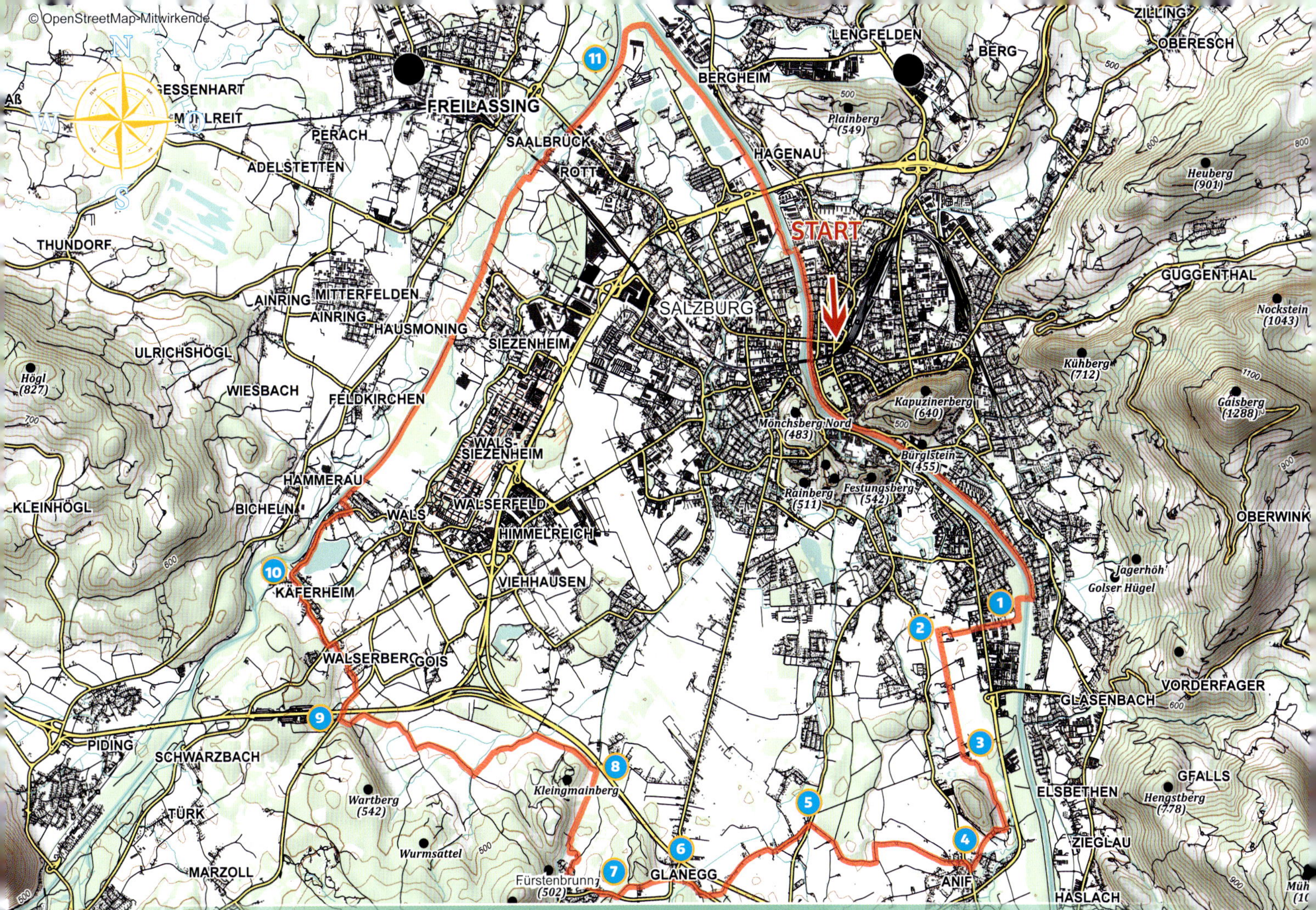

Tour 1 • Salzburger Stadtrunde

RADSPORT WAGNER
Zillnerstr. 14, 5020 Salzburg, Tel.: 0662/42 00 98 Fax: DW 4
www.radsport-wagner.at
RADSPORT WAGNER

Walser Wiesen vor dem Untersberg

Tour 2

Salzburg-Oberndorf-Rupertiwinkel

Tour 2
Salzburg-Oberndorf-Rupertiwinkel

Fahrradtyp	Trekkingrad, Bike, E-Bike
Kondition	
Fahrtechnik	
Länge	41,6 Kilometer
Anstiege	160 Höhenmeter
Fahrzeit	3 Stunden
Charakteristik	Eine angenehme, familienfreundliche Runde großteils auf Radwegen entlang der Salzach und Saalach. In Oberndorf fährt man über den 2006 errichteten Europasteg nach Laufen. Von der Brücke öffnet sich ein beeindruckender Blick auf die Nepomukstatue und die Kalvarienbergkapelle. Über die Brücke gelangt man in die heute bayrische, bis 1816 salzburgische Stadt Laufen, deren malerische Altstadt einen Besuch wert ist. Die Salzach befuhren früher die „Schöffleute" auf mit Salz beladenen Zillen, heute sind die Plättenfahrten in Oberndorf ein einmaliges Freizeiterlebnis.
Sehenswürdigkeiten	Stille-Nacht- und Heimatmuseum, Stille-Nacht-Gedächtniskapelle, Museum Bruckmannhaus in Oberndorf. Die Uraufführung des weltberühmten Weihnachtsliedes „Stille Nacht" in der alten St. Nikolaus-Kirche am 24. Dezember 1818 verschaffte Oberndorf Bedeutung weit über die Grenzen Österreichs. www.stillenacht-oberndorf.at
Einkehrmöglichkeiten	Café Gruber in Oberndorf, Café Steinbach in Laufen, Gasthaus Lederer in Surheim, Gasthaus Gann bei der Red Bull Akademie
Ausgangspunkt	Traklsteg in Salzburg-Itzling, zwischen Autobahnbrücke und Salzachkraftwerk Lehen.
Karten	Kompass Nr. 16.

0	km	0,0:	Vom Traklsteg in Itzling rechts der Salzach abwärts auf den mit grünen Wegweisern beschilderten Tauernradweg Richtung Oberndorf. Nach 300 m geradeaus über die Brücke des Alterbachs.
	km	1,9:	Geradeaus weiter entlang der Salzach (rechts Salzkammergut Radweg Bergheim).
	km	3,8:	Überdachte Brücke über die Fischach; nach 200 m geradeaus Richtung Oberndorf (rechts Haltestelle Muntigl).
	km	7,0:	Geradeaus (rechts durch die Au nach Anthering).
	km	10,9:	Rechts in die Au, Radwegweisung „Tauernradweg Oberndorf" (geradeaus wegen Hochwasserschäden keine Durchfahrt möglich!).
1	km	11,5:	Nach dem unbeschrankten Bahnübergang links auf der Asphaltstraße Richtung Oberndorf. Nach 500 m links auf dem Radweg entlang der Lokalbahn nach Oberndorf, Radwegweisung „Tauernradweg Oberndorf".
2	km	15,8:	Oberndorf; nach dem Hofer Markt links in die schmale Gasse, Radwegweisung „Tauernradweg Richtung Salzachbrücke". Nach 200 m links über die Bahngleise in die Marktstraße, anschließend rechts in die Uferstraße.
3	km	16,3:	Geradeaus, Radwegweisung „Tauernradweg St. Georgen". (Links über die Salzachbrücke Ortsmitte Laufen, rechts Ortsmitte Oberndorf.)
	km	17,1:	Hier kann man die Stille-Nacht-Kapelle und das Heimatmuseum Oberndorf besuchen.
4	km	17,4:	Bei der lebensgroßen Marmorstatue des Hl. Nepomuk links über den Europasteg nach Laufen (rechts über die Kalvarienstiege zur Wallfahrtskirche Maria Bühel). Nach der Brücke rechts weiter am Kai folgt man der Beschilderung „Stadtauswärts". Nach 500 m rechts, nach weiteren 70 m links in die Poststraße.

5 km 18,1: Laufen; Einmündung in die B 20, rechts und nach 20 m, bei der Fußgänger Ampel, sofort wieder links in den Pfarrer-Suchner-Weg und dieser Straße folgen.

km 18,5: Geradeaus in den Geh-und Radweg. Nach 200 m rechts in die Dr. Einhauserstraße, nach weiteren 70 m links in die Untersbergstraße.

6 km 19,1: An der Gabelung links Richtung Lepperding (rechts Unterhaslacher Straße). Entlang dieser schmalen Straße verlässt man den Ort Laufen.

7 km 20,8: Bei der Bushaltestelle Lepperding rechts aufwärts Richtung Daring (links Bahnunterführung).

8 km 21,3: Daring; in der leichten Rechtskurve nach dem Gehöft links direkt vorbei am Bauernhaus und weiter auf dem Feldweg, bei der nächsten Wegkreuzung in der Wiese links.

9 km 22,6: Einmündung in eine Asphaltstraße, rechts Richtung Abtsdorf.

km 23,8: Abtsdorf; bei der Bushaltestelle links, nach 150 m links Richtung Oberholzen/Oed.

km 24,4: Geradeaus (links nach Oberholzen).

km 25,6: Steinbrünning; links in die breitere Straße Richtung Surheim.

km 26,7: Hausen; in der Rechtskurve bei einer Holzhütte geradeaus auf die schmale Asphaltstraße durch die Bahnunterführung.

10 km 27,8: Rechts Richtung Surheim. Nach 500 m beim Gasthaus Lederer geradeaus über die Surbrücke.

11 km 29,0: Surheim; links in die Schulstraße, vorbei an der Kirche, anschließend entlang der Gaisbergstraße geradeaus durch den Ort.

km 30,4: Links Richtung Muckham (rechts Saaldorf).

km 30,7: Muckham.

km 31,8: Eham.

12 km 32,6: Freilassing; links auf den Radweg, nach 40 m links, nach weiteren 300 m vor dem Friedhofstor links auf den Güterweg über die Wiese.

km 33,3: Links durch die Unterführung der B 20 Richtung Mittergraben. Nach 200 m, an der Kreuzung vor dem Wald, links zur Wassermaut. Bei der Info-Tafel im Mittergraben geradeaus.

13 km 34,0: Saalachmündung; rechts flussaufwärts entlang der Saalach Richtung Saalachbrücke.

km 36,2: Durch die Unterführung der Münchner Bundesstraße, links über den Damm des Saalachkraftwerkes die Saalach überqueren, anschließend auf Salzburger Seite links, wieder durch die Radwegunterführung und geradeaus rechte Glanzeile Richtung Red Bull Akademie.

14 km 37,6: Vor dem Parkplatz der Red Bull Akademie geradeaus weiter der Saalach entlang. Man folgt diesem Asphaltweg geradeaus durch die Au. Hier entstand nach dem Hochwasser 2013 ein ökologisch hochwertiges Naherholungsgebiet am Saalachspitz. (Nach 600 m links Stichstraße Richtung Saalachspitz.)

km 38,4: Nach der Holzbrücke erreicht man den Salzach Treppelweg, auf diesem immer geradeaus zurück nach Salzburg.

km 39,3: Rechts Einfahrt zum Badesee Liefering, Radabstellplätze neben Buffet (Bademöglichkeit bei freiem Eintritt!).

km 41,6: Traklsteg.

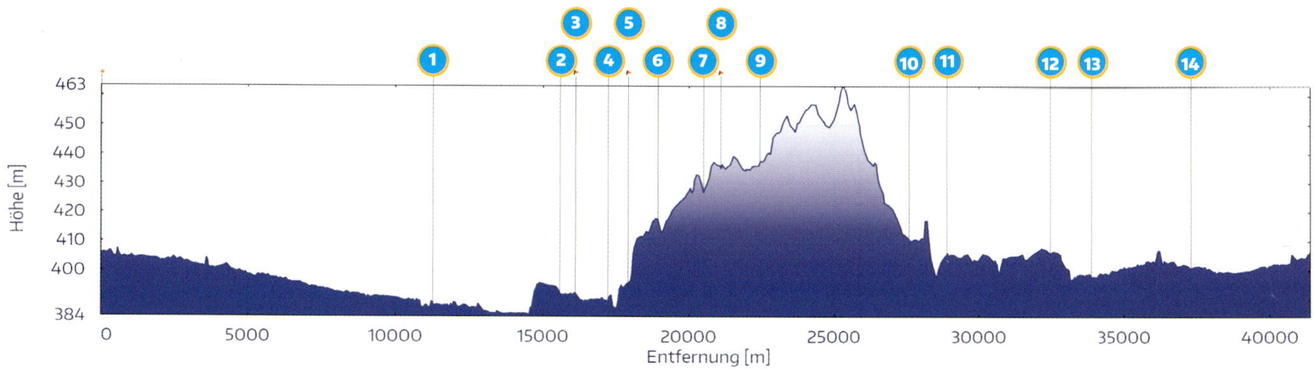

Laufen

Europabrücke mit Kalvarienberg in Laufen

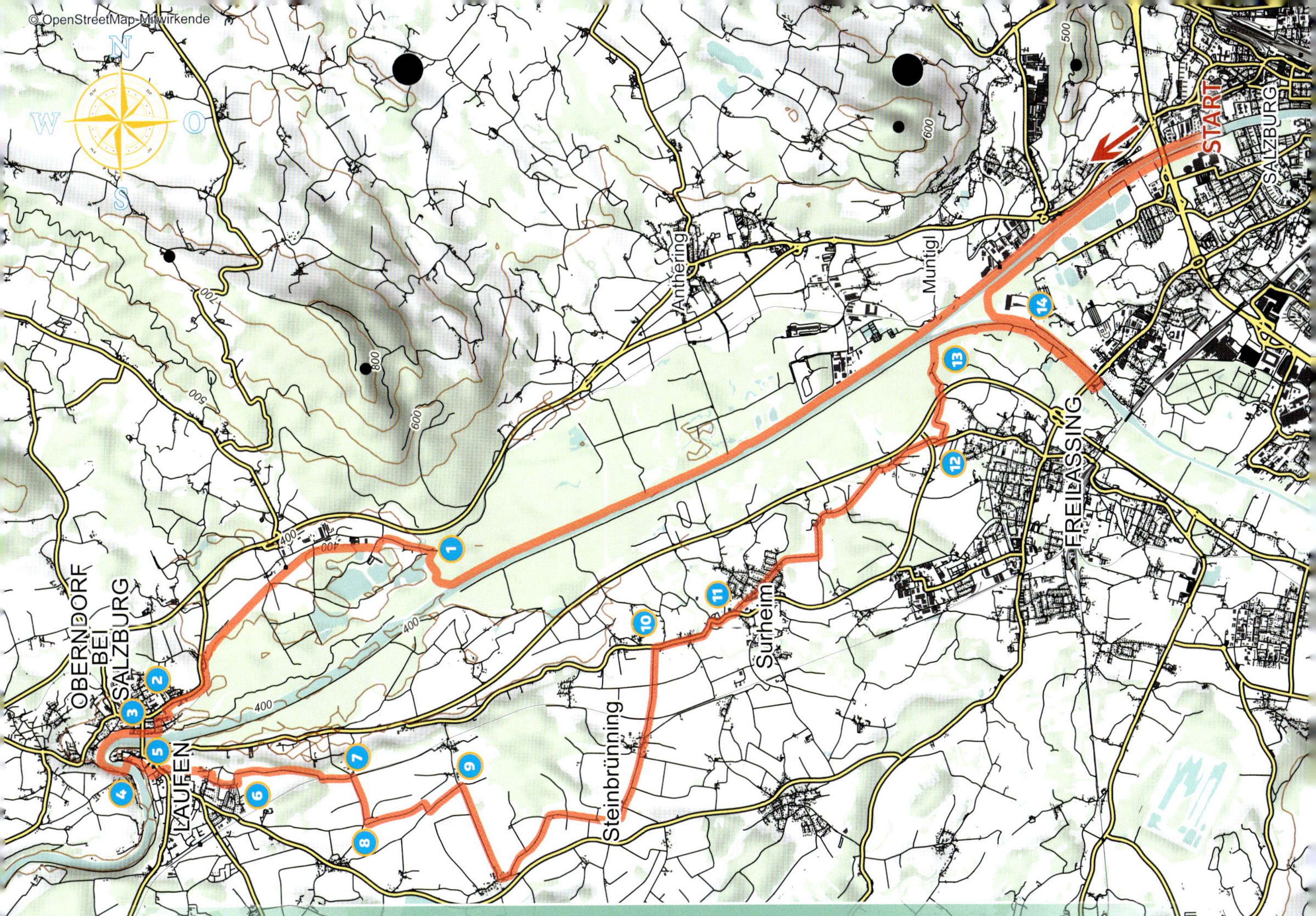

Tour 2 • Salzburg-Oberndorf-Rupertiwinkel

Fischach Brücke bei Muntigl

Tour 3

Rund um den Eugendorfer Berg

Tour 3
Rund um den Eugendorfer Berg

Fahrradtyp	Rennrad, Trekkingrad, Bike, E-Bike
Kondition	
Fahrtechnik	
Länge	36,9 Kilometer
Anstiege	580 Höhenmeter
Fahrzeit	2:45 Stunden
Charakteristik	Auf der für Radfahrer wegen seiner gleichmäßigen Steigung sehr beliebten Ischlerbahn-Trasse fährt man bis Eugendorf. Auf abgelegenen Asphaltwegen wird über Unzing und Kraiwiesen in das idyllische Oberplainfeld geradelt. Nach kurzer Abfahrt vom Schwaighofener Berg ist der Anstieg zum Dax Lueg der anspruchsvollste Teil dieser Tour. Das herrliche Panorama lädt zum Verweilen im schön gelegenen Gastgarten des Gasthofes Dax Lueg ein, bevor die flotte Abfahrt nach Mayrwies angetreten wird.
Einkehrmöglichkeiten	Holznerwirt, Gastagwirt, Gschirrnwirt in Eugendorf, Gasthaus Schwaighofen, Berggasthof DaxLueg.
Ausgangspunkt	Traklsteg in Salzburg-Itzling, zwischen Autobahnbrücke und Salzachkraftwerk Lehen.
Karten	Kompass Nr. 17.

0	km	0,0:	Vom Traklsteg in Itzling rechts der Salzach 300 m flussabwärts in Richtung Oberndorf. Nach der Brücke über den Alterbach rechts auf den Salzkammergut Radweg Richtung Eugendorf.
	km	2,2:	Nach der Unterführung, beim Gashof Kapelle links auf den Radweg in die Landstraße einbiegen. Nach 250 m rechts in die Samstraße, Radwegweisung „Salzkammergut Radweg Eugendorf". In der Rechtskurve nach der Bahnunterführung geradeaus auf den Rad-Wanderweg „Ischlerbahn Trasse".
	km	4,9:	Hallwanger Landesstraße geradeaus überqueren, in Folge bis Eugendorf immer geradeaus halten.
	km	8,0:	Hallwang-Esch.
1	km	10,0:	Eugendorf; am Ende der Ischlerbahn Trasse links Richtung Eugendorf Zentrum, nach dem Schranken geradeaus. Nach 600 m geradeaus vorbei am Holznerwirt, bei der Kirche rechts. 300 m nach der Kirche rechts in die Feldgasse, Radwegweisung „Thalgau/Henndorf". Die Radwegweiser führen in die Sackgasse in eine Siedlung und durch eine schmale Unterführung der Hauptstraße.
2	km	11,3:	Nach der Unterführung rechts Richtung Thalgau/Henndorf, beim Gasthaus Santner geradeaus Richtung Thalgau/Henndorf, etwas später vorbei am Gastagwirt und Gschirnwirt.
3	km	12,8:	Rechts, Radwegweisung „Salzkammergut Radweg Thalgau/Henndorf", durch die Unterführung der B 1 und vorbei am Golfclub Eugendorf.
4	km	15,2:	Unzing, rechts Richtung Neuhofen (links nach Henndorf).
	km	15,9:	Kraiwiesen/Neuhofen; links auf den Radweg entlang der Hauptstraße Richtung Thalgau. Nach 500 m rechts durch die Radwegunterführung Richtung Plainfeld in die Eckholzstraße. (Geradeaus Richtung Thalgau Tour 5.)

5	km	17,8:	Geradeaus aufwärts Richtung Oberplainfeld (links Plainfeld).
	km	18,7:	Oberplainfeld, halbrechts aufwärts. Nach 300 m beim Kruzifix geradeaus in die Winterfeldstraße Richtung Eugendorf.
6	km	20,0:	Links in die Schwöllernstraße. Nach 500 m passiert man eine kleine Siedlung, gleich danach links Richtung Schwaighofen-Eck. Von hier rechts Abstecher zum Schwaighofener Berg mit Gasthaus Dachsteinblick möglich.
	km	21,2:	An der Kreuzung rechts, nach 400 m links Hochmoorstraße, nach weiteren 100 m rechts vorbei am Gehöft.
7	km	22,0:	Nach der Abfahrt rechts in die Sonnleitnstraße. Nach 1,1 km beim Gasthaus Schwaighofen links abwärts in die Schwaighofenstraße.
8	km	23,6:	Nach der flotten Abfahrt vor dem Wald rechts auf schmalen Asphaltweg. Nach 500 m rechts auf den Radweg parallel zur Wolfgangseestraße.
9	km	24,8:	Rechts Richtung Dax Lueg, nach 300 m in der Senke links, nach weiteren 200 m links, Dax Lueg Straße.
	km	27,9:	Gasthof DaxLueg, geradeaus weiter bergab.
	km	30,9:	Kurz vor Erreichen der Bundesstraße links auf Radweg.
10	km	31,0:	Mayrwies, bei der Obuskehre die B 1 überqueren und rechts abwärts durch das Gewerbegebiet.
	km	31,6:	Rechts über die Brücke in die Hallwanger Landesstraße, nach der Brücke links in die Waldorfstraße auf den Hallwanger Radweg.
11	km	32,6:	Rechts weiter am Hallwanger Radweg in den Möslweg. Nach 700 m über die Brücke, dann links entlang des Schleiferbachs.
	km	33,6:	Rechts in die Samstraße, nach 200 m links weiter entlang der Samstraße, dann links in die Landstraße. Beim Gasthaus Kapelle rechts abwärts und am Alterbach Radweg zurück zum Ausgangspunkt.
	km	36,9:	Traklsteg.

Gasthof DaxLueg

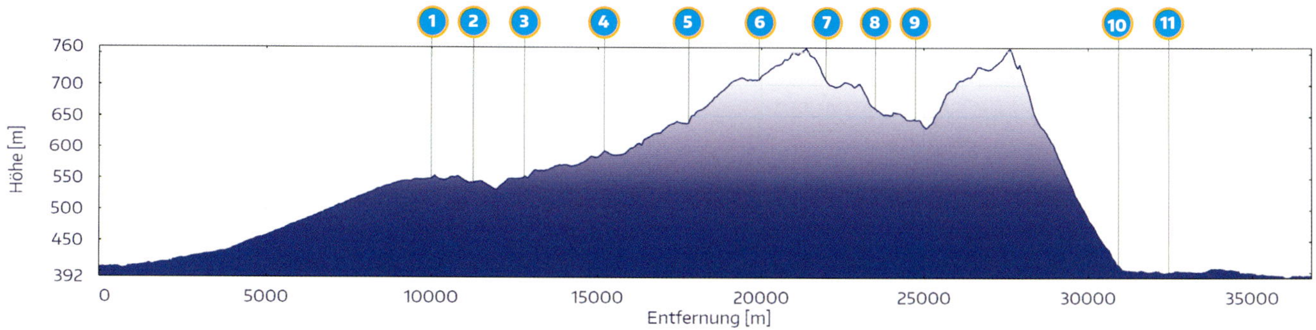

Kirchberg bei Eugendorf

Bei Unzing

Radweg nahe Eugendorf

Tour 3 • Rund um den Eugendorfer Berg

MAGISCHES **ERLEBEN**

VERLAG PLENK BERCHTESGADEN

Rainer Limpöck

Magisches Salzburger Land - Band I

Wanderführer mit Winterwanderungen

Dieser Führer zu den Kraftorten und Kultplätzen des Salzburger Landes beschränkt sich auf die elementare Essenz der Orte als Quell- und Baumheiligtümer, Heilquellen, Orte mit mythologischen Bezügen, vorchristliche Kultorte, Sakralorte und Kraftorte, die durch menschliches Zutun sich entwickelt haben.

176 Seiten, Broschur in einer Schutzhülle
ISBN 978-3-944501-14-78, € 16.90 (D), € 17.40 (A)

Im **Buch-** & ***Zeitschriftenhandel.***

DAXLUEG

das kleine Paradies hoch über Salzburg

GASTHOF DAXLUEG

Kurt & Andreas Schuber
Daxluegstrasse 5
A-5300 Hallwang bei Salzburg
Telefon +43 (0) 662 / 66 58 00

www.daxlueg.at
info@daxlueg.at

Tour 4

Von Salzburg nach Obertrum

Tour 4
Von Salzburg nach Obertrum

Fahrradtyp	Rennrad, Trekkingrad, Bike, E-Bike
Kondition	
Fahrtechnik	
Länge	41,6 Kilometer
Anstiege	420 Höhenmeter
Fahrzeit	3:15 Stunden
Charakteristik	Das Alpenvorland im Salzburger Flachgau ist ein Werk des eiszeitlichen Salzachgletschers. Der Gletscher schob seine Zunge ins Flachland hinaus und schuf die Becken der Seen, das heutige Badeparadies der Salzburger. Diese Tour führt uns direkt hinein in diese Idylle, lässt sich doch diese gemütliche Radtour mit einem Badeaufenthalt am Obertrumer See verbinden. Man fährt ausschließlich auf beschilderten Radwegen und verkehrsarmen Nebenstraßen durch den Salzburger Flachgau.
Sehenswürdigkeiten	Aus Obertrums Dorfbrunnen fließt an besonderen Festtagen Bier von der Brauerei Sigl, Sternwarte in Voggenberg.
Einkehrmöglichkeiten	Bräuwirt in Lengfelden, Gasthof Sigl, Gasthaus Neumayr in Obertrum, Bergxi-Treff beim Freibad Bergheim.
Ausgangspunkt	Traklsteg in Salzburg-Itzling, ca. 600 m südlich von der Autobahnbrücke über die Salzach.
Karten	Kompass Nr. 16, 17.

0	km	0,0:	Vom Traklsteg in Itzling rechts der Salzach flussabwärts auf den mit grünen Wegweisern beschilderten Tauernradweg Richtung Oberndorf/Bergheim.
	km	1,9:	Bergheim; an der Verzweigung rechts Radwegweisung „Salzkammergut Radweg Bergheim/Lengfelden" (geradeaus Richtung Oberndorf). Nach 150 m rechts über die Bahngleise, nach der Bushaltestelle links auf dem geschotterten Radweg entlang der Bahn.
	km	2,5:	In der Wohnsiedlung rechts (Hydrant) in die Kürschnerstraße, dann links in die Metzgerstraße.
1	km	2,8:	Nach dem letzten Gebäude rechts auf schmalen Geh- und Radweg Richtung Sportplatz. Vor der Holzbrücke über die Fischach rechts auf den Schotterweg, durch die Unterführung der B156 und weiter auf dem Radweg entlang der Fischach.
	km	3,9:	Die Straße geradeaus überqueren in den Uferweg Radwegweisung „Salzkammergut Radweg Obertrum/ Lengfelden".
2	km	5,3:	Lengfelden; nach dem kurzen Anstieg links durch den Ort folgt man den grünen Radwegweisern. Beim Bräuwirt links vorbei, über die Brücke der Fischach, durch die Unterführung der Mattseer Landesstraße, dann links Richtung Obertrum/Elixhausen.
	km	6,2:	Maria Sorg.
3	km	7,6:	Elixhausen; nach der Ortstafel rechts in die Aubergstraße und den Radwegweisern im Zick-Zack durch den Ortsteil Sachsenheim folgen. Vorbei an der evangelischen Kirche, am Sportplatz, anschließend den Schulweg bergauf.
4	km	8,9:	Links in die Tiefenbachstraße Richtung Ortsmitte Elixhausen. Beim Hotel Gmachl rechts in die Dorfstraße, nach 50 m rechts in die Gschaidstraße. Man folgt den grünen Radwegweisern „Obertrum/Seekirchen". An der folgenden Kreuzung beim Kruzifix links

km 9,9: Girling.

5 km 10,4: Dürnberg; links in die Dürnbergstraße Richtung Obertrum (geradeaus nach Seekirchen). Nach 400 m rechts.

km 11,7: Wies; bei der 2. Kreuzung links Richtung „Pferdeparadies Wies" (rechts Seekirchen).

6 km 12,4: Nach dem Pferdeparadies nach kurzer Steigung rechts. Nach 200 m geradeaus (nicht rechts bergab).

km 13,6: Die Kreuzung beim Wetterkreuz geradeaus überqueren. Nach 500 m beim Marterl mit der alten Linde links.

km 15,1: Schöngumprechting.

7 km 16,1: Kothgumprechting; rechts auf die Hauptstraße Richtung Seekirchen, nach 350 m links Richtung Naturpark Buchberg immer geradeaus.

8 km 18,8: Hof; nach kurzer Steigung beim Bauernhof links Richtung Obertrum. Nach 400 m die Rechtskurve bergab.

9 km 20,9: Links auf die Mattseer Landesstraße Richtung Obertrum, nach 350 m vor dem Kreisverkehr rechts auf den Radweg Richtung Staffl/Seeham.

10 km 22,3: Staffl, beim Strandbad Oitner links Richtung Obertrum.

km 22,7: Obertrum; geradeaus über die Brücke in die Hauptstraße (rechts zur Kaiserbuche). Durch das Ortszentrum von Obertrum, nach dem Braugasthof Sigl rechts in die Kirchstättstraße. Nach 150 m rechts in die Mattigtalstraße Richtung Petermühle. Ab hier den Radwegweisern „Salzkammergut Radweg Anthering" folgen.

km 25,7: In Hamberg links in gleiche Richtung.

km 27,2: Mödlham; an der folgenden Kreuzung im Wald nach links.

11 km 28,6: Nach Mödlham rechts auf den Salzkammergut Radweg Richtung Anthering (geradeaus nach Seekirchen). Nach 500 m rechts, an der nächsten Kreuzung links Richtung Anthering.

km 30,3: Trainting.

12 km 31,1: Vor der Wohnsiedlung links Richtung Voggenberg „Salzkammergut Radweg Bergheim" (geradeaus nach Anthering).

km 32,2: An der Kreuzung geradeaus in die Reitbachstraße Richtung Bergheim (links Elixhausen, rechts Anthering).

km 33,4: Voggenberg; bei der Kreuzung rechts abwärts (links Abstecher zur Sternwarte möglich).

13 km 35,6: Bergheim; Einmündung in die Furthmühlstraße, links Richtung Ortsmitte. Nach 300 m beim St. Georg Seniorenheim rechts Richtung „Bergxi" in die Iselstraße.

km 36,6: Nach der Unterführung der B 156 rechts, nach 80 m vor den Parkplätzen links und vorbei am Sportzentrum. Vor der Brücke über die Fischach rechts, vorbei am Freibad Bergheim und entlang der Fischach zur Salzach.

14 km 37,9: Fischachmündung in die Salzach; nach den beiden Unterführungen rechts im spitzen Winkel aufwärts über die überdachte Brücke der Fischach, dann auf dem Salzach Treppelweg zurück nach Salzburg.

km 41,6: Traklsteg.

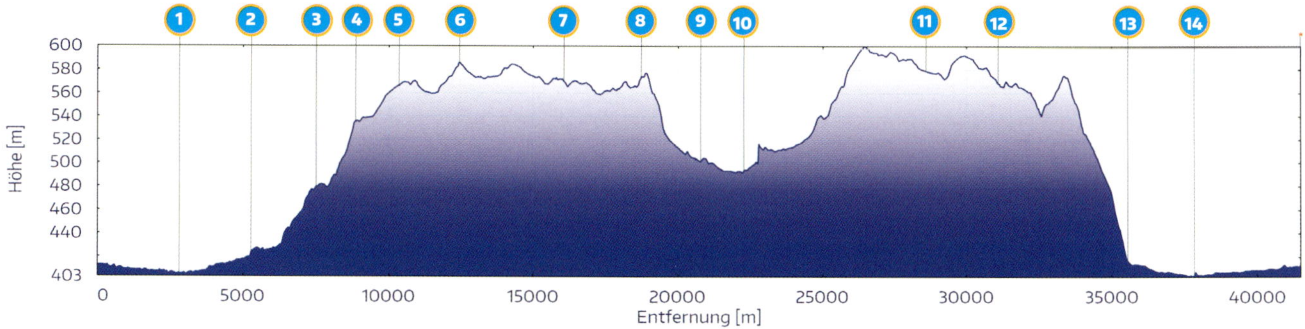

Bei Kothgumprechting

In Mödlham

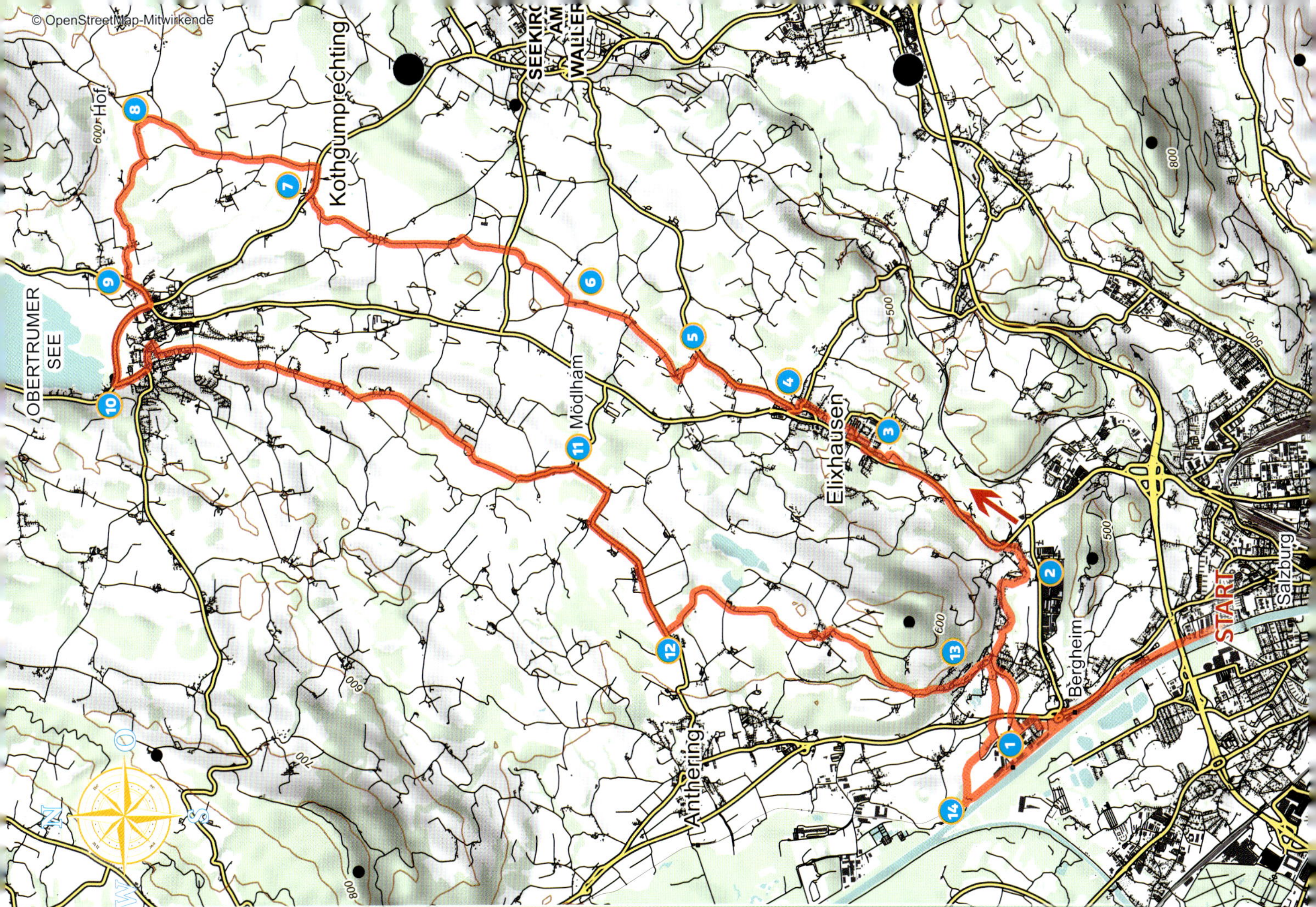

Tour 4 • Von Salzburg nach Obertrum

Anhänger- & Zweiradhandel
TRAINTINGER
eni-Tankstelle Elixhausen
Franz Traintinger • Mattseer Landesstraße 4 • 5161 Elixhausen
T +43 662 480250 • M +43 664 2442323 • franz.traintinger@sbg.at

MAGISCHES ERLEBEN

VERLAG PLENK BERCHTESGADEN

Rainer Limpöck
Magisches Berchtesgadener Land
Wanderführer mit Winterwanderungen
63 Touren führen zu neuen und vergessenen Kraft- und Kultorten rund um den Untersberg. Dem schamanisch tätigen Autor erschloss sich die Mythenwelt als Zugang zur Anderswelt. Auf der separaten Wanderkarte sind die Kraftlinien, ausgehend von der Mittagsscharte zu den Untersbergkirchen sowie mythologischen Kult-, Kraft-, Sakral- und Naturkraftorte eingezeichnet.
176 Seiten, Broschur in einer Schutzhülle, mit beigelegter Karte
ISBN 978-3-940141-79-8, € 18.90
Im Buch- & Zeitschriftenhandel.

Tour 5

Große Gaisbergrunde

Tour 5
Große Gaisbergrunde

Fahrradtyp	Rennrad, Trekkingrad, Bike, E-Bike
Kondition	
Fahrtechnik	
Länge	53,9 Kilometer
Anstiege	740 Höhenmeter
Fahrzeit	4 Stunden
Charakteristik	Die Ischlerbahn Trasse bietet sich optimal zum Aufwärmen für diese anspruchsvolle Tour an. Bis Thalgau zeigt sich diese Tour von der angenehmeren Seite. Ab dann führt die Route im ständigen Auf und Ab über Hof in das Wiestal und über Hinterwinkl nach Elsbethen.
Sehenswürdigkeiten	Am Mühlenwanderweg im „Naturdenkmal Plötz" in Ebenau kann man uralte, jedoch restaurierte Bauernmühlen bewundern. Geologischer Schauweg Glasenbachklamm in Elsbethen.
Einkehrmöglichkeiten	Holznerwirt in Eugendorf, Gasthaus Neuhofen, Gasthof Alte Tanne, Gasthaus zur Post in Hof, Dorfwirt in Ebenau, Gasthaus Ramsau, Gasthaus Rechenwirt in Elsbethen.
Ausgangspunkt	Traklsteg in Salzburg-Itzling, zwischen Autobahnbrücke und Salzachkraftwerk Lehen.
Karten	Kompass Nr. 17.

0	km 0,0:	Vom Traklsteg in Itzling rechts der Salzach 300 m flussabwärts in Richtung Oberndorf. Nach der Brücke über den Alterbach rechts auf den Salzkammergut-Radweg Richtung Eugendorf.
	km 2,2:	Nach der Unterführung beim Gashof Kapelle links auf den Radweg in die Landstraße einbiegen. Nach 250 m rechts in die Samstraße Radwegweisung: „Salzkammergut Radweg Eugendorf". In der Rechtskurve nach der Bahnunterführung geradeaus auf den Rad-Wanderweg „Ischlerbahn Trasse".
	km 4,9:	Hallwanger Landesstraße geradeaus überqueren, in Folge bis Eugendorf immer geradeaus halten.
1	km 10,0:	Eugendorf; am Ende der Ischlerbahn Trasse links Richtung Eugendorf Zentrum, nach dem Schranken geradeaus. Nach 500 m vor dem Holznerwirt rechts in die Kirchenstraße.
	km 11,0:	Am Kreisverkehr die B 1 geradeaus überqueren, nach 50 m rechts „Radweg Thalgau", nach weiteren 170 m links über die Brücke. Jetzt der Bodenmarkierung erst rechts, dann links durch die Siedlung folgen, danach wieder entlang der ehemaligen Ischlerbahn Trasse.
2	km 12,2:	Vor der Bushaltestelle die Thalgauer Landesstraße überqueren und weiter am Radweg.
	km 12,7:	Reitberg; immer geradeaus.
	km 13,7:	Hier endet die Ischlerbahn Trasse, rechts hinauf zur Landesstraße, dann links am Radweg entlang der Landesstraße weiter.
	km 14,5:	Kraiwiesen; auf dem Radweg immer geradeaus Richtung Thalgau. Nach 500 m geradeaus weiter entlang der Landesstraße, vorbei am Gasthaus Neuhofen (rechts Tour Nr. 3 „Rund um den Eugendorfer Berg").
	km 16,5:	Autobahnunterführung.
	km 17,6:	Geradeaus (rechts nach Plainfeld).

3 km 18,4: Vor dem Autobahnzubringer Thalgau rechts in die Waseneggstraße Richtung Oberdorf. Jetzt geradeaus durch die Siedlung, den Güterweg Gsims rechts liegen lassen.

km 19,1: Durch die Unterführung der Russenstraße, nach 300 m links auf die breitere Asphaltstraße. Nach weiteren 200 m rechts abwärts in die Riedlstraße, die an einem Sägewerk und an einem Reitstall vorbeiführt. Es folgt eine 4 km lange Steigung.

4 km 24,1: An der Kreuzung nach dem langen Anstieg rechts abwärts in eine Senke Richtung Hof. In der Abfahrt die Rechtskehre abwärts (links nach Hundsmarkt, Tour Nr. 8). Danach folgt wieder ein 1 km langer Anstieg nach Hof.

5 km 26,2: Beim Gasthof Alte Tanne mündet man in die Wolfgangsee Bundesstraße, rechts auf dem Radweg nach Hof.

km 27,5: Hof Ortsmitte; vor der Raiffeisenkasse links abzweigen in die Lebachstraße. Nach 400 m rechts in die Gängstraße. Über den Gäng Sattel führt diese schmale Straße in das Wiestal.

6 km 30,8: Einmündung in die Wiestal Landesstraße, links abwärts Richtung Ebenau, Radwegweisung „Strubklammroute Ebenau“. Nach 1 km beginnt der Radweg parallel zur Landesstraße.

km 33,1: Rechts abwärts nach Ebenau durch das Ortszentrum. An der ersten Kreuzung rechts, an der zweiten links. Am Ortsende mündet man wieder in die Wiestal Landesstraße und fährt links Richtung Hallein. Nach 800 m beginnt wieder der Radweg.

km 34,9: Geradeaus (links durch die Strubklamm nach Faistenau).

7 km 36,6: Beim Neuhäusl rechts aufwärts in die Hinterwinklstraße Richtung Elsbethen. Nun heißt es die letzten 150 Höhenmeter zu bezwingen.

km 40,6: An der Verzweigung in Hinterwinkl rechts aufwärts Richtung Vorderfager.

km 41,1: Gasthaus Ramsau.

km 42,4: Geradeaus (sollte jemand noch zu viel Kraft in den Beinen haben, kann man hier rechts über Mitteregg noch 600 Höhenmeter auf den Gaisberg radeln).

km 45,5: Nach flotter Abfahrt erreicht man Elsbethen, beim Kreisverkehr die 2. Ausfahrt Richtung Salzburg Süd/Berchtesgaden.

8 km 46,4: Nach der Ampelkreuzung rechts abwärts „Austraße/Rechenwirt“ zum Salzach Treppelweg und auf diesem rechts nach Salzburg. An sämtlichen Brückenköpfen in der Stadt die Radwegunterführungen benützen.

km 53,9: Traklsteg.

Ischlerbahn Trasse bei Hallwang

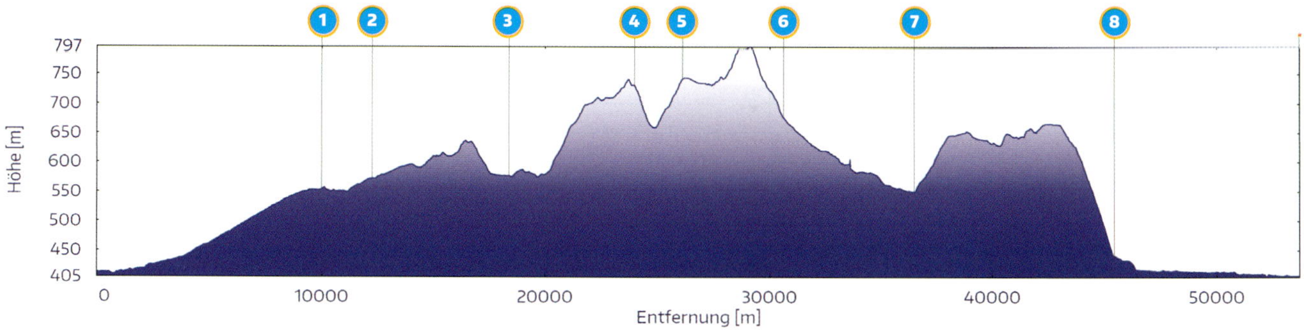

Vorderelsenwang

Neugierige Pferde

Schwaighof mit Schober

Tour 5 • Große Gaisbergrunde

Für MOTORRADFANS

VERLAG PLENK BERCHTESGADEN

Manfred Korbaj

Live To Ride

Die schönsten Biker-Routen rund um Salzburg

Dieses Tourenbuch richtet sich an alle Motorrad-Begeisterten, die den Genuss des Cruisens zum Ziel haben. Ausgehend von der Stadt Salzburg und deren Umgebung sind 28 weitreichende Touren beschrieben. Sie erstrecken sich vom Chiemgau und Rupertiwinkel bis ins Herz der Ostalpen, führen zur Donau, durchs Salzkammergut ...

152 Seiten plus Tourenkärtchen zum Herausnehmen, Broschur ISBN 978-3-944501-21-5, € 19.50 (D), € 19.90 (A)

Im **Buch**- & ***Zeitschriftenhandel***.

R·R· *Ihr Hotel im grünen Salzburg*

RECHENWIRT

LAND | GAST | HOF

Austrasse 1
5061 Elsbethen
Tel. +43(0)662/62 34 49
office@rechenwirt.at
www.rechenwirt.at
www.facebook.com/GasthofRechenwirt

- Wohlfühlzimmer Ü/F € 37,50 bis 41,50 direkt am Tauernradweg gelegen
- Täglich Mittagsmenü von Montag - Freitag € 8,90
- Schneller Mittagstisch um € 5,90
- Großer gemütlicher Gastgarten
- Stimmungsvolle Feiern für bis zu 200 Personen
- Hochzeit, Taufe, Geburtstag, Polterabend oder Firmenfeier

7 Tage geöffnet! durchgehend warme Küche

Tour 6

Zum Wiestalstausee

Tour 6
Zum Wiestalstausee

Fahrradtyp	Rennrad, Trekkingrad, Bike, E-Bike
Kondition	
Fahrtechnik	
Länge	28,3 Kilometer
Anstiege	490 Höhenmeter
Fahrzeit	2:15 Stunden
Charakteristik	Gleich zu Beginn dieser Tour muss die mühevolle Auffahrt nach Höhenwald bewältigt werden. Diese Variante ist für Radfahrer viel angenehmer und ruhiger, die meisten KfZ fahren auf der anderen Seite der Glasenbachklamm. Nach der anschließenden Abfahrt ins Wiestal fährt man entlang des Wiestalstausees und gelangt über die Staumauer zur alten Wiestalstraße. Der anschließende 1000 m lange, steile Anstieg führt über St. Jakob zurück nach Elsbethen.
Sehenswürdigkeiten	Geologischer Schauweg Glasenbachklamm, Heimatmuseum in Elsbethen
Einkehrmöglichkeiten	Rechenwirt in Elsbethen, Gasthaus Schützenwirt in St. Jakob.
Ausgangspunkt	Rechenwirt in Elsbethen; Zu erreichen mit dem Rad von Salzburg links der Salzach flussaufwärts auf dem Tauernradweg Richtung Hallein, 300 m nach der Hellbrunner Brücke links. Mit dem Auto: Von Salzburg über die Hellbrunner Brücke Richtung Elsbethen, bei der ersten Abfahrt nach der Brücke rechts.
Karten	Kompass Nr. 17.

0	km	0,0:	Vom Rechenwirt die Austraße 50 m in südliche Richtung, bis vor der Brücke über den Klausbach links ein schmaler Fußweg durch die Bahnunterführung führt (Vorsicht auf Fußgänger!). Dem Klausbachweg folgt man jetzt bis zur Halleiner Landesstraße.
	km	1,1:	Elsbethen; rechts 300 m entlang der Halleiner Landesstraße, dann links in den Lohhäuslweg Richtung Höhenwald/Gfalls. Nach dem letzten Gebäude steil bergauf Richtung Erentrudisalm/Fager Alm auf Asphalt.
1	km	3,2:	An der Gabelung links Richtung Höhenwald (geradeaus Erentrudis/Fager).
	km	5,0:	Höhenwald.
2	km	6,1:	Nach kurzer Abfahrt links Richtung Vorderfager/Oberwinkl (rechts MTB-Tour Nr. 34).
3	km	8,3:	Hinterwinkl; an der Kreuzung rechts Richtung Ebenau (links Glasenbach/Vorderfager).
4	km	12,2:	Einmündung in die Wiestal Landesstraße, rechts auf dem Radweg Richtung Hallein. Entlang des Wiestalsees müssen 4 km auf der Landesstraße gefahren werden.
5	km	16,7:	Am Ende des Wiestalsees rechts abwärts und über die Staumauer. 200 m nach der Staumauer links aufwärts in die alte Wiestalstraße „Salz-und Seentour Hallein/Oberalm".
6	km	19,4:	Nach der Abfahrt, bei der kleinen Siedlung, nach der Brücke rechts in den Roanaweg Richtung St. Jakob/Puch. Jetzt beginnt ein 1 km langer, zäher Anstieg.
7	km	20,7:	Am Sattel links Richtung Puch, nach 500 m links abwärts Richtung St. Jakob/Puch.
8	km	21,6:	Achtung bei der Abfahrt: Bei einer Kreuzung (links Verkehrsspiegel, rechts zwei Hochspannungsmasten) nach den Mülltonnen rechts abzweigen Richtung St. Jakob. Auf dieser Straße abwärts durch St Jakob am Thurn zur Halleiner Landesstraße.

km 24,7: Haslach; die Halleiner Landesstraße geradeaus überqueren und durch die Bahnunterführung. Nach 200 m bei der Ortstafel Elsbethen links zum Gasthaus Überfuhr. Nach dem Gasthaus rechts in den Salzach Treppelweg einmünden und nun flussabwärts Richtung Elsbethen/ Salzburg.

km 28,3: Vor der schmalen Brücke über den Klausbach rechts, nach 100 m links über die Brücke zurück zum Rechenwirt.

St. Jakob am Thurn

Gasteig mit Untersbergblick

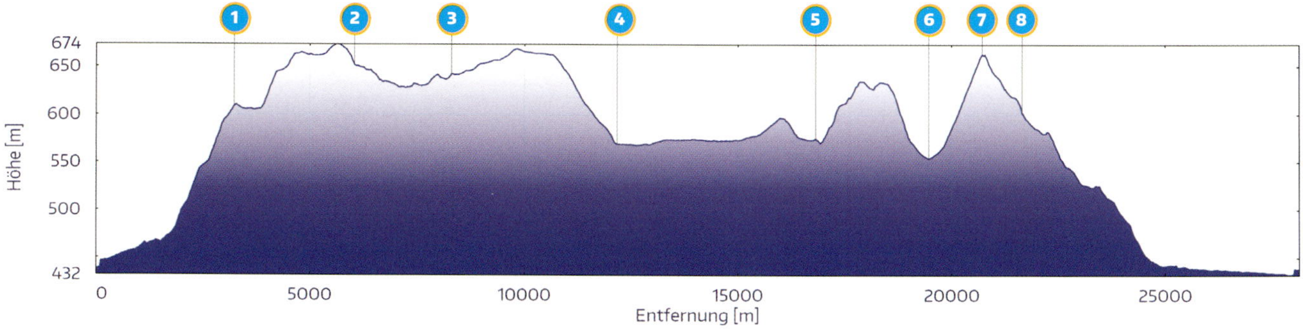

Kapelle in Hinterwinkl

St. Jakob am Thurn

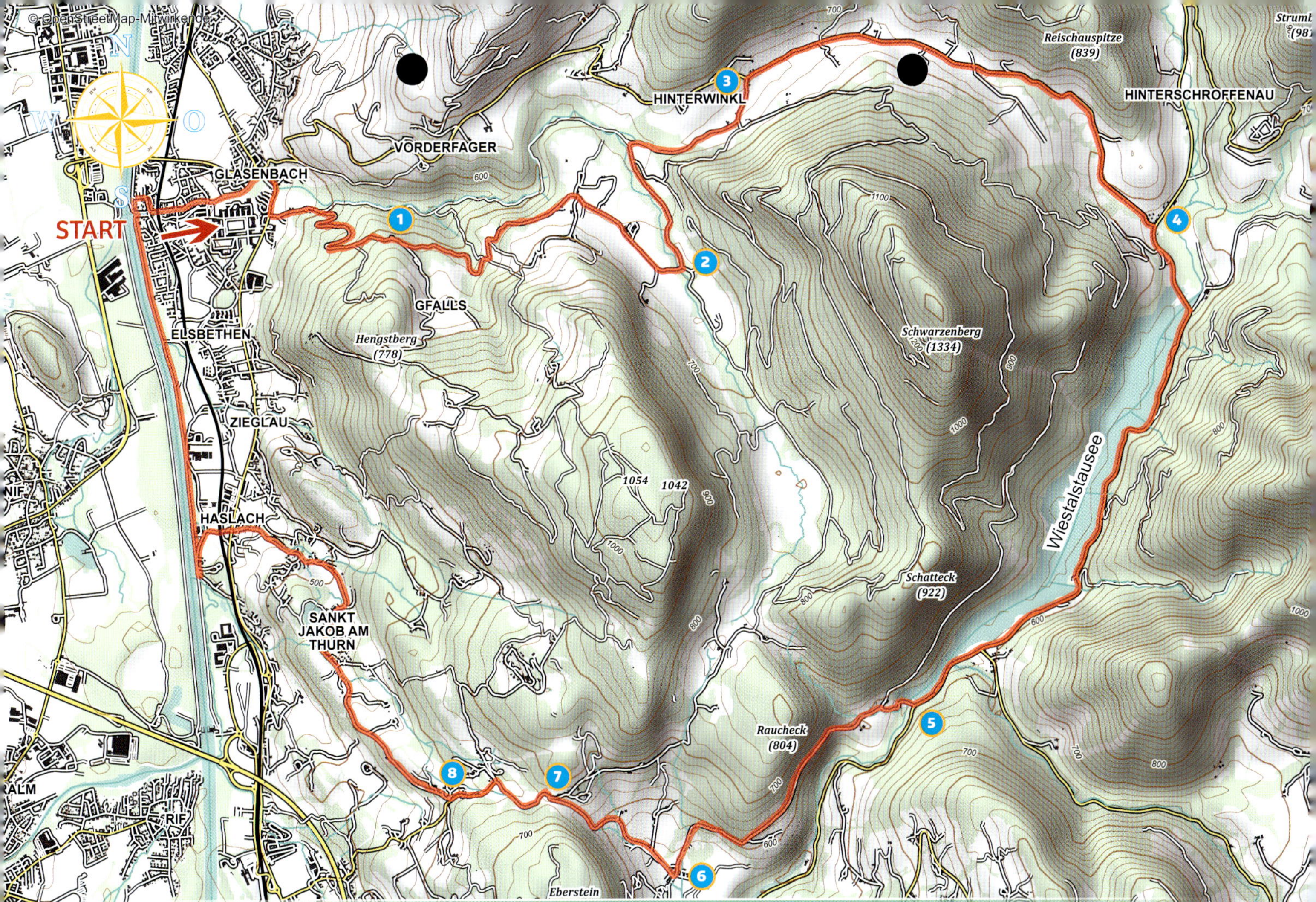

Tour 6 • Zum Wiestalstausee

Nach St. Jakob

Tour 7

Von Salzburg in das Bluntautal

Tour 7
Von Salzburg in das Bluntautal

Fahrradtyp	Trekkingrad, Bike, E-Bike
Kondition	
Fahrtechnik	
Länge	56,5 Kilometer
Anstiege	340 Höhenmeter
Fahrzeit	4 Stunden
Charakteristik	Ein großer Teil dieser Runde führt auf verkehrsarmen, beschilderten Straßen des Tauernrad- bzw. Salzachtalradweges nach Golling in das malerische Bluntautal. Vom Torrener Hof führt ein Wanderweg im ständigen Auf und Ab zum Eingang des Bluntautales. Der Weg in das Bluntautal zum Gasthaus Bärenhof ist ein einziger Genuss. Am Rückweg wird durch Golling und Kuchl geradelt. Anschließend geht's Richtung Römerbrücke, hier genießt man an heißen Tagen ein „Erlebnisbad" im frischen, glasklaren Tauglbach. Die Runde schließt sich über Adnet und Oberalm zurück auf dem Tauernradweg nach Salzburg. Auf Grund der Länge erfordert diese Tour ausreichende Kondition und entsprechendes Sitzfleisch.
Sehenswürdigkeiten	Keltenmuseum in Hallein, Gollinger Wasserfall, die Römerbrücke bei Bad Vigaun ist wohl die älteste Brücke im Land Salzburg, Marmormuseum und Marmorlehrpfad in Adnet.
Einkehrmöglichkeiten	Rechenwirt Elsbethen, Gasthaus Überfuhr in Haslach, Torrener Hof, Gasthaus Abfalter, Gasthaus Göllhof, Café Maier in Golling, Bärenhof im Bluntautal, Gasthaus Mühlthaler, Gasthaus Römischer Keller, Gasthaus Dorfschmiede in Kuchl, Hammerwirt in Hallein.
Ausgangspunkt	Rechenwirt in Elsbethen; zu erreichen mit dem Rad von Salzburg links der Salzach flussaufwärts auf dem Tauernradweg Richtung Hallein, 300 m nach der Hellbrunner Brücke. Mit dem Auto: Von Salzburg über die Hellbrunner Brücke Richtung Elsbethen, bei der ersten Abfahrt nach der Brücke rechts.
Karten	Kompass Nr. 14, 15.

0	km	0,0:	Vom Salzachkai beim Rechenwirt in Elsbethen flussaufwärts Richtung Hallein (Tauernradweg). Nach 100 m die schmale Brücke über den Klausbach passieren.
	km	4,0:	Beim Kraftwerk Urstein halbrechts aufwärts, weiter entlang der Salzach durch die Autobahnunterführung.
1	km	4,9:	Rechts über den Salzachsteg, danach links weiter Richtung Kaltenhausen.
	km	8,6:	Kaltenhausener Steg, geradeaus weiter.
2	km	9,9:	Hallein, nach der Unterführung rechts Richtung Zentrum, nach 50 m links durch Schiemerstraße-Kuffergasse. (Alternativ am Gehweg das Salzachufer entlang. Hier müssen einige Stufen überwunden werden, man kommt ebenso zur Stadtbrücke.) Die Kreuzung mit der Stadtbrücke geradeaus überqueren und weiter rechts der Salzach über die Stahlbrücke an der Salzachbühne. (Die Radwegweiser führen in das Zentrum).
	km	11,1:	Neumayrplatz, geradeaus weiter entlang der Salzach, nach 300 m rechts grüne Radwegweisung „Tauernradweg Kuchl", nun immer dieser Beschilderung folgen.
3	km	11,4:	Rechts in die Gamperstraße, Radwegweisung „Tauernradweg Kuchl".
4	km	17,3:	Links über die Autobahnbrücke Richtung Kuchl (geradeaus MTB Tour Nr. 35 zur Jausenstation Gschwandt bzw. Dürrnberg).
	km	18,3:	Kuchl; geradeaus weiter auf dem Tauernradweg (links über Salzachbrücke zur Ortsmitte kann diese Tour um 15 km abgekürzt werden).
5	km	21,2:	Beim Gasthaus Torrener Hof rechts, nach 20 m beim Parkplatz des Gasthofes links in den Bachteiweg, Wanderweg in Richtung Bluntautal. Nach 300 m bei der Weggabelung links aufwärts.

km 22,9: Einbindung in eine Asphaltstraße, geradeaus weiter. Nach 300 m erreicht man die Asphaltstraße in das Bluntautal.

6 km 23,6: Am Anfang des Bluntautales vor der Brücke über den Torrener Bach geradeaus auf den Bluntauweg Richtung Bärenhof.

7 km 26,2: Links zum Bärenhof (rechts MTB Strecke zu den Joch Almen bzw. zum Stahlhaus). Nach der Brücke erreicht man das Gasthaus Bärenhof, von hier wieder talauswärts auf breiter Schotterstraße Richtung Golling.

km 29,3: Beim Gasthaus Göllhof geradeaus Richtung Ortsmitte durch Autobahnunterführung. Nach 900 m links.

8 km 30,7: Rechts über die Salzachbrücke. Nach dem Bahnübergang links Richtung Bahnhof Golling, beim Gasthaus zur Linde geradeaus in die Bahnhofstraße.

km 31,3: Beim Bahnhof halbrechts, der Radwegweisung „Tauernradweg Kuchl" immer folgen.

km 33,7: Über die Brücke, dann links Richtung Kuchl.

9 km 34,5: Kuchl; vor der Kirche rechts, nach 100 m rechts in die Marktstraße, nach weiteren 200 m die Hauptstraße geradeaus überqueren.

km 35,0: Links in die Raiffeisenstraße Richtung Jadorf, nach weiteren 100 m rechts in die Jadorfer Straße Richtung Römerbrücke.

km 35,6: Nach dem Holztechnikum geradeaus, nach 500 m links Radwegweisung „Salz und Seen Tour Hallein/Vigaun".

10 km 37,0: Beim Kruzifix rechts in den Strumhofweg.

km 38,6: Rechts Richtung Römerbrücke Radwegweisung „Salz und Seen Tour Hallein/Vigaun".

km 39,2: Bei der Walddurchfahrt trifft man auf der linken Seite an den Tauglbach. Hier hat man die Möglichkeit, sich im kühlen, glasklaren Wasser der Taugl zu erfrischen.

km 39,8: Römerbrücke überqueren. Nach 200 m rechts „Salz und Seen Tour Hallein/Vigaun" (links St. Koloman).

11 km 40,4: Rechts in die Riedlstraße Richtung Adnet.

km 42,0: An der Kreuzung nach der Waldeinfahrt rechts bergauf Richtung Adnet, (geradeaus Bad Vigaun) nach 800 m geradeaus abwärts.

12 km 43,7: Adnet Ortsteil Waidach; links „MTB-Route Schlenken", nach der Brücke geradeaus Richtung Adnet.

km 45,1: Adnet; bei den 2 Kreuzungen in der Ortsmitte immer links halten.

km 46,2: Kreuzung mit Wiestal Landesstraße, links auf den Radweg Richtung Hallein.

13 km 46,8: Nach der langgezogenen Linkskurve führt rechts abwärts im spitzen Winkel ein schmaler Radweg zur Brücke über den Almbach „Salz und Seen Tour Oberalm". Nach der Brücke links, beim Hammerwirt mündet man auf breitere Asphaltstraße.

km 47,2: Rechts in die Madelgasse „Salz und Seen Tour Oberalm" und durch die Autobahnunterführung.

km 47,9: Oberalm, bei der Raiffeisenkasse die Halleiner Landesstraße geradeaus überqueren in die Kahlspergstraße. Nach der Bahnunterführung immer weiter in der Kahlspergstraße, später durch den Ortsteil Oberalm-Kahlsperg (rechts Schloss Kahlsperg).

14 km 49,5: An der Kreuzung geradeaus in die Austraße. Nach 350 m Schranken passieren, durch die Au Richtung Salzach.

km 50,9: Einbindung in den Tauernradweg, rechts auf Salzach Treppelweg Richtung Salzburg.

km 52,6: Kraftwerk Urstein, ab hier hat man die Möglichkeit, rechts oder links der Salzach zurück nach Elsbethen zu fahren.

km 56,5: Rechenwirt in Elsbethen.

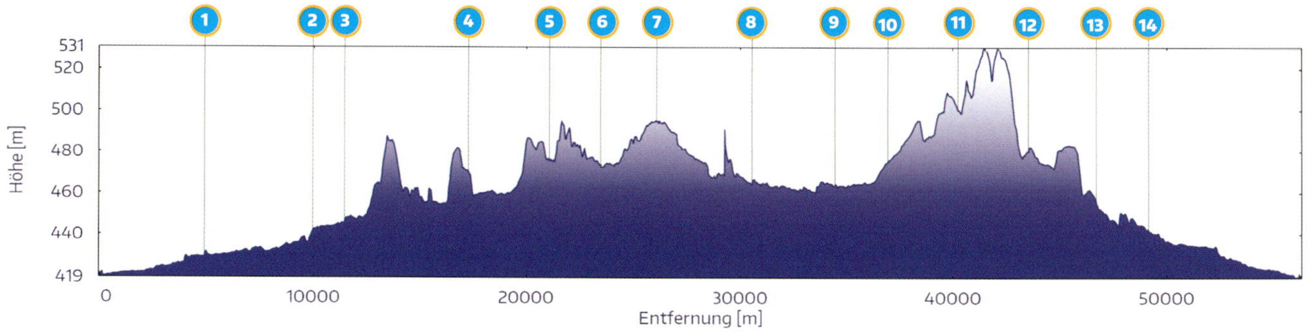

Torrener Bach im Bluntautal

Der Hohe Göll mit Salzachspiegelung

Tour 7 • Von Salzburg in das Bluntautal

Salzachsteg bei Urstein mit Untersberg

Tour 8

Von Mondsee um den Irrsee

Tour 8
Von Mondsee um den Irrsee

Fahrradtyp	Trekkingrad, Bike, E-Bike
Kondition	
Fahrtechnik	
Länge Anstiege Fahrzeit	33 Kilometer 620 Höhenmeter 2:45 Stunden
Charakteristik	Eine schöne Tour auf großteils asphaltierten Nebenstraßen durch das Mondseer Land. Sie führt durch eine reizvolle, hügelige Landschaft, vorbei an Bauernhöfen zum nördlichen Ende vom Irrsee. Entlang des Sees sind dann zahlreiche Bademöglichkeiten. Auf angenehmer Steigung geht es zum Schluss noch zum Gasthof Leidingerhof, wo man eine herrliche Aussicht auf Mondsee und Schober genießt.
Sehenswürdigkeiten	Die ehemalige Stifts- und heutige Pfarrkirche zum Hl. Michael und das Freilichtmuseum in Mondsee. Weitere Infos: www.mondsee.at
Einkehrmöglichkeiten	Gasthaus beim Erich in Oberhofen, Gasthof Fischhof, Gasthof Dorferwirt, Gasthof Pöllmann am Westufer, Leidingerhof am Obergaisberg, Gastgärten am Marktplatz in Mondsee.
Ausgangspunkt	Mondsee, am Beginn der Dr.-Franz-Müllerstraße (Allee Richtung Zentrum Mondsee) an der Kreuzung mit der Bundesstraße B 151. Von der Autobahn kommend zuerst Richtung Mondsee, Abzweigung Süd. Ausreichend Parkplätze sind beim Alpenseebad Mondsee. Von dort gelangt man zum Beginn der Allee bzw. Dr.-Franz-Müllerstraße.
Karten	Kompass Nr. 17.

0	km	0,0:	Vom Beginn der Allee in der Dr.-Franz-Müllerstraße in Richtung Zentrum/Marktplatz Mondsee. Vorbei an der Tourist Information, Marktplatz, Rathaus und nach der Pfarrkirche halblinks in die Herzog-Odilo-Straße.
1	km	1,0:	Geradeaus weiter die Herzog-Odilo-Straße (nicht dem Verlauf der Vorrangstraße nach links folgen). Nach 500 m unter der Autobahn durch und bei der Ortstafel von Schlößl rechts aufwärts.
	km	2,9:	Rechts bergauf.
2	km	5,5:	Rechts bergauf „Am Zellerbach".
	km	6,1:	Links, Wegweisung „Rundweg 88 Lacken-Mondsee". Nun auf Schotter weiter, nach 800 m, in Lindau durch ein Bauerngehöft, die Straße queren und weiterhin geradeaus bergauf „Brandstatt".
3	km	7,9:	Harpoint; vor der Kapelle links und beim Bauernhof links vorbei. Nun auf Schotter bergab. Nach 1,1 km den asphaltierten Feldweg queren, geradeaus weiter und vorbei beim Bauernhaus.
	km	9,6:	Einmündung in die Vöcklatal Bezirksstraße, rechts bergab.

4 km 10.1: Links Richtung Schweibern, nach 1,0 km halbrechts.

km 11,5: Auf der Kuppe geradeaus bergab. Nach 1,2 km rechts und nach weiteren 600 m bei der Vorrangtafel rechts, leicht bergauf.

5 km 15,8: Links abwärts nach Oberhofen. Nach 400 m die Bundesstraße B 154 queren und bei der folgenden Stopp Tafel links (vor dem Gasthof Erich). Bei der Volksschule Oberhofen vorbei (km 16,7) und weiter Richtung Kirche.

km 17,0: Rechts der Radwegweisung „R 2" folgen. Nach 1,0 km rechts.

km 18,1: Links, Wegweisung „Irrsee/R 2". Nun immer der Wegweisung „R 2" folgen, so auch nach 400 m rechts abbiegen.

km 19,0: Rechts, nach 1,1 km vorbei am Gasthof Fischhof.

km 22,7: Gasthof Dorferwirt.

6 km 24,4: Unmittelbar nach dem Gasthof Pöllmann rechts bergauf. Nach 200 m links, Wegweisung „R 2".

km 25, 4: Geradeaus, Wegweisung „R 2". Nach 300 m rechts (nicht der Wegweisung „R 2" folgen).

7 km 26,7: Halbrechts bergab.

8 km 27, 9: Rechts bergauf, Wegweisung „Leidingerhof".

9 km 29,6: Beim Leidingerhof links bergab Richtung Mondsee, nach 900 m rechts, unter der Autobahn durch und bei km 31,3 links abwärts.

km 32,0: Einbindung an die Bundesstraße B 154, rechts, nach 100 m links in die Rainerstraße und am Friedhof entlang, bei km 32,7 rechts in die Dr.-Franz-Müllerstraße (Allee).

km 33,0: Ausgangspunkt bei der Kreuzung mit der Bundesstraße B 151.

Oberhalb vom Irrsee

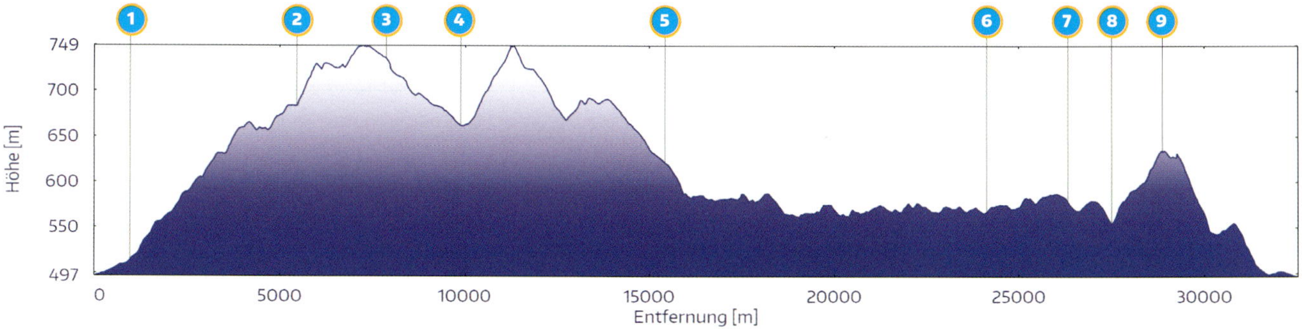

... letzte Steigung zum Leidinger Hof

Lindenkapelle bei Harpoint

Für einen Kaffee ist immer Zeit

Tour 8 • Von Mondsee um den Irrsee

Biografie JOSEPH MOHR

Dietlinde Hlavac

Joseph Mohr

Das Leben des Stille-Nacht-Dichters (Biografie)

Im Gedenkjahr 2016 werden 200 Jahre Text „Stille Nacht" gefeiert. Von Joseph Mohr, der den Text dazu verfasst hat, gibt eskeine Biografie, die alle Facetten des bescheidenen und zutiefst sozial eingestellten Prieser beleuchten. Das Buch versteht sich auch als Beitrag zur 200-jährigen Zugehörigkeit unserer Heimat Salzburg zu Österreich.

304 Seiten, Hardcover
ISBN 978-3-944501-22-9, € 24.80

Im Buch- & Zeitschriftenhandel.

SPORTBRILLEN • KONTAKTLINSEN • SPORTSEHTEST

„Besser Sehen beim Sport"

- Individuelle Lösungen für „Besseres Sehen bei Ihrem Sport"
- Sportbrillen in Ihrer Glasstärke
- Sportsonnenbrillen
- Sportbrillen in Ihrer Glasstärke
- Kontraststeigernde Sportbrillen für bessere Wahrnehmung
- Alle Sportbrillen zum Mitnehmen und Testen
- 100% bruchsichere Polycarbongläser
- Spezieller Sehtest für Sportler mit schriftlicher Auswertung
- Spezielle Kontaktlinsen für Sportler
- Polar-Herzfrequenzmesser-Servicestelle in Salzburg, Nonntaler Hauptstraße 55

brillenmacher slatner

5020 SALZBURG
GOLDGASSE 13 + 14 Tel. 06 62/84 31 14-73
NONNTALER HAUPTSTRASSE 55 Tel. 06 62/82 46 50

Tour 9

Kleine Wallersee Runde

Tour 9
Kleine Wallersee Runde

Fahrradtyp	Trekkingrad, Bike, E-Bike
Kondition	
Fahrtechnik	
Länge	21,5 Kilometer
Anstiege	240 Höhenmeter
Fahrzeit	2 Stunden
Charakteristik	Eine landschaftlich äußerst reizvolle Runde, die eine Summe von wunderschönen Ausblicken zum Wallersee bietet. Im Wenger Moor, seit 1973 Naturschutzgebiet, kann man die Schönheit und Einzigartigkeit dieser Landschaft erleben. An mehreren Infostellen entlang des Weges werden die wichtigsten Lebensräume vorgestellt. Von 1999 bis 2003 wurde ein von der EU gefördertes Projekt zur langfristigen Sicherung seltener und gefährdeter Arten und ihrer Lebensräume umgesetzt. Man fährt überwiegend auf beschilderten Radrouten, wie Wallerseerundweg oder Salz und Seen Tour. Bei der scharfen Steigung nach der Marieninsel am Ostuferweg werden E-Biker ihre Freude mit dem motorbetriebenen Untersatz haben. Die letzten Kilometer bis Seekirchen fährt man wieder am Wallersee Rundweg. Für genügend Raststätten ist ebenso gesorgt, so dass einem schönen Radtag nichts im Wege steht.
Sehenswürdigkeiten	Die Seeburg, Heimat- und Stiftsmuseum mit Restaurant in Seekirchen. Der Eiszeit-Rundweg in Henndorf beschreibt an elf Stationen die Spuren und Zeugen der Eiszeit.
Ausgangspunkt	Seekirchen am Wallersee, am großen Parkplatz des SCS (Shopping-Center-Seekirchen) in der Ortsmitte.
Einkehrmöglichkeiten	Gasthaus Hofwirt in Seekirchen, s'Stegerl am See, Restaurant Winkler und Waller-See-Alm in Neumarkt direkt am See, Gasthaus Fenninger Spitz, Gasthaus Fischtaging
Karten	Kompass Nr. 16, 17.

0	km 0,0:	SCS Seekirchen, vom Parkplatz nordwärts in die Hauptstraße und vorbei an der Kirche. Nach 350 m rechts in die Bahnhofstraße. Nach 1 km passiert man den Bahnhof Seekirchen, weiter geht es immer entlang der Bahn.
1	km 1,9:	An der Kreuzung geradeaus, Radwegweisung „Wallersee Rundweg" (rechts abwärts zum Strandbad Seekirchen). Nach 300 m links auf den schmalen Schotterweg.
	km 2,9:	Geradeaus (links durch Unterführung nach Bayerham).
	km 3,8:	An der ca. 500 m langen, sehr schmalen Passage bei den Bootshütten ist Vorsicht angesagt. Auch Fußgänger benützen diesen schmalen Weg.
2	km 4,4:	Nach der kurzen Steigung rechts abwärts, Radwegweisung „Wallersee Rundweg Zell". Vorbei an der Filialkirche Zur heiligen Magdalena. Nach 300 m beim Naturstrandbad Zell am Wallersee links, nach 200 m rechts über die schmale Brücke, dann wieder links. Anschließend entlang der Bahn ins Wenger Moor, Radwegweisung „Wallersee Rundweg Neumarkt". Der Radweg durch das Wenger Moor ist sehr gut beschildert, zahlreiche Schautafeln zur Information sind entlang des Weges angebracht.
3	km 7,7:	Bei der Holzhütte rechts abzweigen, Radwegweisung: „Wallersee Rundweg Neumarkt".
	km 8,9	Vor einem Gehöft endet der Schotterweg, geradeaus weiter.
4	km 10,1:	Maierhof; rechts im spitzen Winkel abwärts zum Strandbad Neumarkt (geradeaus nach Neumarkt). Nach 300 m rechts in die Schilfgasse, nach 50 m links in die Uferstraße. Vorbei am Strandbad Neumarkt in der Wallersee Ostbucht. Bei der Telefonzelle links aufwärts.
5	km 11,3:	Nach der kurzen, steilen Auffahrt rechts zum Ostuferweg, der für Radfahrer zugelassen ist. Nach 100 m Beginn Schotterweg. Man folgt der Beschilderung der Laufstrecke durch den Wald.

km 12,7: Es folgt die asphaltierte, ca. 15% Steilstufe.

km 13,4: Enzing; rechts abzweigen, Radwegweisung „Wallersee Rundweg Seekirchen".

km 14,6: Rechts, Radwegweisung „Wallersee Rundweg Strandbad Henndorf". Nach 100 m geradeaus (links nach Henndorf).

km 14,9: Hotel Seebrunn, nach 100 m links auf schmalem Weg.

6 km 15,5: Rechts im spitzen Winkel abzweigen, Radwegweisung „Wallersee Rundweg Seekirchen". Nach 700 m automatischen Schranken passieren.

km 16,6: Gasthaus Fenninger Spitz, nach 100 m rechts auf die Straße nach Seekirchen.

7 km 18,0: Rechts nach Fischtaging, nach 100 m beim Gasthaus Fischtaging rechts, dann links und der Radwegweisung „Wallersee Rundweg Seekirchen" durch Fischtaging folgen.

km 18,7: Rechts abzweigen, Radwegweisung „Wallersee Rundweg Seekirchen". Nach 300 m rechts abwärts auf Schotter Richtung Strandbad Seekirchen.

km 19,2: Fischtaginger Spitz.

km 19,6: Links Richtung Zentrum Seekirchen (rechts zum Strandbad Seekirchen). Durch die Seebadstraße.

km 20,7: Links in die Moosstraße, nach 200 m rechts, nach weiteren 400 m links in die Hauptstraße, auf dieser zurück zum Ausgangspunkt.

km 21,5: SCS Seekirchen.

Filialkirche der Hl. Magdalena

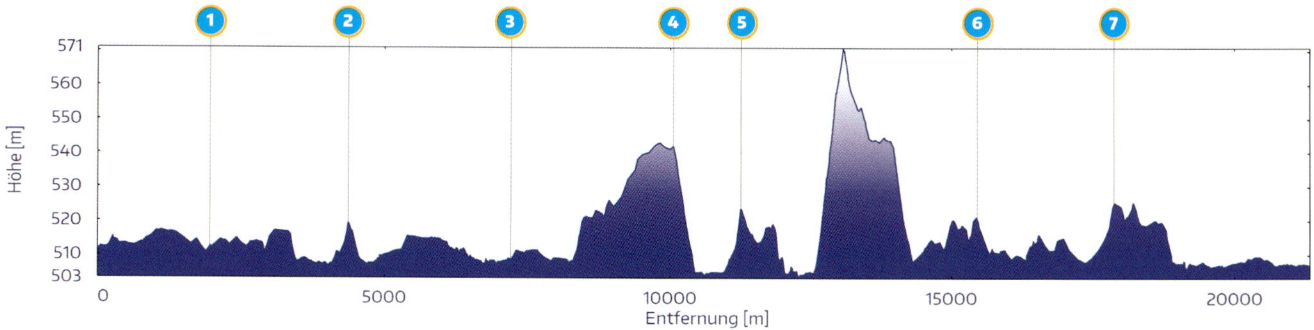

Im Wenger Moor

Fischtaginger Spitz

Tour 9 • Kleine Wallersee Runde

Strandbad Seekirchen

Tour 10

Große Wallersee Runde

Tour 10
Große Wallersee Runde

Fahrradtyp	Rennrad, Trekkingrad, Bike, E-Bike
Kondition	
Fahrtechnik	
Länge	43,5 Kilometer
Anstiege	650 Höhenmeter
Fahrzeit	3:15 Stunden
Charakteristik	Die große Runde um den Wallersee, ausschließlich auf beschilderten Radwegen, stellt etwas größere Ansprüche an die Radler. Man durchstreift den sehr hügeligen Flachgau auf herrlichen Nebenstraßen. Von Seekirchen führt der Weg auf Umwegen über Haging und Unzing nach Henndorf. Anschließend geht es über Wiesen und durch Wälder entlang des Kolomansberges nach Pfongau. In Steindorf überquert man die Bundesstraße 1 und kommt nach Köstendorf zur „Bergwertung" Tannberg. Als Belohnung genießt man vom Tannberg ein herrliches Panorama vom Schafberg über die Osterhorngruppe, Tennengebirge, Hoher Göll, Watzmann, Untersberg bis zum Staufen. Ab Schleedorf rollt man gemütlich ohne wesentliche Steigungen zurück nach Seekirchen.
Sehenswürdigkeiten	Die Seeburg, Heimat- und Stiftsmuseum mit Restaurant in Seekirchen. Gut Aiderbichl, Eiszeit-Rundweg in Henndorf beschreibt an elf Stationen die Spuren und Zeugen der Eiszeit. Käsewelt im Schaudorf Schleedorf, Tiefsteinklamm bei Schleedorf.
Einkehrmöglichkeiten	Gasthaus Hofwirt in Seekirchen, Tonis Bauernschänke in Pfongau, Gasthaus Tannberg am Tannberg, Hofwirt und Kollerwirt in Schleedorf, Gasthaus Fink in Tödtleinsdorf, Seewalcher Wirt in Seewalchen.
Ausgangspunkt	Seekirchen am Wallersee, am großen Parkplatz des SCS (Shopping-Center-Seekirchen) in der Ortsmitte.
Karten	Kompass Nr. 16, 17.

0	km	0,0:	SCS Seekirchen, vom Parkplatz südwärts die Salzburger Straße Richtung Eugendorf. Nach 100 m, nach der Brücke über die Fischach, links in die Henndorfer Straße, grüne Radwegweiser „Wallerseerunde".
	km	0,5:	Nach dem letzten Gebäude rechts aufwärts Richtung Haging (geradeaus nach Fischtaging), immer geradeaus über den Hügel.
	km	2,6:	Unterhaging.
1	km	3,1:	Vor der Bundesstraße 1 links auf den Radweg parallel zur B 1 Richtung Henndorf.
	km	3,8:	Bei der Bushaltestelle die B 1 überqueren, dann weiter auf der asphaltierten Zufahrtsstraße zu einer kleinen Siedlung. Durch die Oberhauserstraße, vorbei am kleinen Feuerwehrhaus „Eugendorf 2. Zug Kirchberg".
	km	4,4:	Rechts am letzten Gehöft vorbei, anschließend am Güterweg mit Betonfahrstreifen Richtung Wald, später auf Forststraße.
2	km	5,2:	Am Ende der Oberhauserstraße links in die Unzinger Straße Richtung 3 Eichen (rechts nach Unzing).
3	km	6,3:	Beim Hochspannungsmasten rechts abwärts in die Schönbergstraße Richtung Henndorf (nicht geradeaus 3 Eichen). Nach 700 m am Ende der Steigung links weiter in der Schönbergstraße, Radwegweisung „Henndorf".
4	km	8,4:	Die Landesstraße überqueren, dann rechts auf den Radweg Richtung Gut Aiderbichl. Nach 80 m links weiter auf dem Radweg.
	km	9,0:	Rechts aufwärts zum Golfclub Gut Altentann, Radwegweisung „Zuckmayer Route Altentann". Nach 1,7 km am Ende der Steigung links, Radwegweisung „Zuckmayer Route Neumarkt/Haslach" (rechts Gut Aiderbichl).

5 km 11,4: Rechts aufwärts, Radwegweisung „Zuckmayer Route Neumarkt/Haslach", an der nächsten Kreuzung wieder rechts und weiter dieser Beschilderung folgen.

km 12,7: Bei der Kreuzung halbrechts, Radwegweisung „Wallerseerunde Neumarkt/Haslach". Nach 300 m geradeaus.

km 14,9: Bei der Blockhütte ist ein schöner Rastplatz mit Trinkbrunnen.

Prächtiger Flachgauer Bauernhof

6 km 17,6: Haslach; geradeaus weiter, Radwegweisung „Zuckmayer Route Neumarkt" (nicht links über die Brücke in den Ort).

km 18,5: Wertheim; rechts über die Brücke, Radwegweisung „Zuckmayer Route Neumarkt/Pfongau" und geradeaus durch den Ort.

km 19,4: Die Kreuzung bei der Gärtnerei Trapp geradeaus überqueren (links Sighartstein, rechts Sommerholz).

km 20,0: Pfongau; bei der Verzweigung links, nach 50 m rechts Richtung Steindorf. Nach 1 km die Kreuzung geradeaus überqueren Richtung Steindorf.

7 km 21,9: Steindorf; die B 1 beim Fußgängerübergang schräg überqueren in die Bahnhofstraße. Nach 500 m links durch die Bahnunterführung, Radwegweisung „Barock Tour Köstendorf". Nach der Unterführung links in die Fichtenstraße.

8 km 22,8: Links abbiegen in den Lärchenweg, Radwegweisung „Barock Tour Köstendorf".

km 24,7: Links Richtung Köstendorf.

9 km 25,6: An der Kreuzung am Ortsbeginn von Köstendorf rechts in die Hochwiesenstraße, nach 700 m geradeaus über Kreuzung in die Spanswager Straße.

10 km 27,7: Spanswag; der Beschilderung „Salzkammergut Radweg Mattsee/Tannberg" folgen, nach 100 m in der Ortsmitte rechts, nach weiteren 200 m wieder rechts aufwärts Richtung Gasthaus Tannberg (Variante: über die Hauptstraße nach Schleedorf kann man die Steigung über den Tannberg umfahren, versäumt jedoch einen herrlichen Panoramablick).

km 29,1: An der Kreuzung nach der Steigung geradeaus Richtung Mattsee. Von hier rechts Abstecher zum Gasthaus Tannberg möglich (100 Höhenmeter steil bergauf). Man folgt jetzt der Panorama-Straße über den Tannbergrücken.

11 km 32,8: Nach der Abfahrt mündet man bei einem Marterl in die Hauptstraße und fährt links, Radwegweisung „Salzkammergut Radweg Schleedorf".

km 33,9: Schleedorf; bei der Käsewelt rechts, dann geradeaus durch den Ort. Beim Hofwirt rechts, nach 200 m rechts, Radwegweisung „Salz und Seen Tour Seekirchen/Tödtleinsdorf". (Geradeaus zur Tiefsteinklamm)

12 km 35,5: An der Kreuzung rechts durch Helming.

km 37,3: Tödtleinsdorf; nach der Kirche halblinks abwärts, Radwegweisung „Wallerseerunde bzw. Salz und Seen Tour Seekirchen". Hier im Ort nette Einkehr im Gasthaus Fink mit Gastgarten und Kinderspielplatz.

13 km 38,2: Nach der Abfahrt die Hauptstraße geradeaus überqueren. Nach 400 m, unmittelbar nach dem Ortsschild Huttich, rechts aufwärts Richtung Seekirchen. Nach weiteren 600 m bei der Lohmühle geradeaus über die Kreuzung.

km 39,8: Bayerham.

km 40,1: Halblinks abzweigen, Radwegweisung „Salz und Seen Tour Seekirchen" (nicht links hinunter zum See).

km 41,6: Seewalchen; geradeaus Radwegweisung „Wallerseerunde Seekirchen".

km 42,5: Seekirchen; links durch die Bahnunterführung. Nach der Unterführung rechts im spitzen Winkel in die Bahnhofstraße. Nach 600 m bei der Sparkasse links in die Hauptstraße und zurück zum Ausgangspunkt.

km 43,5: SCS Seekirchen.

Bei Henndorf am Wallersee

Pferdekoppel bei Henndorf

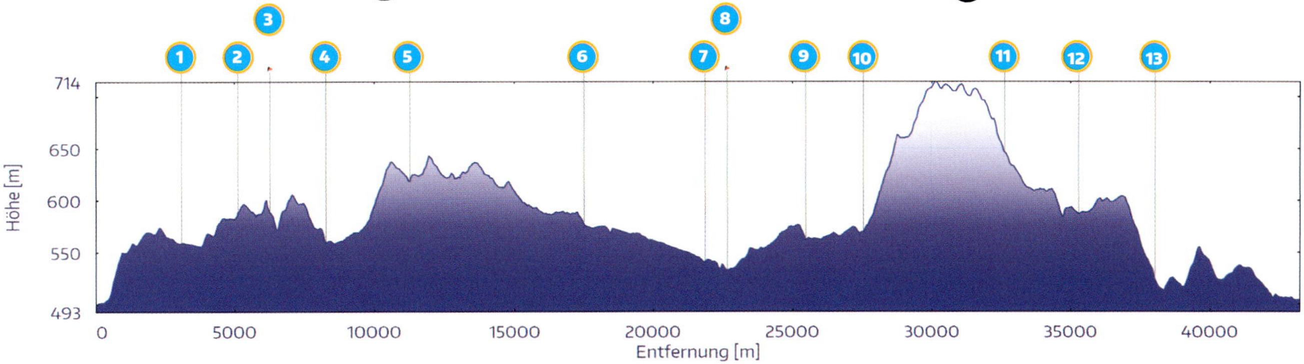

Golfplatz Altentann

Kirchberg

Bei Köstendorf

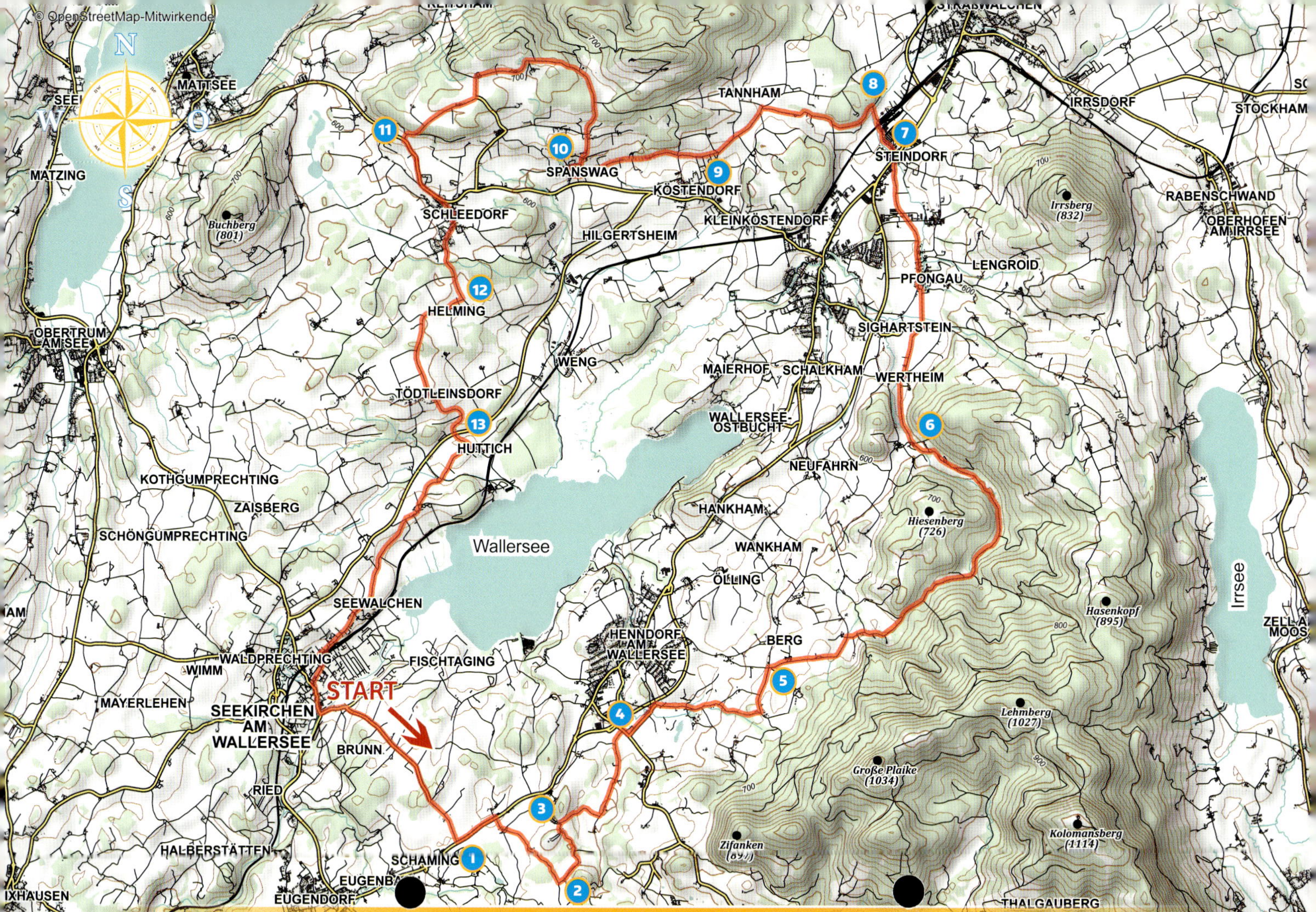

© OpenStreetMap-Mitwirkende
MATTSEE
MATZING
Buchberg (801)
SCHLEEDORF
SPANSWAG
KÖSTENDORF
KLEINKÖSTENDORF
HILGERTSHEIM
TANNHAM
STEINDORF
IRRSDORF
STOCKHAM
RABENSCHWAND
OBERHOFEN AM IRRSEE
Irrsberg (832)
LENGROID
PFONGAU
SIGHARTSTEIN
HELMING
OBERTRUM AM SEE
WENG
MAIERHOF
SCHALKHAM
WERTHEIM
TÖDTLEINSDORF
WALLERSEE-OSTBUCHT
HUTTICH
NEUFAHRN
KOTHGUMPRECHTING
ZAISBERG
HANKHAM
Hiesenberg (726)
SCHÖNGUMPRECHTING
Wallersee
WANKHAM
ÖLLING
Irrsee
Hasenkopf (895)
SEEWALCHEN
ZELL AM MOOS
HENNDORF AM WALLERSEE
BERG
WALDPRECHTING
FISCHTAGING
WIMM
START
MAYERLEHEN
SEEKIRCHEN AM WALLERSEE
Lehmberg (1027)
BRUNN
RIED
Große Plaike (1034)
Zifanken (897)
Kolomansberg (1114)
HALBERSTÄTTEN
SCHAMING
EUGENDORF
IXHAUSEN
THALGAUBERG
TIEFENBACH
KNUTZING
REITBERG

Tour 11

Rund um den Mattsee

Tour 11
Rund um den Mattsee

Fahrradtyp	Trekkingrad, Bike, E-Bike
Kondition	
Fahrtechnik	
Länge	13,2 Kilometer
Anstiege	150 Höhenmeter
Fahrzeit	1:15 Stunden
Charakteristik	Eine gemütliche, familienfreundliche Tour mit herrlichen Ausblicken auf den Mattsee. Man umrundet den Mattsee auf den mit „Salzkammergut Radweg bzw. Trumer Seen Route" beschilderten Radrouten meist auf Asphaltstraßen. Zwischen Gebertsham und Saulach kann man auf einem Güterweg ca. 1 km ins „Gelände" schnuppern. Am Rückweg durchfährt man in der Weyerbucht eine Parkanlage mit dem Bajuwarengehöft, das anlässlich der Bajuwarenausstellung 1988 errichtet wurde.
Sehenswürdigkeiten	Stiftskirche mit dem Stiftsmuseum, „fahr(T)raum Meilensteine der Mobilität" (von Ferdinand Porsche) www.fahrtraum.at, Bajuwaren-Freilichtschau in der Weyerbucht, Naturpark Buchberg.
Einkehrmöglichkeiten	Gasthaus Post, Kapitelwirt, Café Neuhofer in Mattsee.
Ausgangspunkt	Mattsee Ortsmitte nähe der Stiftskirche. Parkmöglichkeiten: Parkplatz Süd Stockwiese, Parkplatz Ortsmitte Weyerbucht, Parkplatz Nord Strand- und Seepromenade.
Karten	Kompass Nr. 17.

0 km 0,0: Vom Brunnen vor der Stiftskirche in der Ortsmitte von Mattsee die Passauer Straße in Richtung Norden, vorbei am Gasthaus Post. Nach 450 m, am Ortsende von Mattsee, rechts auf den Radweg „Salzkammergut Radweg Seeham" parallel zur Hauptstraße.

km 1,6: Geradeaus weiter auf dem „Salzkammergut Radweg Palting" (links Seeham).

km 2,8 Moorbad-Aug; geradeaus weiter auf dem Radweg.

1 km 3,7: Rechts abzweigen Richtung Strandbad Lochen, nach 1 km geradeaus durch Stein.

2 km 7,0: Bei der Kreuzung rechts Richtung Strandbad, Radwegweisung „Trumer Seen Route Mattsee/Gebertsham" (geradeaus nach Lochen). Nach 300 m fährt man geradeaus durch Wichenham.

km 8,1: Der Weg führt vorbei am Strandbad Lochen.

3 km 8,4: Gebertsham; rechts „Trumer Seen Route Mattsee/Saulach" (geradeaus nach Reitsham). Nahe der Filialkirche Gebertsham befindet sich ein Aussichtsplatz auf den Mattsee mit mehreren Schautafeln.

4 km 9,4: In der Linkskurve geradeaus auf den Güterweg „Trumer Seen Route Mattsee/Saulach". Nach einem grobsteinigen Fahrweg überquert man eine Wiese in Richtung Bauernhof.

5 km 10,3: Saulach; hier mündet man in eine Asphaltstraße, fährt halbrechts, vorbei an einer Kapelle in Richtung Mattsee.

km 11,4: Ortsschild Mattsee-Ramoos.

6 km 12,8: Mattsee; rechts in die Weyerallee Richtung Ortsmitte „Trumer Seen Route Mattsee". Man fährt durch eine schöne Parkanlage mit großem Kinderspielplatz.

km 13,2: Ortsmitte Mattsee.

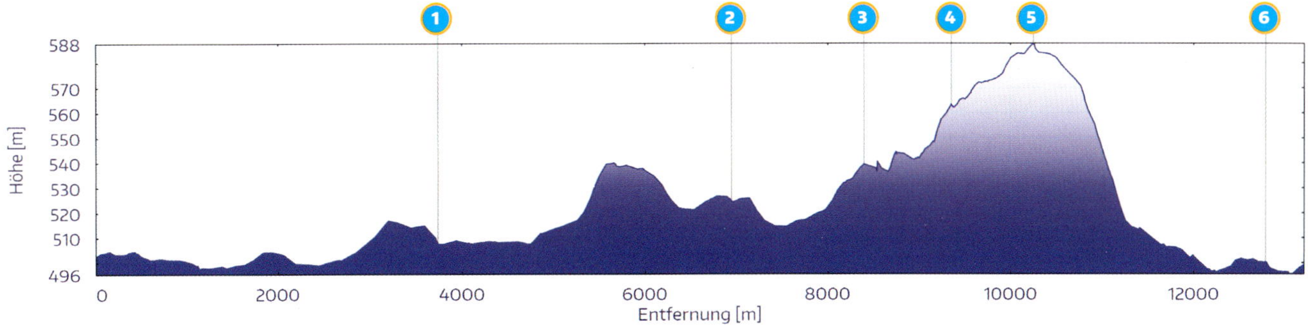

Gebertsham am Mattsee

Stiftskirche Mattsee

Entlang dem Mozartradweg

© OpenStreetMap-Mitwirkende
N
O
S
W
MACKING
SINGHAM
BRANDSTÄTT
GUGGENBERG
HILTENWIESEN
DAXJUDEN
WICHENHAM
HOFSTÄTT
RACKERSING
NIEDERTRUM
SPRINZENBERG
Grabensee
HAAG
STEIN
PETERSHA
ZEISENTAL
MOORBAD
AUG
GEBERTSHAM
ZELLHOF
DIRNHAM
Mattsee
ÜBERFUHR
REITSHAM
SAULACH
Obertrumer See
600
SCHALKHAM
RAMOOS
FISCHING
START
OBERNBERG
SCHWABENED
PETERNEKÜHBERG
Wartstein
(567)
WEYER
700
LEHEN
HIMMELSBERG
REISACH
ANZING
STOCKWIESE
1
2
3
4
5
6

Tour 12

Rund um Obertrumer- und Grabensee

Tour 12
Rund um Obertrumer- und Grabensee

Fahrradtyp	Trekkingrad, Bike, E-Bike
Kondition	
Fahrtechnik	
Länge	27,2 Kilometer
Anstiege	300 Höhenmeter
Fahrzeit	2 Stunden
Charakteristik	Eine ideale Tour für heiße Tage. Man hat die Möglichkeit, in drei verschiedenen Seen (Obertrumer-Graben- und Mattsee) sich zu erfrischen. Nach der Auffahrt über den Huberberg geht es auf verkehrsarmen Nebenstraßen nach Berndorf. Nach dem Grabensee befahren wir ein kleines Stück Oberösterreich. Nach einem Besuch am Mattsee fahren wir entlang des Obertrumer Sees zurück nach Staffl.
Sehenswürdigkeiten	Trumer Bierwelt in Obertrum www.trumer.at, Hochseilpark in Seeham www.hochseilpark.at, „fahr(T) raum" Meilensteine der Mobilität (Ferdinand Porsche) www.fahrtraum.at, Stiftskirche mit Stiftmuseum in Mattsee.
Einkehrmöglichkeiten	Gasthaus Neumayr, Braugasthof Sigl in Obertrum, Gasthaus Neuwirt in Berndorf, Gasthaus Post, Kapitelwirt, Café Neuhofer in Mattsee; Gasthaus Mitterhof.
Ausgangspunkt	Obertrum, Parkplatz beim Strandbad Oitner in Staffl am Obertrumer See.
Karten	Kompass Nr. 17.

0	km	0,0:	Vom Strandbad Oitner Richtung Obertrum/Kaiserbuche. Nach 450 m in Obertrum rechts in die Haunsberg Landesstraße Richtung Kaiserbuche. In der folgenden Rechtskurve links in die Kirchstättstraße abzweigen, über die kleine Brücke, dann halbrechts aufwärts in die Huberbergstraße.
1	km	3,4:	Am Ende der langen Steigung nach dem Ortsteil Bruckmoos rechts Richtung Seeham (links Anthering).
	km	4,5:	Die Kreuzung mit der Haunsberg Landesstraße geradeaus überqueren Richtung Übertsroid (links Oberndorf, rechts Obertrum).
2	km	5,7:	Außerwall; links, nach 120 m rechts Richtung Seeham, vorbei an den KfZ Werkstätten, dann geradeaus in den Wald.
3	km	7,0:	Innerwall; beim großen Bauernhaus links Richtung Berndorf. An den folgenden Kreuzungen immer geradeaus Richtung Berndorf.
	km	8,6:	Ansfelden.
4	km	12,4:	Berndorf; beim ehemaligen Bachlwirt links, nach 30 m rechts in die Perwanger Straße. Nach 100 m rechts aufwärts in die Grabenseestraße.
5	km	13,5:	An der Kreuzung in Mangelberg geradeaus auf den Güterweg „Grabenseewanderweg" (rechts Aigen, links Wendberg).
6	km	14,5:	Gransdorf; bei einem Gehöft mündet man in die Landesstraße, hier links, nach 50 m in der Linkskurve rechts, Wegweisung „Mattsee/Seeham". Nach 500 m geradeaus, Radwegweisung „Trumer Seen Route Mattsee/Wichenham".
	km	15,6:	Rödhausen; weiter auf „Trumer Seen Route".
	km	16,9:	Macking; es folgt eine Senke.

7 km 17,6: Einmündung in die Mattseer Landesstraße, rechts am Radweg entlang der Straße immer geradeaus bis Mattsee.

km 19,2: Moorbad Aug.

8 km 21,5: Der Radweg führt links direkt in das Ortszentrum von Mattsee. Man fährt durch das Ortszentrum von Mattsee und verlässt den Ort nach einer kurzen Steigung in Richtung Obertrum.

9 km 23,1: An der großen Kreuzung mit der Mattseer Landesstraße nach der Unterführung und nach der Buskehre links aufwärts auf den Radweg parallel zur Mattseer Landesstraße nach Obertrum.

10 km 24,9: Nach dem Gasthaus Mitterhof rechts weiter auf dem Radweg „Trumer Seen Route Obertrum".

km 26,2: Obertrum; rechts auf den Radweg Richtung Staffl.

km 27,2: Staffl Strandbad Oitner.

Blick auf den Obertrumer See

Entlang dem Trumer-Seen-Radweg

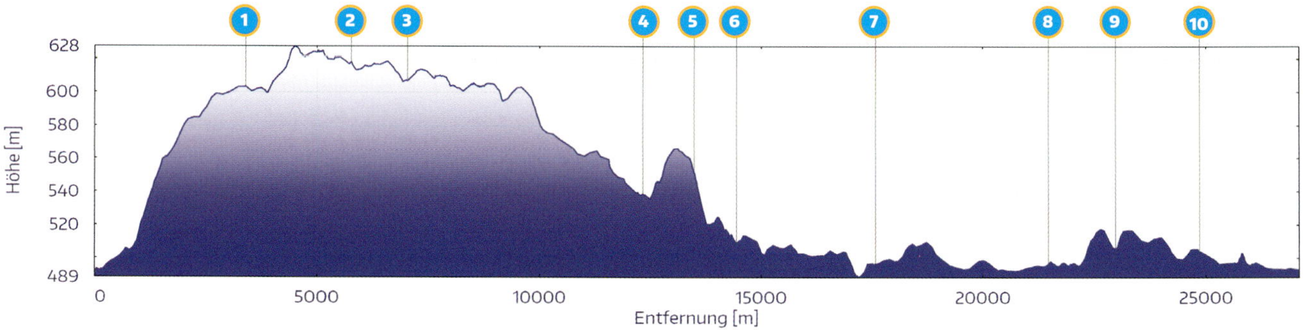

Kirche in Berndorf

Obertrum

Durch Flachgauer Wiesen

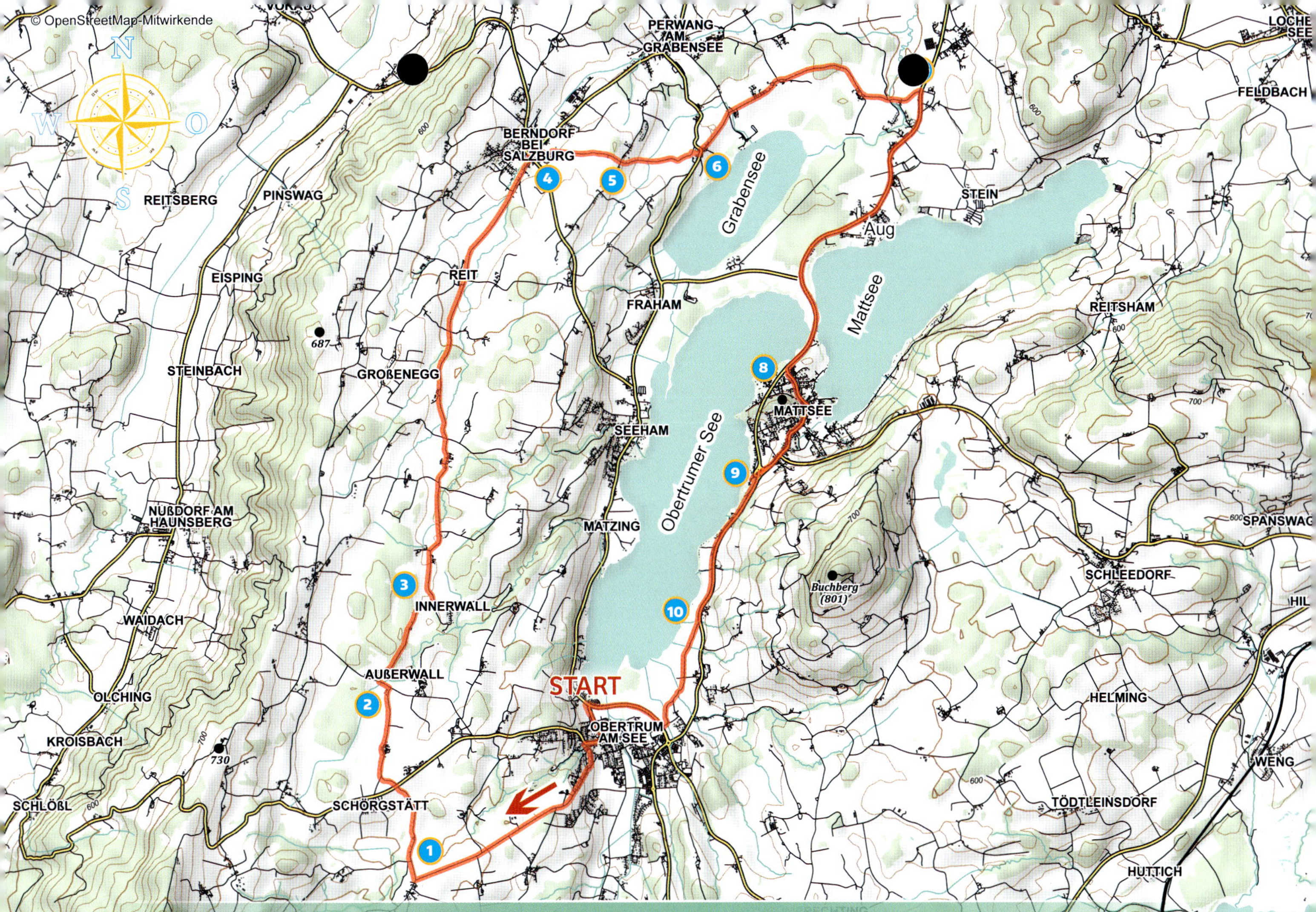

Tour 12 • Rund um Obertrumer- und Grabensee

SAGEN & Mythen

Rita Schöning · Michael Pritwitz

Sagen und Geschichten

aus Salzburg und Hallein

Finsteres Mittelalter ließ die Erzählungen entstehen, welche die Menschen von Generation zu Generation weitergaben. Mit wunderschönen Bildern von Rita Schöning.

100 Seiten, Hardcover
ISBN 978-3-927957-38-1, € 10.-

Im Buch- & Zeitschriftenhandel.

SALZBURGER WEISSBIERBRAUEREI
WIRTSHAUS . BIERGARTEN . SUDWERK

DIE WEISSE . RUPERTGASSE 10 . 5020 SALZBURG

Tour 13

Trumer 3-Seen Runde

Tour 13
Trumer 3-Seen Runde

Fahrradtyp	Trekkingrad, Bike, E-Bike,
Kondition	
Fahrtechnik	
Länge	40,8 Kilometer
Anstiege	520 Höhenmeter
Fahrzeit	3:30 Stunden
Charakteristik	Eine gemütliche Asphaltrunde mit mehreren doch etwas anspruchsvollen Steigungen. Auf schmalen, abgelegenen Straßen radelt man durch den Flachgau. Ab der Abzweigung nach Gransdorf bzw. Mundenham befindet man sich auf Gemeinde- und Forststraßen mit durchwegs wenig Verkehr.
Sehenswürdigkeiten	Freilichtmuseum Kugelmühle, Naturdenkmal Wildkarwasserfall und Hochseilpark im Teufelsgraben im Seehamer Ortsteil Matzing - www.seeham-info.at, die Egelseen bei Schleedorf.
Einkehrmöglichkeiten	Braugasthof Sigl, Gasthaus Neumayr in Obertrum, Zum Altwirt in Seeham, Gasthaus Kriechbaumer in Lochen, Gasthaus Jägerwirt in Lengau.
Ausgangspunkt	Parkplatz beim Strandbad Oitner in Staffl/Obertrum.
Karten	Kompass Nr. 17.

0	km 0,0:	Vom Parkplatz beim Strandbad Oitner in Staffl auf dem Radweg neben der Landesstraße in Richtung Seeham, Wegweisung „Mozart-Radweg/Trumer Seen Route".
	km 2,0:	Matzing.
	km 3,1:	Ortsdurchfahrt Seeham; an der Kreuzung nach dem Ort geradeaus (links Richtung Berndorf).
	km 4,0:	Ortsendetafel Seeham.
	km 4,6:	Fraham; nach 500 m nach dem Bauernhof rechts und bei der Landesstraße links weiter, Radwegweisung „Perwang".
	km 6,7:	Ortstafel von Gransdorf geradeaus weiter.
1	km 6,9:	Gransdorf; nach einem Bauernhaus rechts auf einen Güterweg. Nach 500 m die Straße queren Radwegweisung „Trumer Seen Route".
	km 7,8:	Rödhausen; weiter auf „Trumer Seen Route".
	km 9,0:	Macking.
2	km 10,0:	Bei der Bushaltestelle links auf die Mattseer Landesstraße, Wegweisung „Palting/Mundenham". Nach 400 m rechts, Wegweisung „Barocktour Palting/Mundenham".
	km 10,8:	Bei der Vorrangtafel rechts, nach 800 m halbrechts.
3	km 12,4:	Links, Radwegweisung „Mattsee/Wichenham" (rechts nach Stein).
4	km 13,8:	Rechts, Wegweisung „Wichenham/Reitsham/Gebertsham". Nach 300 m in Wichenham links bergauf.
	km 15,5:	Rechts, Ortstafel Feldbach, nach 200 m links, Radwegweisung „Lochen".
5	km 16,5:	Lochen; rechts, Wegweisung „Lengau". Nach 700 m Ortstafel von „Stullerding".

6 km 18,4: Gunzing; links Richtung Kranzing. Nach 300 m vor dem Bauernhaus links und nach diesem Haus sofort wieder rechts bergab.

km 19,9: Flörlplain, nach 600 m links.

km 20,5: Links, nach 300 m Ortstafel von Lengau.

7 km 21,1: Lengau; vor der Kirche rechts, nach 100 m halbrechts, Radwegweisung „Barocktour Straßwalchen".

km 23,0: Rechts der Wegweisung „Straßwalchen" folgen.

km 23,5: Roithwalchen; durch die Siedlung der Beschilderung „Barocktour Straßwalchen" folgen, am Ende der Siedlung rechts, nach weiteren 250 m rechts.

km 24,3: Geradeaus (nicht links abbiegen).

8 km 25,3: Enharting; bei der Kapelle rechts abzweigen. Nach 400 m rechts Richtung Tannham abbiegen.

km 26,4: Tannham, nach 100 m halbrechts. Nach der Einfahrt in den Wald Schranken passieren und weiter auf der Forststraße. Bei der Einmündung in die Asphaltstraße links abzweigen.

9 km 28,8: Rechts, nun der Wegweisung „Kühberg/Schleedorf" (gelb) folgen. Nach 2,1 km bei dem Bauernhof links.

km 31,2: Halbrechts Wegweisung „Salzkammergut".

10 km 32,5: Bei einem Marterl mündet man in die Köstendorfer Landesstraße und fährt rechts Richtung Mattsee. Nach 200 m links abzweigen, der Wegweisung „Mölkham" folgen und nach weiteren 600 m vor dem Gehöft links auf die schmale Asphaltstraße, später auf Schotter (vorbei am Naturpark Egelseen).

11 km 35,1: Paltingmoos; bei den Bauernhäusern links Richtung Seekirchen, immer geradeaus (rechts Mozart- Radweg Mattsee), nach 1,7 km Nußbaum.

12 km 37,7: Hof; beim Bauernhof rechts Richtung Obertrum. Nach 400 m die Rechtskurve bergab.

km 39,5: Bei der Einbindung in die Landesstraße links, nach 300 m bei dem Kreisverkehr in Obertrum rechts auf den Radweg Richtung Staffl/Seeham.

km 40,8: Parkplatz Strandbad Oitner in Staffl.

Entlang dem Mozart-Radweg

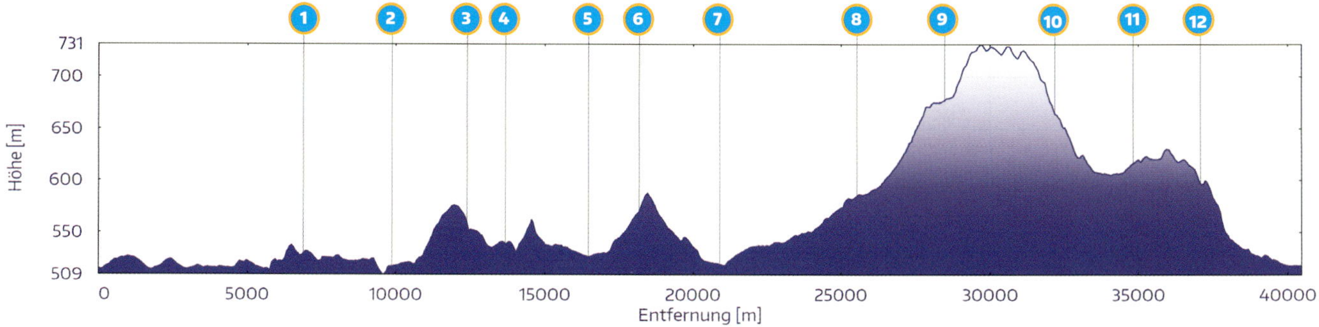

Entlang des Buchbergs

Trachtenumzug in Obertrum

Frühling im Trumer Seenland

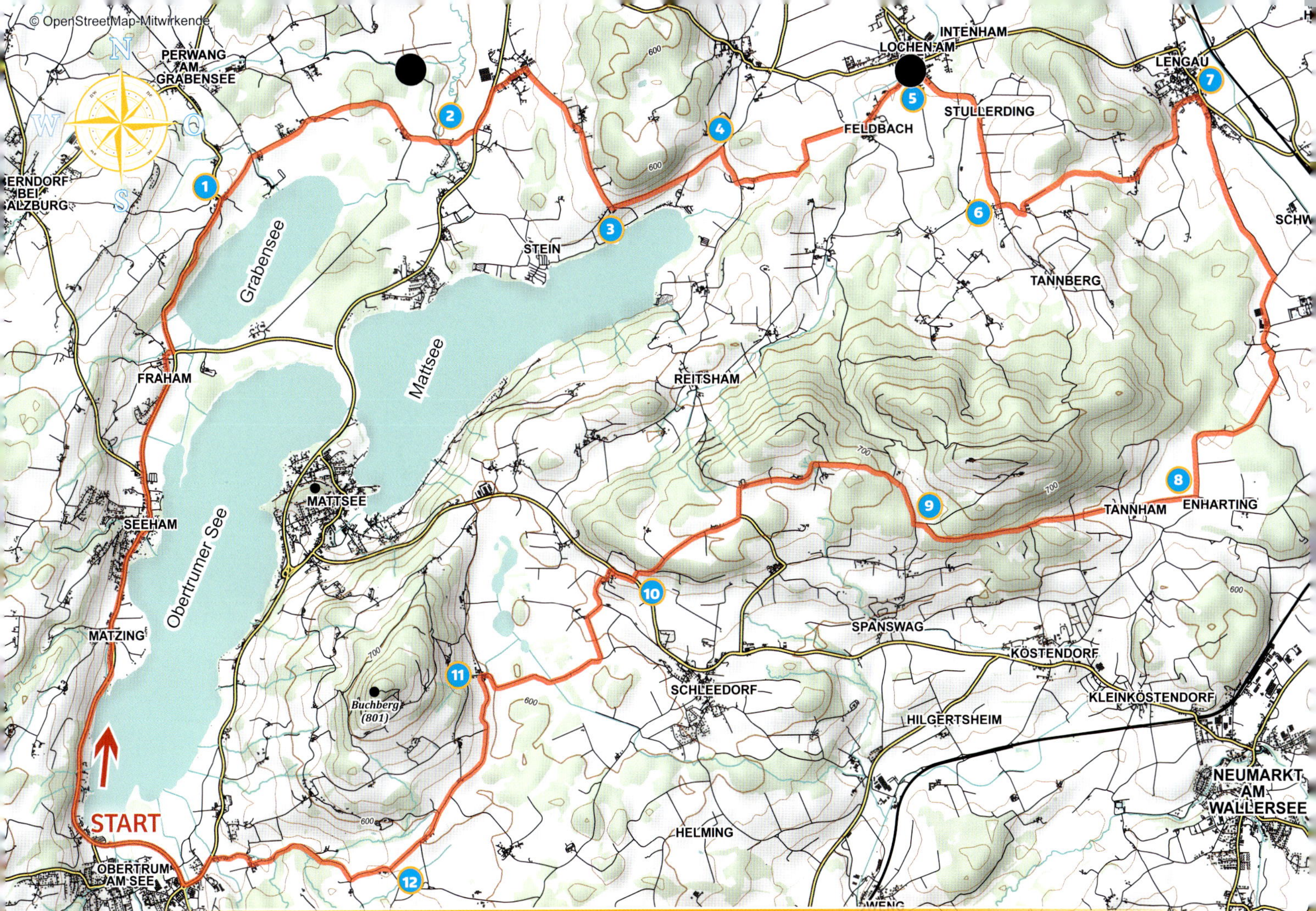

Tour 13 • Trumer 3-Seen Runde

Tour 14

Von Oberndorf über den Haunsberg

Tour 14
Von Oberndorf über den Haunsberg

Fahrradtyp	Rennrad, Trekkingrad, Bike, E-Bike
Kondition	
Fahrtechnik	
Länge	45,4 Kilometer
Anstiege	610 Höhenmeter
Fahrzeit	3:30 Stunden
Charakteristik	Von Oberndorf, dem Entstehungsort des weltbekannten Weihnachtsliedes „Stille Nacht", gelangt man über eine kurze Steigung nach Göming. Über Arnsdorf und Riedlkam erreicht man auf Nebenstraßen Michaelbeuern. Es folgt ein kurzer Abstecher nach Oberösterreich mit einem ca. 2 km langen Anstieg über den Rudersberg. Von Berndorf geht's immer leicht ansteigend in Richtung Haunsberg. Der Haunsbergweg von Absmann zur Kaiserbuche bietet schöne Ausblicke in den Flachgau und die Gebirgswelt. Vor der Abfahrt vom Haunsberg ist ein Abstecher zu einem der schönsten Ausflugsziele des Flachgaues, dem Gasthaus zur Kaiserbuche, zu empfehlen. Der „Kaiserbam", wie er im Volksmund genannt wurde, ist im August 2004 bei einem Gewittersturm umgestürzt. Die Kaiserbuche war eine über 200 Jahre alte Rotbuche, gepflanzt zur Erinnerung an den Besuch von Kaiser Josef II. im Jahre 1779.
Sehenswürdigkeiten	Stille-Nacht- und Heimatmuseum, Stille-Nacht-Gedächtniskapelle, Museum Bruckmannhaus in Oberndorf, Franz Xaver Gruber Museum im alten Schulhaus in Arnsdorf. Benediktinerstift in Michaelbeuern, Kaiserbuche am Haunsberg.
Einkehrmöglichkeiten	Gasthaus Zur Bahn in Oberndorf, Gasthaus Oberarnsdorf und Strasserwirt in Arnsdorf, Neuwirt in Berndorf, Gasthaus zur Kaiserbuche, Raggei Bräu in Acharting.
Ausgangspunkt	Von Salzburg auf der B 156 nach Oberndorf, in der Ortsmitte bei der Kirche
Karten	Kompass Nr. 16.

0	km	0,0:	Start in Oberndorf am Kirchplatz, die Salzburger Straße in Richtung Lamprechtshausen. Nach 100 m vor dem Bahnübergang rechts, nach weiteren 200 m links auf den Radweg parallel zur Bahn. Beim Bahnübergang rechts folgt ein 200 m langer Anstieg nach Göming. Radwegweisung „Stille Nacht Route Lamprechtshausen/Arnsdorf".
1	km	1,5:	Am Ortsende von Göming links in die Kirchenstraße Richtung Kirchgöming/Gunsering. Bis Arnsdorf folgt man nun der Beschilderung „Stille Nacht Route Arnsdorf". Nach 600 m fährt man durch Kirchgöming.
	km	2,4:	Geradeaus, nach 600 m an der Kreuzung im Wald rechts Richtung Arnsdorf. (Rechts aufwärts Tour Nr. 16.)
2	km	4,3:	Arnsdorf; bei der 1. Kreuzung rechts, nach 250 m geradeaus aufwärts durch Oberarnsdorf. (Nicht den Wegweisern nach Lamprechtshausen folgen!) Am Ortsendeschild und beim Strasserwirt geradeaus.
	km	6,3:	An der Kreuzung halblinks (rechts St. Alban/Eitelsberg).
3	km	6,4:	An der Verzweigung rechts Richtung Riedlkam (links nach Nopping, Tour Nr. 16).
	km	8,0:	Riedlkam; am Kreisverkehr geradeaus Richtung Reicherting, immer auf dem Hauptweg bleiben. Die Ortschaften Reicherting und Gresenberg werden auf dem Hauptweg durchfahren.
4	km	11,1:	Rechts auf die Berndorfer Landesstraße Richtung Berndorf. Radwegweisung „Barocktour Berndorf". Nach 1,2 km an der Kreuzung links Richtung Michaelbeuern, anschließend links auf den Radweg, der direkt ins Ortszentrum von Michaelbeuern führt.
5	km	13,2:	Beim Benediktinerstift Michaelbeuern rechts, den Radwegweisern „Barocktour Perwang/Berndorf" folgt man aus dem Ort. Nach 600 m mündet man in die Umfahrungsstraße, links Richtung Mattighofen.

6 km 14,1: Rechts abwärts Richtung Durchham durch die Oichtner Riede, Wegweisung „Barocktour Perwang". Nach 1,1 km in Durchham links Richtung Feldkirchen/Perwang.

7 km 16,1: Rechts im spitzen Winkel aufwärts, Radwegweisung „Barocktour Rudersberg". Es folgt eine 2 km lange Steigung nach Rudersberg. Nach 900 m in Rudersberg halbrechts.

8 km 18,7: Nach dem höchsten Punkt, vor dem ersten Wohnhaus, bei Oitners Hirschladen rechts durch Apfertal.

9 km 19,7: Links nach Breitbrunn und in die rechte Straße durch das Gehöft.

km 21,0: Links in die Berndorfer Landesstraße nach Berndorf.

10 km 21,6: Berndorf; beim Gasthaus Neuwirt vor der Kirche rechts in die Haunsberg Straße Richtung Höpfing/Schwand. In Folge immer auf dem Hauptweg bleiben.

km 24,7: Schwand.

km 26,3: Spatzenegg.

11 km 27,3: Absmann; Vorsicht bei der kurzen Abfahrt! Hier rechts aufwärts Richtung Nußdorf. (Sollte man mit dem Rennrad unterwegs sein, hier geradeaus auf Asphalt zur Kaiserbuche.) Nach 300 m am höchsten Punkt links auf den Wanderweg „Haunsbergweg" am Waldrand entlang.

km 28,3: Bei einer kleinen Wohnsiedlung wird der Wanderweg kurz unterbrochen, geht aber nach dem letzten Haus in gleicher Form weiter.

km 29,5: Einmündung in Asphaltstraße geradeaus, nach 300 m bei einem kleinen Gebäude geradeaus auf den Wiesenweg Richtung Sendemasten.

km 30,5: Die Haunsberg Landesstraße geradeaus überqueren, weiter am Wanderweg zur Kaiserbuche. Nach 400 m mündet man in die Asphaltstraße zur Kaiserbuche.

12 km 31,2: Kaiserbuche; nach der Pause mit genussvoller Aussicht geht's wieder zurück auf der Straße Richtung Obertrum. Nach 450 m Abfahrt rechts im spitzen Winkel abwärts Richtung Obertrum. (Hier links kurz aufwärts mit anschließender Abfahrt nach Schlößl-Weitwörth kann die Tour abgekürzt werden.)

13 km 32,1: Nach der langgezogenen Linkskurve rechts durch Dorfleiten Richtung Anthering (geradeaus Obertrum). Nach Dorfleiten rechts. Es folgt eine flotte Abfahrt nach Acharting, alle Abzweige ignorieren.

km 36,0: Würzenberg.

14 km 37,8: Acharting; an der Kreuzung geradeaus durch die Unterführung der B 156. Radwegweisung „Tauernradweg Oberndorf".

15 km 40,5: In Weitwörth-Pabing links, nach dem Bahnübergang rechts auf den Radweg entlang der Lokalbahn nach Oberndorf „Tauernradweg Oberndorf" (geradeaus Nußdorf).

km 44,1: Bahnunterführung, links-rechts-links und am Radweg entlang der Straße nach Oberndorf.

km 45,4: Oberndorf Kirchplatz.

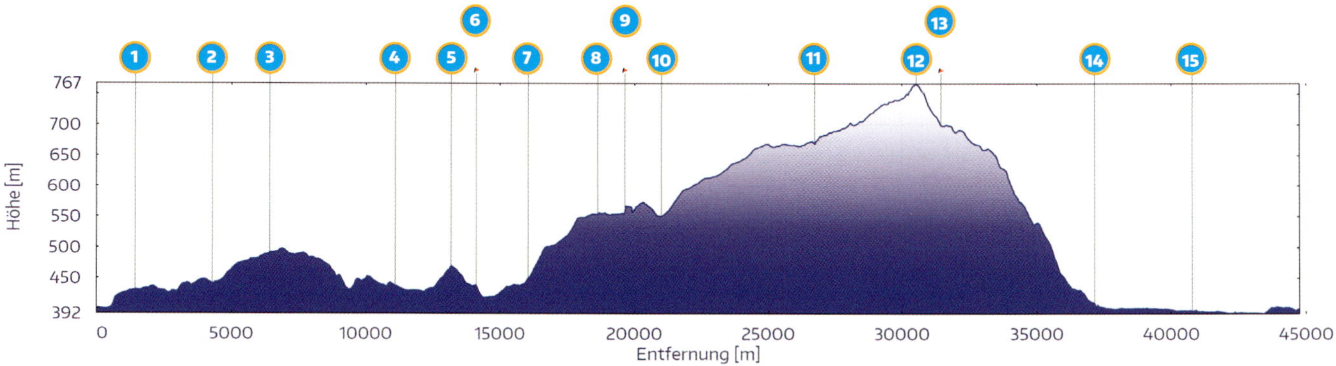

Am Haunsberg

Benediktinerstift Michaelbeuern

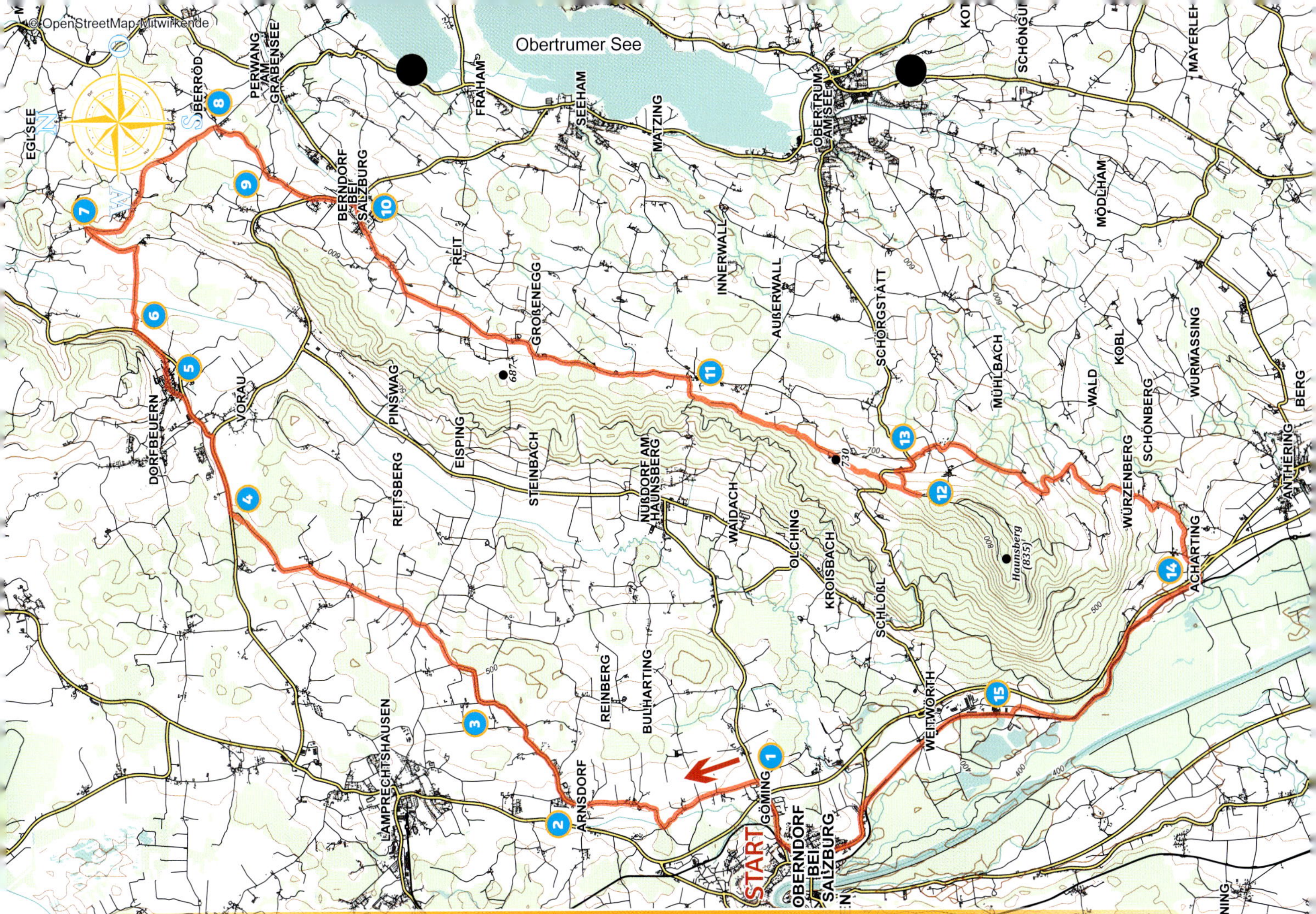

Tour 14 • Von Oberndorf über den Haunsberg

Der Haunsberg

Tour 15

Von Oberndorf ins Bürmooser Moor

Tour 15
Von Oberndorf ins Bürmooser Moor

Fahrradtyp	Trekkingrad, Bike, E-Bike
Kondition	
Fahrtechnik	
Länge	28,8 Kilometer
Anstiege	190 Höhenmeter
Fahrzeit	2 Stunden
Charakteristik	Gleich zu Beginn dieser Runde muss eine kurze Steigung nach Göming bewältigt werden. Auf schmalen Asphaltsträßchen und leicht hügelig verläuft der Weg durch Wiesen und Wälder bis Lamprechtshausen. Bei Bürmoos wird ein Naturschutzgebiet mit Natur- und Kulturlehrpfad durchfahren, diese Gegend trägt den Namen „Grundlose“. Ab Ölling rollt man abwärts durch St. Georgen nach Irlach. Anschließend durch das Landschaftsschutzgebiet Irlacher Au zur Salzach. Die letzten 10 km am flachen Salzach Treppelweg sind nur noch gemütliches Ausrollen.
Sehenswürdigkeiten	Oberndorf verdankt seine historische Bedeutung der Uraufführung des Weihnachtsliedes „Stille Nacht, heilige Nacht“. Im Stille-Nacht-Bezirk in Oberndorf sind Heimatmuseum, Stille-Nacht-Gedächtniskapelle, Museum Bruckmannhaus zu besichtigen. Natur- und Kulturlehrpfad in Bürmoos.
Einkehrmöglichkeiten	Gasthaus zur Bahn, Café Gruber in Oberndorf, Gasthaus Stadler, Pizzeria Molta Fame in Lamprechtshausen, Sporerwirt in Irlach, Radlertreff Salzachblick am Tauernradweg in Oberndorf.
Ausgangspunkt	Von Salzburg auf der B 156 nach Oberndorf, in der Ortsmitte bei der Kirche.
Karten	Kompass Nr. 16.

0	km	0,0:	Start in Oberndorf am Kirchplatz, weiter die Salzburger Straße in Richtung Lamprechtshausen. Nach 100 m vor dem Bahnübergang rechts, nach weiteren 200 m links auf den Radweg parallel zur Bahn. Nach dem Bahnübergang rechts folgt ein 200 m langer Anstieg nach Göming. Radwegweisung „Stille Nacht Route Lamprechtshausen/Arnsdorf“.
1	km	1,4:	Am Ortsende von Göming links in die Kirchenstraße Richtung Kirchgöming. Nach 500 m fährt man durch Kirchgöming.
	km	2,3:	Beim Umspannwerk rechts aufwärts Richtung Bullharting/Reinberg. Es folgt ein 400 m langer Anstieg.
2	km	3,7:	Nach einem kurzen Anstieg links Richtung Bullharting/Reinberg. Auf einer schmalen Asphaltstraße passiert man Bullharting und Reinberg.
3	km	5,6:	Beim Haus Dichtled Nr. 4 rechts abzweigen (geradeaus abwärts nach Arnsdorf). Nach 900 m beim Strasserwirt rechts auf die breitere Asphaltstraße.
	km	7,1:	An der Kreuzung halblinks (rechts St. Alban/Eitelsberg), nach 150 m in der Rechtskurve geradeaus nach Nopping. Nach der langen Geraden links abwärts „Barocktour Lamprechtshausen“.
4	km	8,7:	Lamprechtshausen; entlang der Haunsbergstraße Richtung Ortszentrum. Hier trifft man in einer Kurve auf die B 156, auf dieser geradeaus abwärts Richtung Oberndorf. Nach 100 m beim Kreisverkehr die 2. Ausfahrt nehmen, dann rechts auf den Radweg parallel zur Straße Richtung Bürmoos/Obereching.
5	km	10,1:	Vor der Ortstafel Bürmoos rechts in die Grundlose Straße.
	km	11,0:	Zehmemoos; links Radwegweiser „R 202“. Diese schmale Straße führt durch das Natur-und Europaschutzgebiet „Bürmooser Moor“.

km 12,6: 200 m nach der Ortstafel Bürmoos rechts Richtung St. Pantaleon „Salz und Seen Tour St. Georgen/Ölling".

6 km 13,9: Moospirach; nach der Ortsdurchfahrt links in die Öllingerstraße. Nach 500 m geradeaus Richtung Ölling, dann Richtung St. Georgen.

km 15,5: Beim Bahnhof St. Georgen geradeaus über die Gleise in die Pfarrhofstraße. Nach 500 m rechts zur Dekanatspfarrkirche in St. Georgen, anschließend abwärts zur Landesstraße.

7 km 16,4: Die Landesstraße überqueren, links auf den Radweg Richtung Irlach. Nach 300 m bei der Schlosserei rechts in die Irlacher Straße. Diese wird nach 300 m bei einem Gehöft nach rechts verlassen. Eine schmale Asphaltstraße führt über die Wiese zum Auwald. Die Radwegweiser „Salz und Seen Tour" führen durch den Wald zum Salzach Treppelweg.

Die Salzach bei Laufen

8 km 18,3: Links auf dem asphaltierten Tauernradweg entlang der Salzach Richtung Oberndorf.

km 27,4: Europasteg; geradeaus (rechts über die Brücke nach Laufen).

km 27,8: Oberndorf; ein lohnenswerter Abstecher links zur sehenswerten Gedächtniskapelle und dem Heimatmuseum bietet sich zum Abschluss dieser Radtour an. Die anschließende Weiterfahrt am Salzach Treppelweg führt bis zur Oberndorfer Salzachbrücke. Hier links in die Brückenstraße zurück zur Kirche.

km 28,8: Oberndorf Kirchplatz.

Kirche St. Georgen

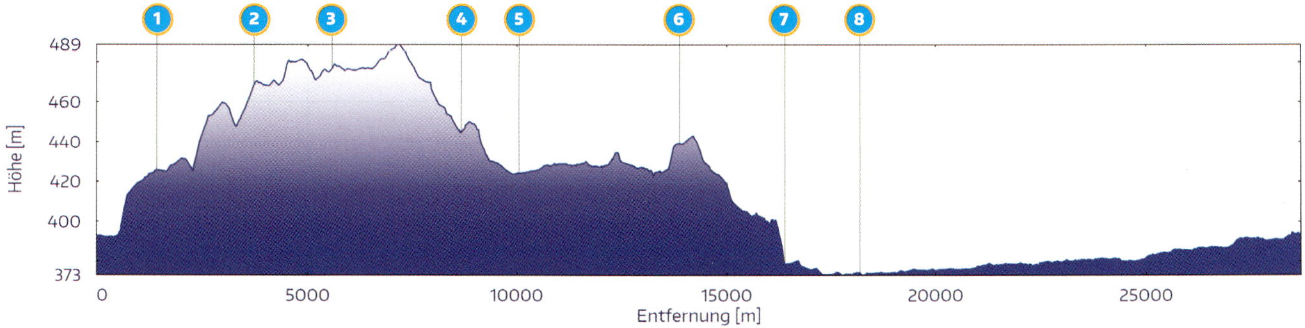

Stille Nacht Kapelle in Oberndorf

Kirche St. Georgen

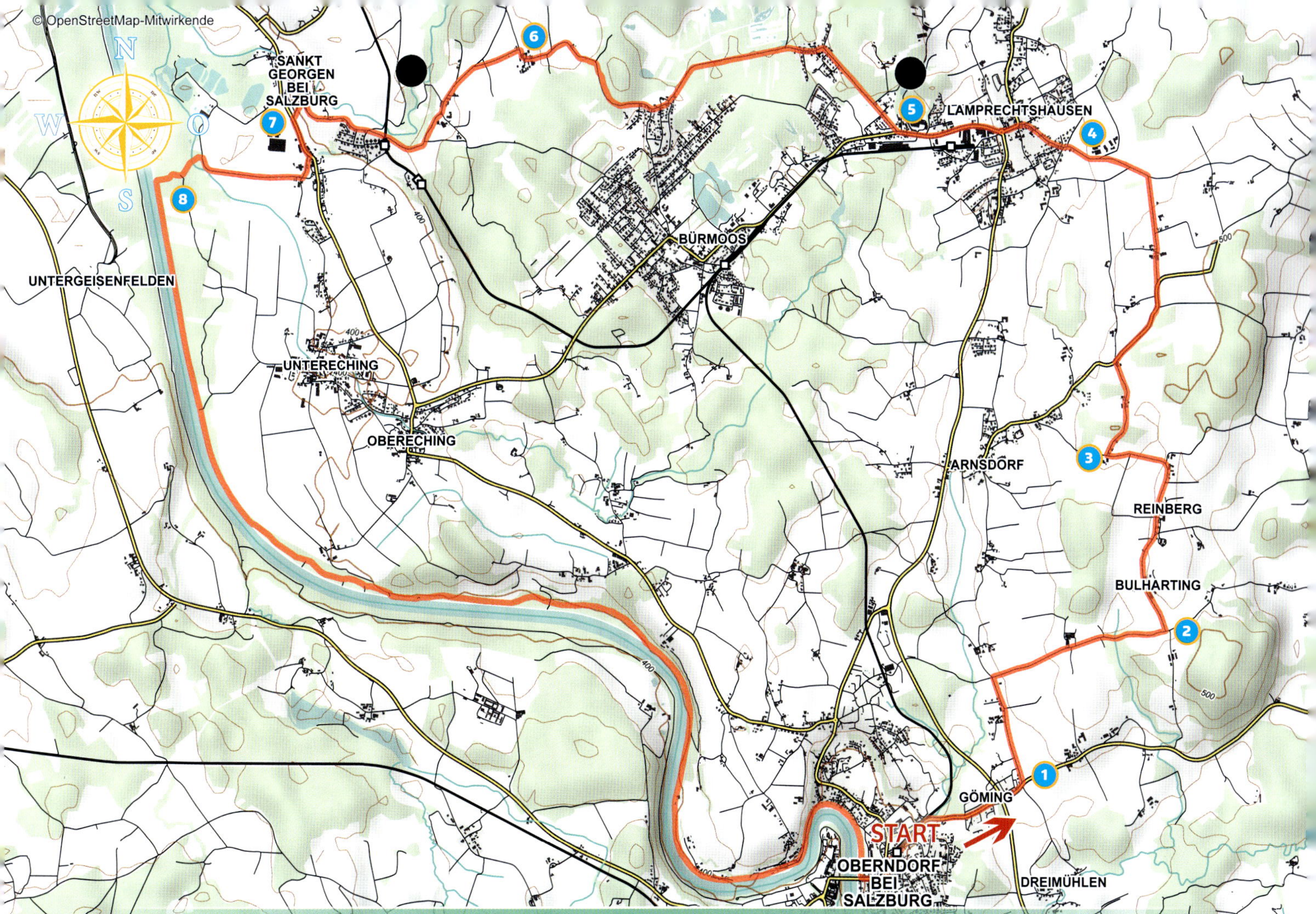

Tour 15 • Von Oberndorf ins Bürmooser Moor

Schautafel am Bürmooser Moor

Tour 16
Rund um den Högl

Tour 16
Rund um den Högl

Fahrradtyp	**Trekkingrad, Bike, E-Bike**
Kondition	
Fahrtechnik	
Länge	**36,6 Kilometer**
Anstiege	**350 Höhenmeter**
Fahrzeit	**2:45 Stunden**
Charakteristik	**Eine abwechslungsreiche Fahrt in der bayrischen Umgebung von Salzburg. Der Höglwörther See mit der schönen Barockkirche und dem ehemaligen Salzburger Augustinerchorherrenstift laden zu einem Besuch ein. Gestärkt im Klosterwirt geht die Fahrt mit einer kurzen anstrengenden Steigung (vor dem Gasthof Mayrhofen) über Wannersdorf und später auf einem Wiesenpfad entlang der Sur und danach auf einem ebenen Schotterweg, unterbrochen durch kurze Anstiege, zurück nach Freilassing.**
Sehenswürdigkeiten	**Ehem. Kloster Höglwörth und Stiftskirche St. Peter und Paul in Höglwörth bei Anger.**
Einkehrmöglichkeiten	**Gasthaus Klosterwirt, Gasthaus Zollhäusl in Freilassing.**
Ausgangspunkt	**Salzburg, Saalach-Kraftwerk Rott-Freilassing beim Grenzübergang nach Freilassing. Parkmöglichkeit auf beiden Seiten der Saalach.**
Karten	**Kompass Nr. 14, 16.**

0	km	0,0:	Vom Kraftwerk Saalachbrücke auf Salzburger Seite rechts die Saalachstraße flussaufwärts Richtung Wals. Unter der Eisenbahn durch und auf dem Treppelweg Richtung Wals.
	km	3,3:	Beim Siezenheimer Saalachsteg geradeaus weiter entlang der Saalach.
1	km	6,0:	Rechts über den überdachten Hammerauer Steg. Nach der Überquerung links entlang der Mauer des Eisenwerkes Hammerau weiter. Die Eisenbahnkreuzung queren und bei der folgenden Weggabelung (km 6,6) rechts. Unmittelbar vor dem Gasthaus Auwirt links über die Bundesstraße Richtung Zweirad Stadler, weiter Richtung Eisenbahnkreuzung auf dem Güterweg bergauf.
2	km	7,3:	Bicheln; links durch Bauerngehöft, Wegweisung „Pidinger Kneippanlage". Nach 500 m rechts bergauf, immer geradeaus durch den Wald, Wegweisung „Pidinger Kneippanlage".
	km	9,7:	Geradeaus.
	km	10,2:	Einmündung in die Asphaltstraße, links bergab, nach 800 m links abwärts Richtung Piding.
3	km	11,2:	Rechts in den Innebergweg, nach 350 m rechts Wegweisung „Aufham, Anger".
	km	11,9:	Links in den Klingerweg Richtung Steineralm, 300 m weiter nach der Brücke rechts auf den Schotterweg Richtung Jechling/Aufham parallel zur Autobahn.
	km	13,8:	Jechling; die Kreuzung geradeaus überqueren.
	km	14,8:	Aufham; vor der Autobahnunterführung rechts im spitzen Winkel abbiegen, nach 30 m links in den Wiesenweg. Nach 500 m die Hauptstraße überqueren, weiter auf einem Güterweg über die Wiese entlang eines Gerinnes in Blickrichtung Kirche Anger.
	km	17,0:	Anger; links.

4 km 17,2: Rechts über eine Brücke, bergauf, nach weiteren 150 m vor der Bäckerei Wolfgruber links, Wegweisung „Sportplatz/Pfarrheim". Beim Sportplatz geradeaus.

km 19,2: Höglwörth; beim Klosterwirt den Parkplatz überqueren, weiter auf Weg Nr. 5 nach Teisendorf.

5 km 19,9: Nach einigen Häusern rechts im spitzen Winkel steil bergauf, Wegweisung „Gasthaus Mayerhofen". Nach 500 m, beim Gasthaus Mayerhofen links auf die Hauptstraße.

6 km 20,5: Bei der Bushaltestelle rechts in den Mayerhofweg, Wegweisung „Steinhögl/Vachenlueg".

km 20,9: Rechts, Wegweisung „Vachenlueg" (zwischen zwei Bäumen befindet sich ein Kruzifix).

km 22,5: Rechts und nach 50 m links, Wegweisung „Wannersdorf, Kumpfmühle, Hörafing".

7 km 23,8: Unmittelbar nach der Kumpfmühle vor der Brücke rechts auf einen schmalen Wiesenweg (Stromleitung quert Straße) entlang der Kleinen Sur.

km 24,8: Links über eine schmale Holzbrücke.

km 25,3: Beim verlassen des Waldes halblinks, nach 400 m bei einem Bauernhaus rechts Wegweisung „Thundorf".

8 km 26,3: Nach einem kurzen Stück bergauf erreicht man Ottmaning, nach dem ersten Gehöft links, ein kurzes Asphaltstück, dann wieder auf einem Güterweg weiter. Nach 400 m links, dann nach 100 m rechts.

km 28,1: Links.

9 km 28,2: In Thundorf links.

10 km 28,7: Nach dem Ortsendeschild Thundorf rechts entlang einer kleinen Siedlung in Richtung Wald.

km 29,4: Vor dem Wald links über einen Graben und entlang des Waldrandes bzw. des offenen Gerinnes. Nach einem Schranken Einmündung in Asphaltstraße, rechts. Nach 340 m auf dieser Straße, die neu trassierte B 304 überqueren, anschließend links und durch die Bahnunterführung.

km 30,7: Rechts auf die ehemalige B 304 Richtung Freilassing.

11 km 31,1: Mühlreit; beim ehemaligen Bahnübergang geradeaus auf dem Radweg entlang der Bahn Richtung Freilassing.

km 33,4: Ortstafel Freilassing, immer geradeaus durch den Ort, beim Kreisverkehr die 2. Ausfahrt nehmen.

km 36,0: Nach dem Gasthaus Zollhäusl links, nach 500 m rechts zum Ausgangspunkt.

km 36,6: Saalachkraftwerk Rott.

Rast am Surweg

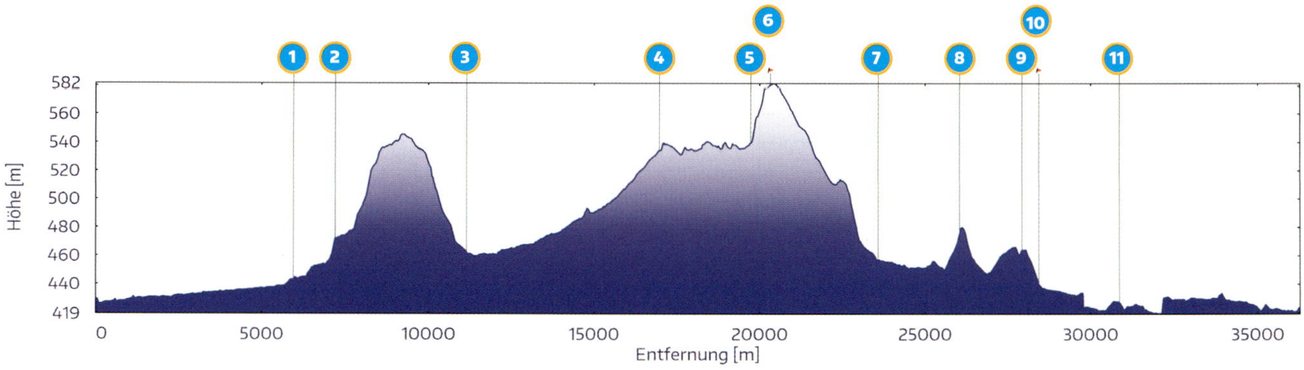

Bei Ainring, im Hintergrund Salzburg

Der Ulrichshögl

Über die Felder nach Anger

Tour 16 • Rund um den Högl

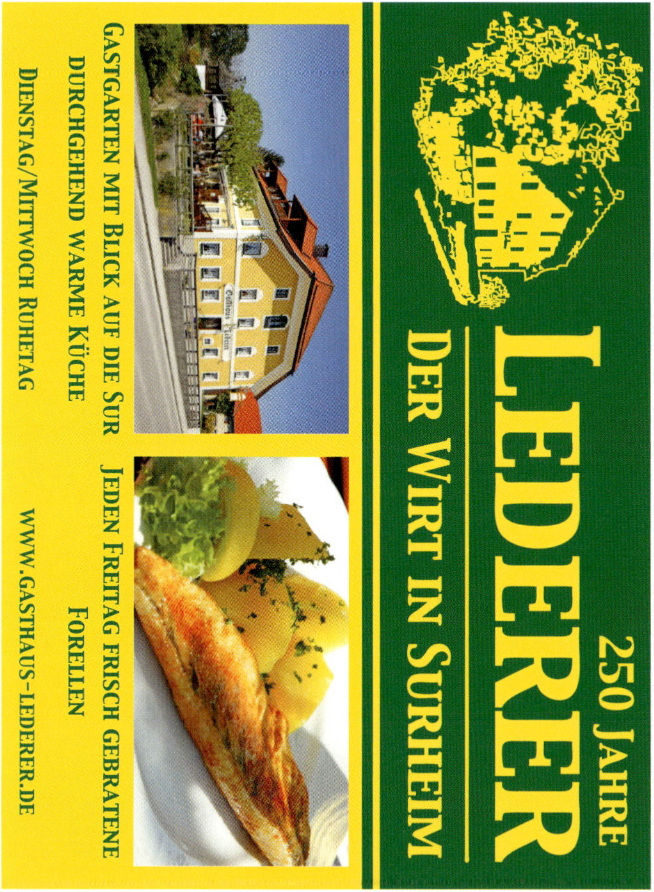

SAGEN & Mythen

Verlag Plenk
Berchtesgaden

Rita Schöning · Friedericke Fürst

Sagen und Geschichten

aus dem Chiemgau

Märchen und Legenden rund um den Chiemsee und aus dem Alpenvorland. Mit wunderschönen Bildern von Rita Schöning.

100 Seiten, Hardcover
ISBN 978-3-927957-12-1, € 15.95

Im Buch- & Zeitschriftenhandel.

Tour 17

Rund um den Abtsdorfer See

Tour 17
Rund um den Abtsdorfer See

Fahrradtyp	Trekkingrad, Bike, E-Bike
Kondition	
Fahrtechnik	
Länge	33 Kilometer
Anstiege	170 Höhenmeter
Fahrzeit	2 Stunden
Charakteristik	Eine ideale Sommertour, der Abtsdorfer See ist mit dem Rad locker in einer Stunde erreichbar. Im Freizeitzentrum mit Freibad am Abtsdorfer See hat man Gelegenheit zu einer erfrischenden Abkühlung. Nach Umrundung des Sees führt der Weg nach Triebenbach und durch den Auwald entlang der Salzach zurück. Die letzten 10 km von Triebenbach zur Saalachbrücke müssen auf Schotterwegen zurückgelegt werden. Bei dieser Tour trifft man öfters auf den Mozart Radweg.
Sehenswürdigkeiten	Lokwelt in Freilassing www.lokwelt.freilassing.de, Wiesenbrütergebiet Haarmoos.
Einkehrmöglichkeiten	Gasthaus Zollhäusl, Gasthaus Wieninger Bräu in Freilassing, Strandbad Abtsee, Gasthaus Lederer Surheim.
Ausgangspunkt	Salzburg, Radwegüberfahrt vom Saalach-Kraftwerk Rott-Freilassing beim Grenzübergang nach Freilassing. Parkmöglichkeit auf beiden Seiten der Saalach.
Karten	Kompass Nr. 16.

0	km	0,0:	Vom Kraftwerk Saalachbrücke Richtung Bayern den Saalachdamm abwärts, dann sofort links im spitzen Winkel abbiegen, nach 150 m rechts in den Saalachwehrweg. Nach 600 m beim Gasthaus Zollhäusl rechts in die Zollhäuslstraße.
	km	1,2:	Im Kreisverkehr die 2. Ausfahrt nehmen in die Rupertusstraße, auf dieser immer geradeaus. Nach der Bahnüberführung weiter in der Westendstraße.
1	km	3,1:	Bei der negativen Vorrangtafel rechts in die Salzstraße. Nach 700 m die Wasserburger Straße geradeaus überqueren in die Lohenstraße.
2	km	4,7:	An der Gabelung vor der Unterführung links Richtung Haasmühl/Saaldorf.
3	km	6,3:	Haasmühl; Einmündung in eine breitere Asphaltstraße, links Richtung Saaldorf. Nach 200 m beim Sägewerk Moosleitner rechts Radwegweisung „Mozart Radweg".
4	km	7,3:	Einmündung in die Obersurheimer Straße, scharf links auf den Radweg, nach 100 m rechts, die Straße überqueren und auf der gegenüberliegenden Straßenseite rechts auf den Radweg. Nach 400 m links Richtung „Am Bahnhof/Hausen" (geradeaus durch Unterführung nach Surheim).
	km	8,0:	Am Bahnhof (Gemeinde Surheim).
	km	9,4:	Hausen.
	km	10,3:	Steinbrünning.
5	km	10,8:	Die Hauptstraße geradeaus überqueren Richtung Leustetten.
	km	11,9:	Leustetten; rechts abzweigen, nach 200 m rechts abwärts Richtung Seethal.
6	km	13,3:	An der Kreuzung rechts Richtung Seethal/Abtsdorf.

km 14;1: Bei einer Holzhütte vor dem Abtsdorfer See links Richtung Seebichl/Haarmoos.

7 km 15,7: Vor einem Gehöft rechts Richtung Abtsdorfer See. Nach 300 m befindet sich auf der linken Seite eine Info Stelle über das Wiesenbrütergebiet von Haarmoos (sogar mit WC!).

km 16,5: Straße queren und rechts auf den Radweg, der parallel zur Straße verläuft (links nach Leobendorf). Jetzt passiert man das Strandbad sowie das Freizeitgelände Abtsee.

8 km 17,8: An der Kreuzung nach dem Abtsdorfer See links auf den Radweg Richtung Laufen.

km 18,4: Oberhaining; rechts in die Daringer Straße Richtung Daring.

km 19,0: Daring.

km 19,6: Nach der Bahnunterführung abwärts durch den Wald.

9 km 20,2: Vor der B 20 (Hörl Kunststofftechnik) rechts auf den breiten Radweg parallel zur B 20 Richtung Freilassing.

km 21,2: Bei der Wallfahrtskirche geradeaus auf die Nebenstraße Richtung Niederheining. Nach 100 m links durch die Unterführung der B 20 Richtung Triebenbach.

10 km 22,6: An der Kreuzung in Triebenbach links, dann weiter auf Schotter. Nach 400 m beim letzten Gebäude geradeaus auf den Güterweg. Nach weiteren 300 m geradeaus auf dem Damm weiter.

11 km 24,5: Bei einer Holzbank links auf die Forststraße in den Auwald zur Salzach (rechts über Brücke zur B 20). Nach 600 m vor der Salzach rechts weiter (links Sackgasse).

km 29,7: Geradeaus weiter entlang der Salzach (rechts zur Wassermaut).

km 30,6: Saalachmündung; jetzt weiter entlang der Saalach zur Saalachbrücke.

km 32,8: Durch die Unterführung der Münchner Bundesstraße, dann links zum Kraftwerksdamm.

km 33,0: Kraftwerk Saalachbrücke.

Wiesen beim Abtsdorfer See

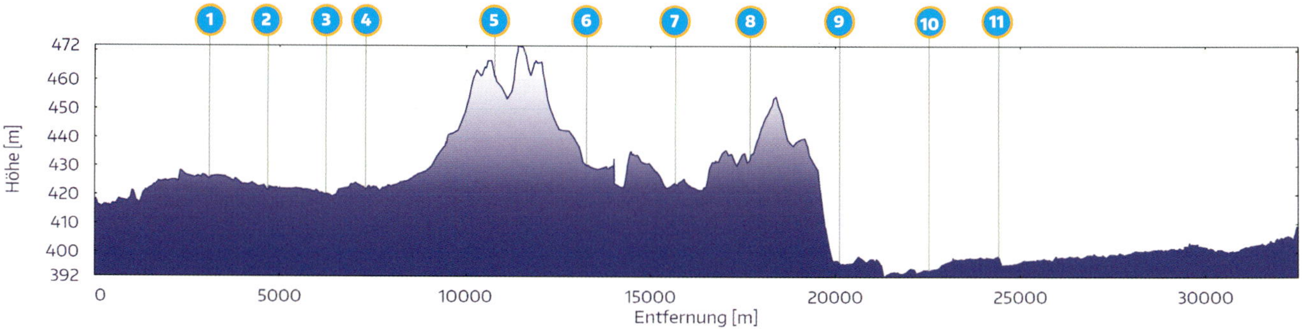

In Leustetten

Kurze „Informationspause"

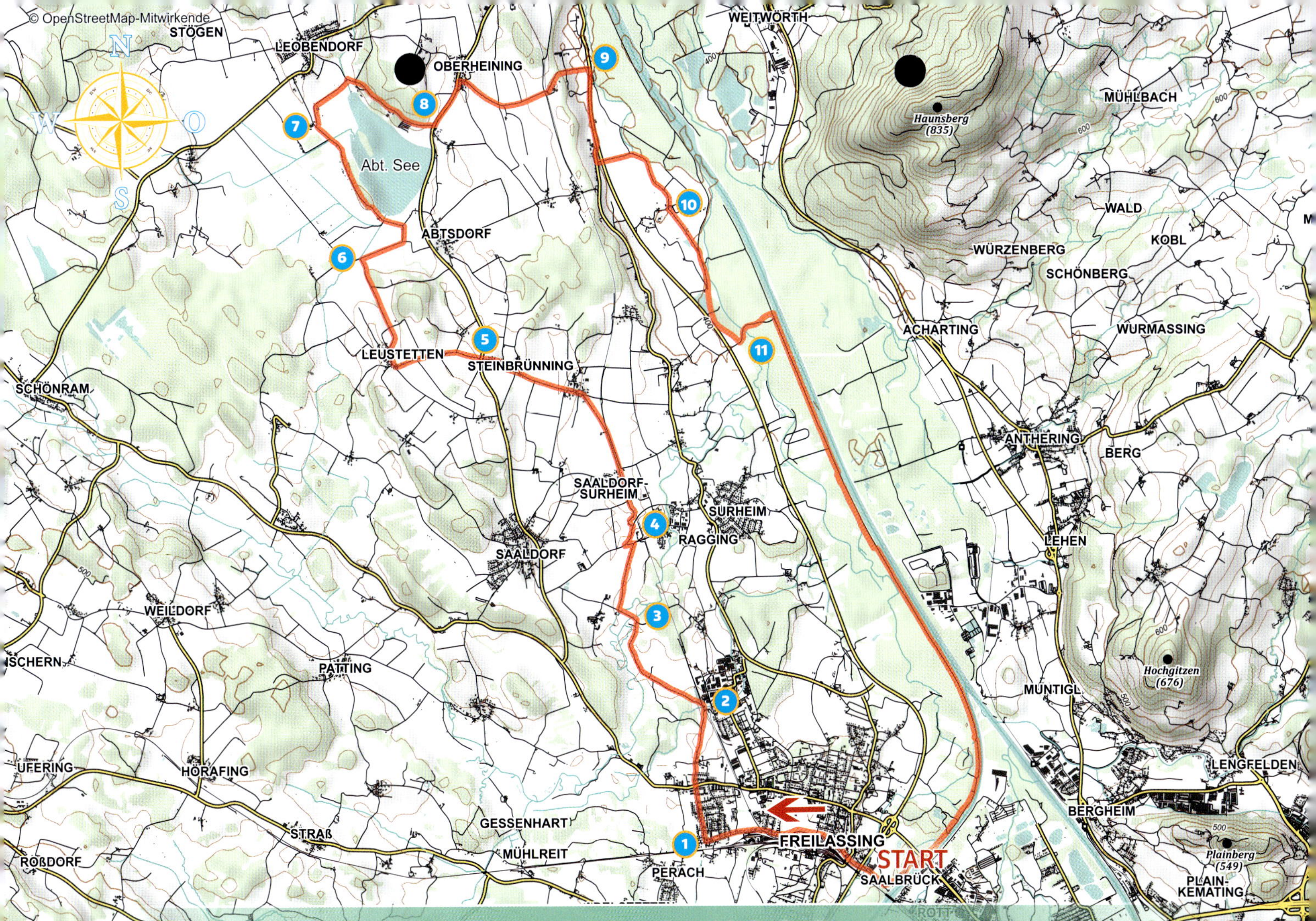

Tour 17 • Rund um den Abtsdorfer See

Wiesenbrütergebiet Haarmoos

Tour 18

In den nördlichen Rupertiwinkel

Tour 18
In den nördlichen Rupertiwinkel

Fahrradtyp	Trekkingrad, Bike, E-Bike
Kondition	
Fahrtechnik	
Länge	49,4 Kilometer
Anstiege	370 Höhenmeter
Fahrzeit	3 Stunden
Charakteristik	Eine gemütliche Tour ohne besonders anstrengende Steigungen, überwiegend auf Asphaltstraßen. Man durchfährt eine gepflegte Landschaft und schöne Ortschaften. Zahlreiche Wirtshäuser laden immer wieder zum Verweilen ein.
Sehenswürdigkeiten	Surspeicher bei Ringham, das Hochmoor des Schönramer Filzes mit seiner einzigartigen Fauna und Flora, Rupertiwinkler Bauernmuseum in Kirchanschöring.
Einkehrmöglichkeiten	Tiefenthaler Hof in Patting, Gasthaus Oberwirt in Petting, Saliterwirt in Kirchanschöring, Gasthaus Leobendorf, Gasthaus Mayrwirt in Saaldorf, Gasthaus Rieschen in Freilassing.
Ausgangspunkt	Salzburg, vom Saalach-Kraftwerk Rott-Freilassing beim Grenzübergang nach Freilassing. Parkmöglichkeit auf beiden Seiten der Saalach.
Karten	Kompass Nr. 16.

0	km	0,0:	Vom Saalach Kraftwerk Rott Richtung Freilassing, durch die Unterführung der Salzburger Straße, am Radweg rechts entlang der Salzburger Straße Richtung Freilassing. Nach 680 m rechts weiter am Radweg, nach der Unterführung der B 20 geradeaus weiter am Radweg nach Freilassing.
	km	1,5:	Freilassing; geradeaus weiter in der Münchner Straße und die nächsten Kreuzungen alle geradeaus Richtung Waging.
1	km	4,6:	Maulfurt; nach dem Schwimmbad links Richtung Sillersdorf/Weildorf.
2	km	6,4:	Sillersdorf; links abzweigen in den Mühlenweg Richtung Weildorf.
3	km	8,3:	30 m vor der Hauptstraße links in den Ort Patting.
	km	8,5:	Patting; rechts. Nach 50 m geradeaus in die Tiefenthaler Straße, vorbei am Tiefenthaler Hof.
4	km	9,3:	Rechts auf die Forststraße „Römergräber-Rundweg Nr. 45".
	km	10,2:	Links auf die Hauptstraße Richtung Weildorf.
	km	11,0:	Weildorf; geradeaus weiter auf der Hauptstraße (nicht in den Ort). Nach 1,2 km geradeaus durch Stötten.
	km	12,8:	Geradeaus über die Kreuzung Richtung Unterholzen.
	km	13,1:	Eichham.
	km	13,8:	Stockach.
	km	14,5:	Geradeaus (links nach Wimmern).
	km	15,4:	Unterholzen.
	km	16,0:	Bei Kaltenbach halblinks.

5 km 16,2: Furt; nach der Brücke rechts Richtung Ringham/Petting.

km 17,5: Ringham; an der ersten Kreuzung rechts, nach 250 m links auf den Radweg parallel zur Hauptstraße Richtung Waging. (Radwegunterführung benützen!)

km 18,6: Rechts, am Radweg Richtung Petting/Strandbad Kühnhausen.

km 19,7: Petting; geradeaus durch den Ort. Nach 350 m rechts Richtung Kirchanschöring/Strandbad Kühnhausen.

6 km 20,8: Rechts Richtung Mandlberg/Gesselberg. Die nächsten Kreuzungen im Wald geradeaus passieren.

km 22,6: Reichersdorf; rechts zur Kapelle, nach der Kapelle links (rechts nach Frohnholzen).

km 23,3: Greiner.

km 24,3: Rechts auf Radweg parallel zur Lampodinger Straße Richtung Kirchanschöring.

km 25,3: Kirchanschöring; geradeaus am Radweg durch den Ort (erst rechts, dann links neben Straße).

7 km 26,3: Rechts Richtung Pölln/Reut/Eschelbach.

km 27,5: Hof; geradeaus, nach 400 m durch die Bahnunterführung, dann geradeaus.

8 km 28,5: An der Kreuzung geradeaus „Salz Handelsweg" Richtung Eschelbach. Nach 200 m links.

km 28,9: Geradeaus auf den Schotterweg. Nach 200 m rechts wieder auf Asphaltstraße, dann immer geradeaus bis Leobendorf.

9 km 31,9: Leobendorf; bei der ersten Kreuzung links abwärts. Nach 200 m rechts auf den Radweg Richtung Teisendorf. Nach weiteren 100 m links Richtung Abtsee am Radweg bleiben.

km 32,7: Vor dem Abtsdorfer See rechts Richtung Haarmoos (geradeaus zum Strandbad Abtsee). Nach 700 m links.

10 km 35,1: Rechts Richtung Leustetten, nach 800 m links Richtung Leustetten.

km 37,1: Leustetten; links Richtung Saaldorf/Steinbrünning.

11 km 37,9: Bei der Bushaltestelle rechts Richtung Kemating, Wegweisung Saaldorf.

km 38,5: Kemating; links Richtung Saaldorf.

12 km 40,4: Saaldorf; rechts in die Pfarrer-Rehrl-Straße, nach 300 m halblinks in die Kirchstraße. Nach weiteren 200 m rechts in die Untere Straße.

13 km 41,1: Die Hauptstraße am Radweg Richtung Surheim/Haasmühl queren. Nach 200 m rechts Richtung Haasmühl, die folgenden Abzweigungen ignorieren.

km 43,4: Haberland.

14 km 43,8: Bei Neuhaberland die Hauptstraße Richtung Muckham/Eham geradeaus queren. Nach 600 m geradeaus.

km 45,9: Eham.

km 46,7: Links Richtung Freilassing.

km 47,4: Freilassing; beim Gasthaus Rieschen links in die Auenstraße.

km 48,2: Am Ende der Sportanlagen links im spitzen Winkel in den Aumühlweg. Nach 300 m durch die Unterführung der B 20 und am Radweg zurück zum Grenzübergang.

km 49,2: Rechts durch die Unterführung und zurück zum Ausgangspunkt Saalach Kraftwerk.

km 49,4: Saalach Kraftwerk.

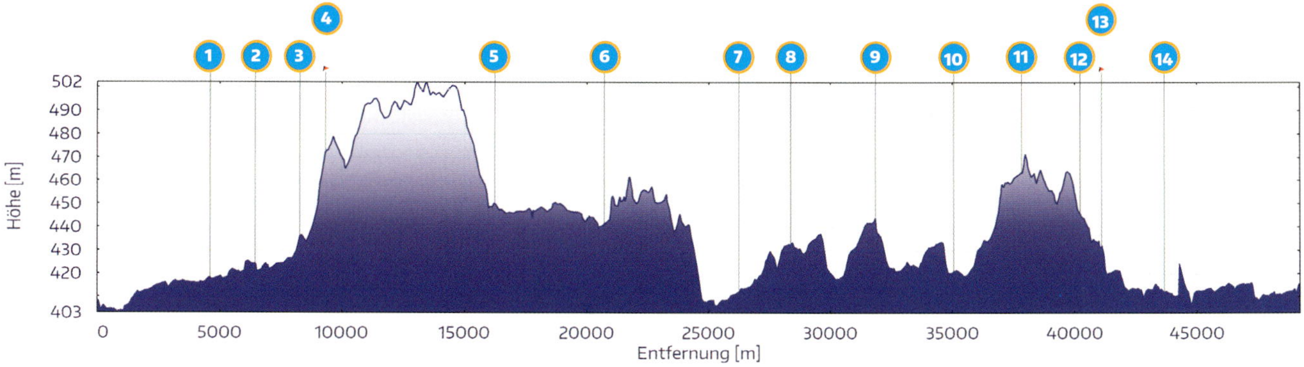

Leobendorf

Weildorf

Tour 18 • In den nördlichen Rupertiwinkel

Bei Eschelbach

Tour 19

In den südlichen Rupertiwinkel

Tour 19
In den südlichen Rupertiwinkel

Fahrradtyp	Trekkingrad, Bike, E-Bike
Kondition	
Fahrtechnik	
Länge	43,6 Kilometer
Anstiege	350 Höhenmeter
Fahrzeit	2:45 Stunden
Charakteristik	Diese herrliche Tour führt uns in den südlichen Rupertigau. Auf Radwegen und verkehrsarmen Nebenstraßen erreichen wir nach Piding den Ort Anger mit seinem auf einer Anhöhe gelegenen Ortskern. Die Fahrt zum Kloster Höglwörth und weiter nach Teisendorf gehört zu den reizvollsten Gebieten in dieser Gegend. Auf teils Wald- und Wiesenwegen führt uns der Weg über Weildorf zurück Richtung Freilassing.
Sehenswürdigkeiten	Kloster und Stiftskirche St. Peter und Paul in Höglwörth, Hans-Peter Porsche Traumwerk in Anger und die Lokwelt in Freilassing.
Einkehrmöglichkeiten	Auwirt in Hammerau, Landgasthof zur Post in Anger, Gasthaus Höglwörth, Alte Post und Fonse´s in Teisendorf, Tiefenthaler Hof in Patting, Zollhäusl in Freilassing.
Ausgangspunkt	Salzburg, Saalach-Kraftwerk Rott-Freilassing beim Grenzübergang nach Freilassing. Parken an der Saalach.
Karten	Kompass Nr. 16.

0	km	0,0:	Vom Saalach Kraftwerk Rott-Freilassing auf Salzburger Seite rechts die Saalachstraße flussaufwärts Richtung Siezenheim. Nach 500 m durch die Eisenbahnunterführung, nach weiteren 300 m Schranken passieren, auf Schotterweg vorbei am Holzlagerplatz der Fa. Kaindl.
	km	3,2:	Beim Siezenheimer Saalachsteg geradeaus weiter entlang der Saalach. (Variante: rechts über den Saalachsteg, dann links flussaufwärts auf schmalem Geh- und Radweg Richtung Piding.)
1	km	5,9:	Rechts über den überdachten Hammerauer Steg, dann links weiter. Nach 400 m über die Eisenbahnkreuzung.
	km	6,5:	Hammerau; links der Wegweisung „Saalachtal Radweg" Richtung Piding folgen.
2	km	8,8:	Geradeaus aufwärts, die Bahn überqueren (links Radweg nach Reichenhall). Nach 700 m am Radweg parallel zur Hauptstraße.
	km	10,0:	Piding; links Richtung Ortsmitte, nach 150 m rechts in die Thomas Straße. An der Kreuzung nach dem Rathaus rechts in die Wisbacherstraße, nach 50 m links durch die Unterführung der Bundesstraße, dann geradeaus weiter auf Radweg.
3	km	11,1:	Links in den Innebergweg, nach 350 m rechts Richtung Aufham/Anger.
	km	11,7:	Links in den Klingerweg, nach 300 m nach der Brücke rechts auf den Radweg Richtung Aufham/Anger entlang der Stoisser Ache.
	km	13,7:	Jechling; die Kreuzung geradeaus überqueren.
4	km	14,8:	Aufham; vor der Autobahnunterführung rechts im spitzen Winkel in die Jechlinger Straße, nach 30 m links in den Wiesenweg Richtung Anger. Nach 500 m die Hauptstraße überqueren, dann weiter auf einem Güterweg über die Wiese entlang eines Gerinnes in Blickrichtung Kirche Anger.

5 km 16,8: Einmündung in die Scheiterstraße links abbiegen, nach 100 m rechts in den Mühlenweg. Nach weiteren 150 m links im spitzen Winkel steil bergauf zum Dorfplatz Anger „Radweg Richtung Höglwörth".

km 17,2: Anger; den großen Dorfplatz geradeaus überqueren Richtung Höglwörth in den Klosterweg.

km 18,9: Höglwörth; beim Klosterwirt den Parkplatz überqueren in Richtung Teisendorf, Weg Nr. 5. An den folgenden Kreuzungen immer Richtung Ramsau/Teisendorf.

6 km 20,4: Ramsau; rechts weiter auf Schotter, nach 500 m, vor einem Gehöft rechts.

7 km 22,8: Unter der Brücke der B 304 links abzweigen Richtung Teisendorf.

8 km 24,1: Teisendorf; links in die Marktstraße, nach 200 m rechts in die Holzhauser Straße Richtung Wimmern.

km 25,1: Vor der Bahnunterführung rechts Richtung Gumperding/Wimmern. Nach 500 m durch die Bahnunterführung.

km 26,6: Gumperding; links abwärts in die Senke Richtung Wimmern.

km 27,5: An der Kreuzung links nach Wimmern, im Ort rechts Richtung Petting/Ringham.

9 km 28,1: Nach der Senke geradeaus auf den Güterweg über die Wiese (links Unterholzen, rechts Weildorf). Bei einem Holzstadel am Waldrand mündet man auf den Wanderweg Nr. 41.

km 29,1: Rechts, nach 50 m links bergab auf Asphalt, rechts-links-rechts vorbei an Gehöften Richtung Weildorf.

km 29,7: An der Kreuzung geradeaus, die Hauptstraße überqueren Richtung Weildorf.

km 31,3: Ortsdurchfahrt Weildorf; am Ortsende mündet man in die Hauptstraße und fährt links Richtung Patting/Saaldorf/Freilassing.

10 km 32,4: Rechts auf einen Güterweg zum Wald, Weg Nr. 45 Römergräber-Rundweg. Nach 800 m mündet man in eine Asphaltstraße, fährt auf dieser links bergab.

km 34,0: Patting, an der Kreuzung geradeaus in die Dorfstraße, nach 100 m links, am Ortsende rechts Richtung Sillersdorf auf schmaler Asphaltstraße.

11 km 36,1: Sillersdorf; rechts in die Weinbergstraße, nach 30 m rechts Richtung Ainring. Man mündet in einen Güterweg, nach der Brücke über die Sur links in einen schmalen Feldweg. Nach der 2. Brücke gerade aufwärts auf den Güterweg.

km 37,2: Rechts vorbei an dem Gehöft, hier beginnt die Asphaltstraße.

12 km 38,2: Mühlreit; links auf den Radweg entlang der Bahn Richtung Perach/Freilassing.

km 40,3: Geradeaus in die Salzstraße, nach 200 m bei der Ortstafel Freilassing geradeaus in die Westendstraße. Nach der Bahnüberführung weiter die Rupertusstraße.

km 42,5: Beim Kreisverkehr die 2. Ausfahrt nehmen, über die B 20 in die Zollhäuslstraße. Nach 500 m beim Gasthaus Zollhäusl links zum Saalachwehr und zurück zum Ausgangspunkt.

km 43,6: Kraftwerk Saalachbrücke.

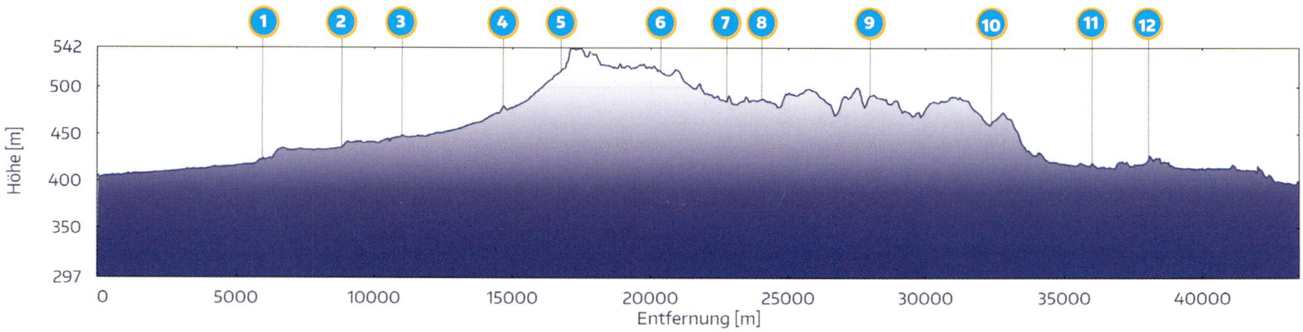

Kloster Höglwörth

Bei Sillersdorf im Rupertiwinkel

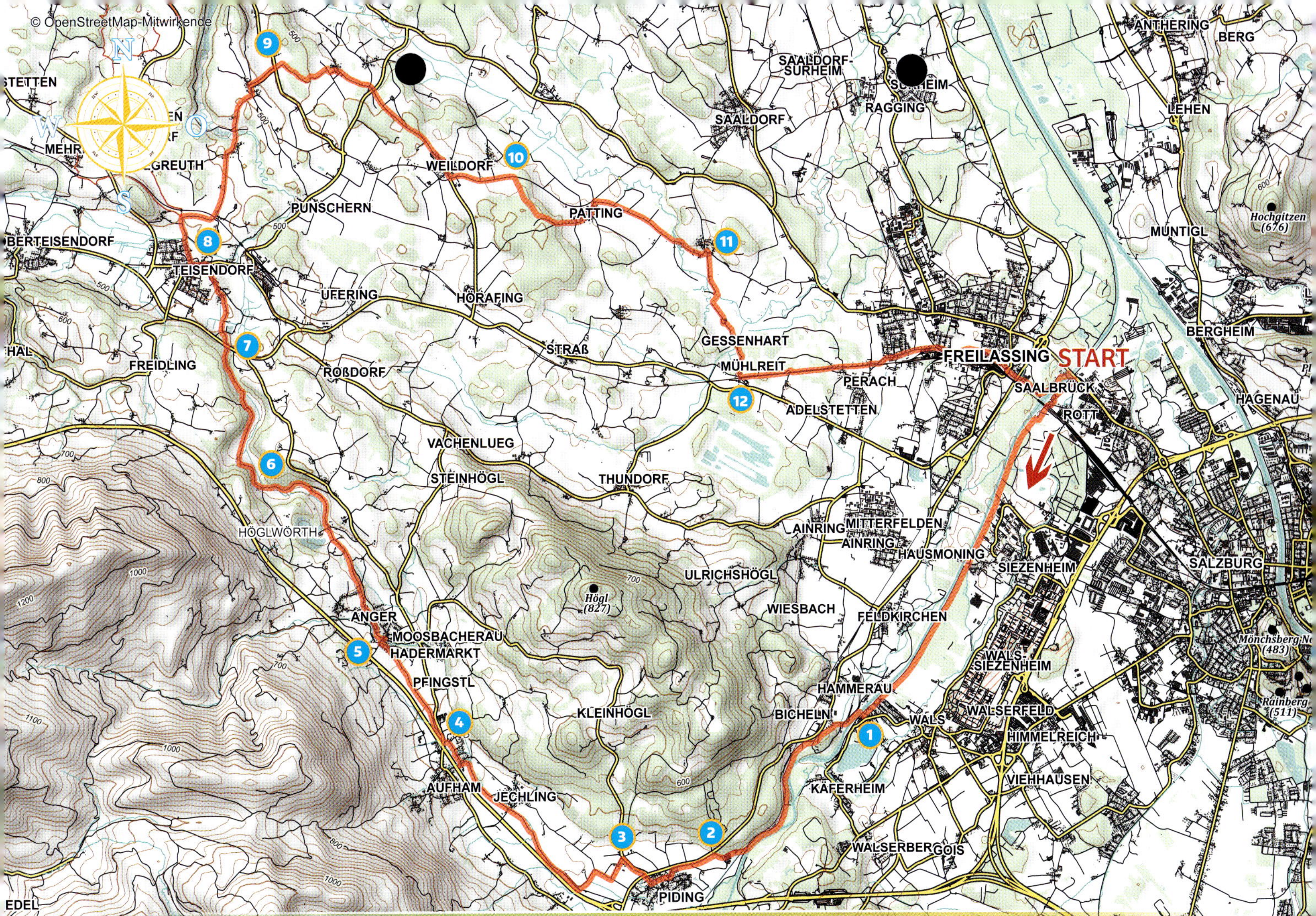

Tour 19 • In den südlichen Rupertiwinkel

Die Saalach mit Staufen und Zwiesel

Tour 20

Surspeicher-Schönramer Filz

Tour 20
Surspeicher-Schönramer Filz

Fahrradtyp	**Trekkingrad, Bike, E-Bike**
Kondition	
Fahrtechnik	
Länge	**58,7 Kilometer**
Anstiege	**470 Höhenmeter**
Fahrzeit	**4:00 Stunden**
Charakteristik	**Eine landschaftlich reizvolle Runde im bayrischen Voralpengebiet. Bis Teisendorf radelt man ohne nennenswerte Steigung. Es folgt ein Schotterweg entlang des Surspeichers und dann nach Schönram die Durchfahrt im Schönramer Filz. Der Abtsdorfer See lädt bei sommerlichen Temperaturen zum Baden ein und nach einigen kleineren Steigungen könnte beim Tiefenthaler Hof in Patting Rast gemacht werden.**
Sehenswürdigkeiten	**Stiftskirche St. Peter und Paul in Höglwörth www.berchtesgadener-land.com, Schönramer Filz.**
Einkehrmöglichkeiten	**Auwirt in Hammerau, Gasthof zur Post in Anger, Klosterwirt in Höglwörth, Fonse's in Teisendorf, Braugasthof Schönram, Tiefenthaler Hof in Patting, Gasthaus Zollhäusl in Freilassing.**
Ausgangspunkt	**Salzburg, Radwegüberfahrt vom Saalach-Kraftwerk Rott-Freilassing beim Grenzübergang nach Freilassing. Parkmöglichkeit auf beiden Seiten der Saalach.**
Karten	**Kompass Nr. 16.**

0	km	0,0:	Vom Saalach Kraftwerk Rott-Freilassing auf Salzburger Seite rechts die Saalachstraße flussaufwärts Richtung Siezenheim. Nach 500 m durch die Eisenbahnunterführung, nach weiteren 300 m Schranken passieren, auf Schotterweg vorbei am Holzlagerplatz der Fa. Kaindl.
	km	3,3:	Siezenheimer Saalachsteg geradeaus weiter entlang der Saalach.
	km	5,9:	Rechts über den Hammerauer Steg, dann links weiter. Nach 400 m über die Eisenbahnkreuzung
1	km	6,5:	Hammerau; links der Wegweisung „Saalachtal Radweg" Richtung Piding folgen.
	km	9,0:	Vor der Eisenbahnkreuzung links auf den Schotterweg, nach 1,0 km geradeaus (nicht über die kleine Brücke).
	km	10,2:	Überquerung der Eisenbahnlinie Freilassing-Bad Reichenhall.
	km	10,8:	Piding; Einmündung in die Salzburger Straße links, nach 100 m vor der Kirche rechts in die Wisbacherstraße.
	km	11,2:	Vor der Hauptstraße links durch die Unterführung und auf dem Radweg weiter.
2	km	11,6:	Links in den Innebergweg, nach 350 m rechts Richtung Aufham/Anger.
	km	13,6:	Ortstafel von Jechling, nach 200 m links und nach weiteren 100 m rechts, weiter in der Jechlinger Straße Richtung Aufham.
	km	14,7:	Ortstafel von Aufham, nach etwa 300 m rechts in den Wiesenweg.
	km	15,4:	Querung der Hauptstraße, weiter auf dem Schotterweg Richtung Anger.
	km	17,1:	Anger; links auf Asphalt weiter, nach 100 m rechts bergauf, nach Ende der Steigung links zum Marktplatz (km 17,5).

	km	17,8:	Am Ende des Marktplatzes beim Schuhgeschäft Mayer geradeaus in den Klosterweg, Wegweisung „Höglwörth".
3	km	19,3:	Klosterwirt in Höglwörth, hier den Parkplatz geradeaus überqueren.
	km	20,7:	Rechts in die Ramsauerstraße.
4	km	23,1:	Unter der Straßenbrücke links, an der Wegweisung „5 Teisendorf", beim Schwimmbad vorbei.
5	km	24,5:	Teisendorf; links in die Marktstraße, nach 100 m rechts in die Wimmernstraße.
	km	25,4:	Rechts, durch die Eisenbahnunterführung.
	km	26,5:	Links bergab, weiter Richtung Wimmern.
6	km	26,9:	Nach der Brücke in der Senke links auf den Güterweg. Bei km 28,0 ist nun der Surspeicher sichtbar. Weiter bis zum Staudamm, Wegweisung „Stausee Rundweg 8" und nach der Überquerung links (km 29,9).
7	km	30,4:	Furth; im spitzen Winkel rechts, nach 150 m links.
	km	31,7:	Rechts Richtung Schönram, die Straße zum gegenüberliegenden Radweg queren.
8	km	32,6:	Schönram, beim Gasthaus links Richtung Laufen.
9	km	33,4:	Links zum Schönramer Filz.
	km	34,9:	Beim Parkplatz links auf dem Schotterweg weiter.
10	km	37,1:	Rechts auf Asphalt weiter, nach 600 m links, Schotterweg.
	km	38,2:	An der Verzweigung rechts, nach 250 m wieder rechts und nach weiteren 280 m Einmündung in die Laufener Straße, links weiter Richtung Leobendorf.
11	km	40,1:	Rechts Wegweisung „Haarmoos", nach 1,2 km rechts über eine Brücke.
	km	42,9:	An der Kreuzung rechts, nach 700 m links, Wegweisung jeweils „Leustetten".
	km	44,8:	Leustetten; nach der Steigung links, dann geradeaus weiter.
12	km	45,7:	Bei der Bushaltestelle rechts, in Kemating geradeaus abwärts.
	km	46,9:	Links, Wegweisung „Saaldorf", nach 300 m rechts.
	km	47,6:	Rechts Richtung Stockach.
	km	48,2	Bei der Handweberei Huber rechts durch die Unterführung der Hauptstraße auf einen Güterweg über die Wiese.
	km	48,6:	Links und nach 600 m rechts.
13	km	50,0:	Vor Patting links Richtung „Sillersdorf".
	km	51,6:	Sillersdorf; nach der Linkskurve rechts in die Weinbergstraße.
14	km	53,7:	Maulfurt; Einmündung in die Hauptstraße, rechts zum gegenüberliegenden Radweg Richtung Freilassing, vorbei am Freibad.
	km	56,4:	Freilassing; bei der Ampelkreuzung rechts, nach 400 m links, beim Kreisverkehr die zweite Ausfahrt, dann unmittelbar nach dem Gasthaus Zollhäusl links.
	km	58,7:	Saalach Kraftwerk.

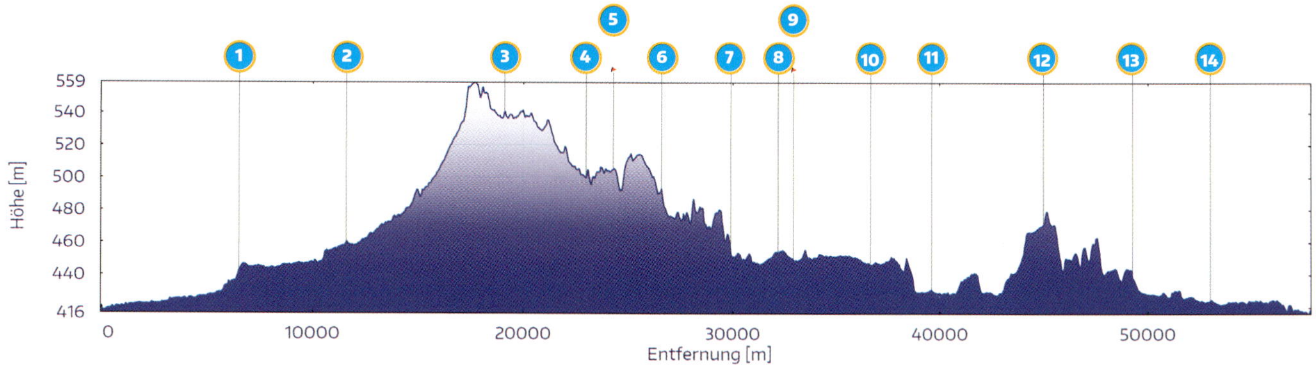

Bei Maulfurt

Autofreie Strecke

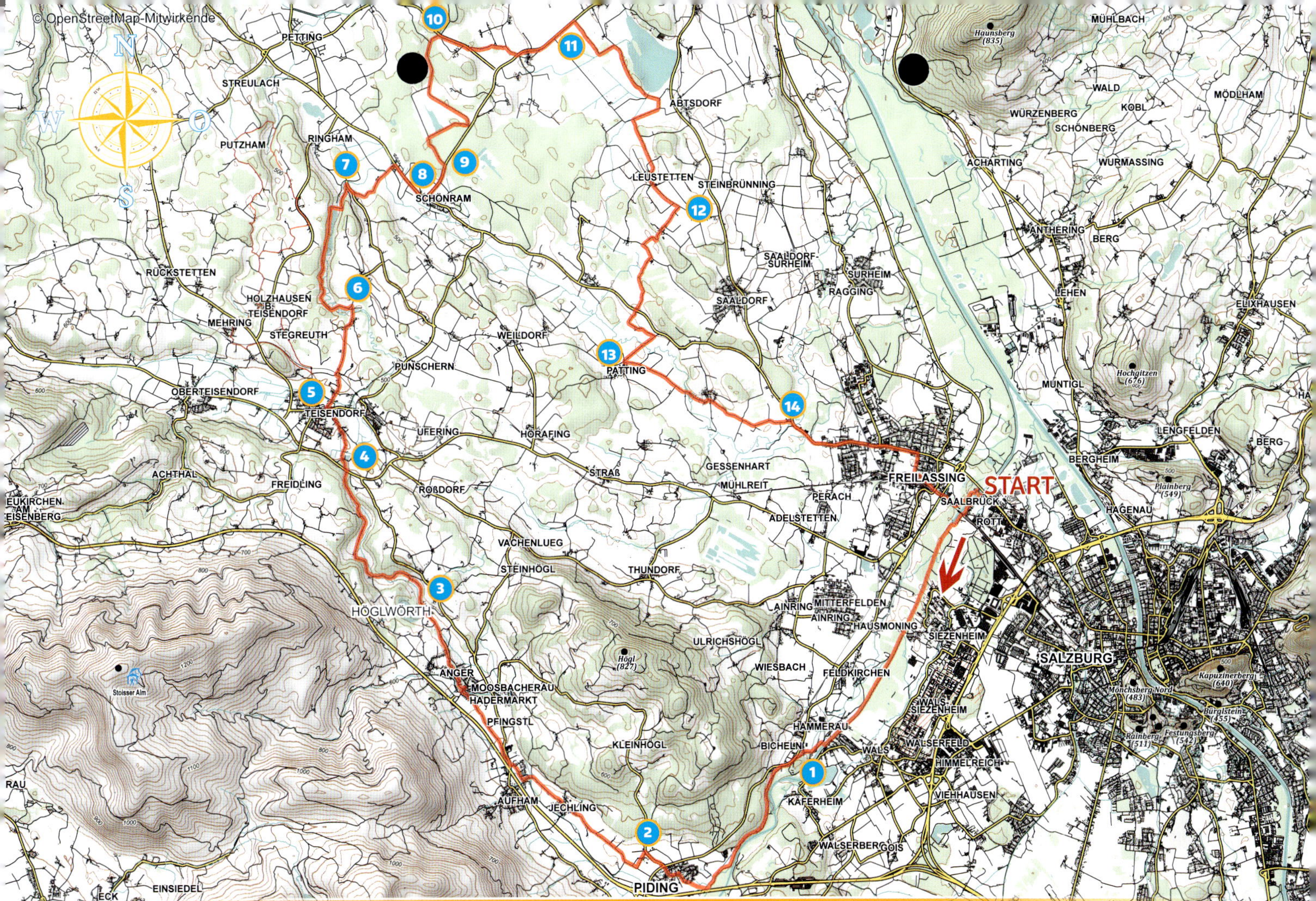

Tour 20 • Surspeicher-Schönramer Filz

Im Schönramer Filz

Tour 21
Zwischen Teisendorf und Traunstein

Tour 21
Zwischen Teisendorf und Traunstein

Fahrradtyp	Trekkingrad, Bike, E-Bike
Kondition	
Fahrtechnik	
Länge	37,9 Kilometer
Anstiege	520 Höhenmeter
Fahrzeit	3 Stunden
Charakteristik	Auf Nebenstraßen mit wenig Verkehr bzw. Radwegen entlang des Teisenberges nach Traunstein. Eine leicht hügelige und abwechslungsreiche Fahrt, eine gepflegte Landschaft und immer wieder blumengeschmückte Bauernhäuser sorgen auch für optische Abwechslung. Der schöne Marktplatz in Traunstein lädt zu einer Pause ein, die restliche Strecke führt uns großteils entlang der Bahnstrecke zurück nach Teisendorf.
Sehenswürdigkeiten	Bergbaumuseum Achthal bei Teisendorf.
Einkehrmöglichkeiten	Braugasthof Alte Post, Fonse's in Teisendorf.
Ausgangspunkt	Teisendorf, Parkplatz Nr. 5, Brünnpoint, nördlich der Kirche. Von Salzburg kommend auf der B 304 nach Mühlfelden in das Ortszentrum von Teisendorf und in der Marktstraße unmittelbar nach der Apotheke rechts zum Parkplatz. Von Traunstein kommend nach Oberteisendorf links Richtung Waging und beim Kreisverkehr rechts nach Teisendorf. Dann links in die Holzhauserstraße einbiegen.
Karten	Kompass Nr. 16.

0	km	0,0:	Vom Parkplatz P 5 links in die Holzhauserstraße einbiegen. Nach 70 m beim Café Fonse's rechts in die Marktstraße, nach weiteren 100 m links (Wegweisung „Wieninger Bräu") und nach weiteren 40 m (bei Trachten Baumgartner) rechts in die Freidlinger Straße, Wegweisung „Freidling".
	km	0,5:	Beim Ortsendeschild von Teisendorf geradeaus.
	km	1,8:	Freidling.
	km	2,1:	Bei der Bushaltestelle bzw. beim Feuerwehrhaus Freidling halblinks weiter Richtung Hub.
1	km	3,1:	Hub; Bei der links gelegenen Trafostation rechts abzweigen, Wegweisung „Seiberstadt/Teisenberg". Nach 500 m geradeaus, Wegweisung „Kühberg". Nun immer entlang der Autobahn.
	km	4,6:	Durch die Unterführung der Autobahn, nach 600 m bei einer rechts gelegenen Scheune rechts.
	km	5,5:	Klötzel, nach 100 m geradeaus.
2	km	5,8:	Vor der Autobahn links, Wegweisung „Haslach/Kressenberg". Nach 200 m unter der Autobahn durch, nach 300 m durch Kressenberg.
	km	6,6:	Links und erneut durch die Unterführung der Autobahn.
	km	7,5:	Kendl
	km	8,6:	Geradeaus vorbei am Teisenberg Skilift, immer entlang der Autobahn. Nach 1,0 km nach der Unterführung links.
3	km	9,9:	Neukirchen; unmittelbar nach der Tankstelle links, Einbindung in die Bezirksstraße Ts 5 Richtung Siegsdorf. Weiter unter der Autobahn und auf den links gelegenen Radweg.
4	km	14,2:	Rechts durch die Autobahnunterführung, Radwegweisung „Traunstein".

km 17,9: Geradeaus weiter, Radwegweisung mit Radsymbol.

5 km 20,8: Traunstein; nach der Brücke über die Traun rechts auf den Radweg in die „An-der-Haferlbrücke-Straße" einbiegen. Nach 30 m auf dem geschotterten Radweg entlang der Traun. Nun immer diesem Radweg folgen.

km 21,6: Unter der Straßenbrücke durch, Achtung Engstelle! Auf möglichen Gegenverkehr achten.

6 km 22,0: Bei der Einbindung an eine Gemeindestraße rechts über die Brücke der Traun, Wegweisung „Teisendorf/Waging/Ettendorf". Nach 200 m links in die Ettendorfer Straße, quadratisches Radwegsymbol. Nach 100 m bei der Vorrangtafel in spitzem Winkel rechts bergauf.

km 22,6: Links durch die Bahnunterführung, unmittelbar danach rechts auf dem geschotterten Radweg entlang der Eisenbahn.

km 23,4: Bei der Firma Chiemgau Kamintechnik rechts. Nach 200 m wieder rechts und anschließend Querung der Eisenbahn.

7 km 24,1: Rechts durch die Bahnunterführung, Radwegweisung „Teisendorf/Lauter". Nach der Unterführung links, nun immer entlang der Eisenbahn.

km 25,0: Straß; nach 400 m bei der Vorrangtafel links.

km 25,8: Rechts. Immer der Radwegweisung „Teisendorf/Lauter" folgen. Nach 300 m halblinks (Quadratische Radwegweisung).

8 km 26,9: Links über die Eisenbahnbrücke, nach der Brücke rechts.

km 27,5: Lauter; rechts über die Brücke und dann links weiter.

9 km 28,0: Geradeaus bergauf Wegweisung „Rückstetten/Kapell". (Nicht der Vorrangstraße nach rechts folgen.)

10 km 28,7: Links, Radwegweisung „Teisendorf". Nach 1,6 km in Fuchsreut unter der Eisenbahn durch und rechts weiter.

km 30,7: Weiter geradeaus.

km 32,3: Bei der Vorrangtafel geradeaus, immer entlang der Eisenbahn. Nach 400 m links.

km 33,2: Rückstetten.

11 km 33,6: Einbindung in die Waginger Straße Ts 27, auf dem Radweg rechts weiter.

km 34,8: Ende des Radweges, rechts Richtung Mehring.

km 35,5: Nach der Eisenbahnunterführung links, nach 800 m rechts in den Radweg entlang der Waginger Straße nach Teisendorf.

km 37,2: Vor dem Autohändler links in die Ludwig-Thoma-Straße abzweigen. Nach 600 m rechts in die Holzhauserstraße.

km 37,9: Teisendorf Parkplatz P 5.

Blick auf Traunstein

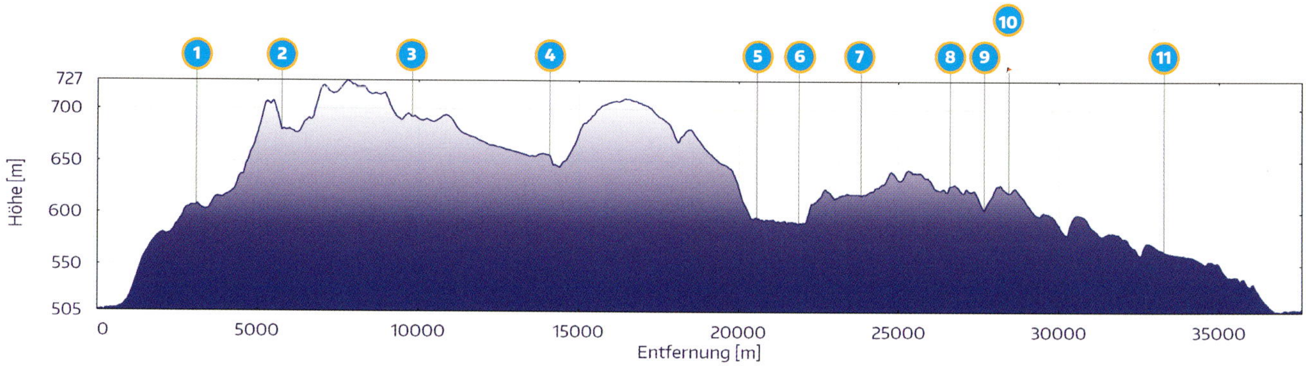

Prächtiger Bauernhof in Teisendorf

Bei Maurach

Tour 21 • Zwischen Teisendorf und Traunstein

Das Ettendorfer Kircherl bei Traunstein

Tour 22
Von Teisendorf um den Waginger See

Tour 22
Von Teisendorf um den Waginger See

Fahrradtyp	Trekkingrad, Bike, E-Bike
Kondition	
Fahrtechnik	
Länge	47,9 Kilometer
Anstiege	620 Höhenmeter
Fahrzeit	3:30 Stunden
Charakteristik	Die Rundstrecke führt auf verkehrsarmen Nebenstraßen durch hügeliges Voralpengebiet nach Waging. Von dort umrundet man auf dem Seeweg den Waginger See bis Petting, mit zahlreichen auch verschwiegenen Badeplätzen. Mit ständigen Blicken auf die Chiemgauer und Berchtesgadener Alpen fahren wir zurück nach Teisendorf.
Sehenswürdigkeiten	Bergbaumuseum Achthal bei Teisendorf.
Einkehrmöglichkeiten	Braugastof Alte Post, Fonse's in Teisendorf, Gasthaus St. Leonhard, Gasthaus Oberwirt in Otting, Konditorei Oswald in Waging, Seegasthaus Wagner beim Strandbad Kühnhausen, Gasthaus Riedler in Petting.
Ausgangspunkt	Teisendorf, Parkplatz Nr. 5, Brünnpoint, nördlich der Kirche. Von Salzburg kommend auf der B 304 nach Mühlfelden in das Ortszentrum von Teisendorf und in der Marktstraße unmittelbar nach der Apotheke rechts zum Parkplatz. Von Traunstein kommend nach Oberteisendorf. Links Richtung Waging und beim Kreisverkehr rechts nach Teisendorf. Dann links in die Holzhauserstraße einbiegen.
Karten	Kompass Nr. 16.

0	km	0,0:	Vom Parkplatz Richtung Westen, rechts in die Holzhauserstraße, nach 170 m links in die Ludwig-Thoma-Straße und bei km 0,65 rechts in die Bezirksstraße BGL 12, Wegweisung „Waging" und in dem gegenüberliegenden Radweg einbiegen.
	km	1,6:	Ende des Radweges, links Richtung Roidham.
	km	2,4:	Mehring; rechts durch die Eisenbahnunterführung, Radwegweisung „Waging". Nach 200 m links bei der Kirche vorbei.
	km	2,9:	Ortsende von Mehring, gerade weiter, nach 200 m links Richtung Waging.
1	km	4,3:	Rückstetten; links abzweigen und geradeaus durch den Ort in der Sollingerstraße, nach 600 m links bergab.
2	km	5,2:	Vor der Bahnunterführung rechts, nun immer entlang der Bahnstrecke.
	km	5,6:	Links Richtung Hofholz, nach 500 m Wegweisung „Lauter".
	km	7,6:	Links durch die Bahnunterführung, nach 1,2 km durch den Weiler Kapell.
	km	9,2:	Rechts, Wegweisung „Lauter".
	km	9,9:	Lauter; nach der Gefällestrecke geradeaus weiter, dann bergauf. Nach 300 m rechts über die Eisenbahnbrücke. Bei km 10,4 in der Zellerstraße gerade Richtung St. Leonhard.
	km	11,1:	Geradeaus, Radwegweisung „St. Leonhard/Waging".
	km	14,8:	An der Kreuzung rechts Richtung St. Leonhard.
	km	15,3:	St. Leonhard; rechts, Wegweisung „Waging". Nach 50 m links, an der Kirche und am Gasthaus St. Leonhard vorbei, nach dem Gasthaus links, bei km 15,7 geradeaus. Nun folgt eine schmale, steile Abfahrt.

3 km 16,7: Einmündung in die Hauptstraße, die von Waging nach Traunstein führt, nun rechts und sofort wieder links in die Nebenstraße und unmittelbar nach der Brücke wieder links.

km 17,6: Die Straße geradeaus überqueren Richtung Oberaschau. Vorbei bei einem Autohändler, nach 300 m Eisenbahnkreuzung, weiterhin bergauf.

4 km 18,4: Rechts, Wegweisung „Molbaum". Nach 600 m Eisenbahnkreuzung und nach weiteren 100 m links.

km 19,5: Wieder eine Eisenbahnkreuzung, nach 700 m unmittelbar vor der Hauptstraße links auf einen asphaltierten Güterweg.

5 km 20,7: Otting; vor der Kirche rechts, nach 100 m links beim Gasthaus Oberwirt die Straße queren. Nach 20 m rechts in die Raiffeisenstraße Richtung Scherzhausen. Nach 200 m geradeaus.

6 km 22,2: Rechts, Wegweisung „Waging am See/Unterstefling".

km 24,2: Hausleiten.

km 24,8: Waging; rechts in die Seestraße in Richtung Kirche, vorbei an der Konditorei Oswald und unmittelbar nach der Mariensäule links (km 25,6).

km 25,8: Links, Wegweisung „Zum See/Kinderspielplatz".

7 km 26,9: Vor der rechts liegenden Tennishalle links Richtung Fisching.

km 27,3: Vor der Ortstafel Fisching rechts auf einen Schotterweg. Vorbei an einem Dauercampingplatz, über eine kleine Brücke (km 27,9) und auf dem Wiesenweg weiter.

8 km 28,3: Nach Queren einer Brücke links, vorbei beim TheMi-Club und nach 100 m rechts auf dem asphaltierten Radweg, dann durch die Straßenunterführung.

km 29,3: Rechts durch die Unterführung und weiter auf dem Radweg Richtung Tettenhausen/Fridolfing.

km 30,6: Über den Holzsteg zwischen Waginger- und Tachinger See, am Parkplatz vorbei.

9 km 31,0: Tettenhausen; nach einer kurzen Steigung rechts in die Horner Straße, Wegweisung „Gut Horn". Vor dem Camping Gut Horn links auf den Schotterweg, dann geradeaus über die Wiese.

km 33,7: Wolkersdorf; rechts halten, nach dem Ort weiter auf dem Güterweg.

km 34,7: Einmündung in den Radweg neben der Hauptstraße, nach 30 m rechts zu einem Gehöft. (Der Radweg entlang der Hauptstraße führt von Tettenhausen nach Petting). Nach 900 m geradeaus.

km 36,5: Kühnhausen; rechts auf den Radweg neben der Hauptstraße, nach 300 m Straße queren, auf der gegenüberliegenden Seite führt der Radweg nach Petting. (Rechts zum Seegasthof Wagner beim Strandbad Kühnhausen.)

km 38,6: Petting; Ende des Radweges.

10 km 39,0: Links Richtung Rathaus, vorbei am Gasthaus Riedler und an der Kreuzung in der Ortsmitte (km 39,4) geradeaus (links nach Leobendorf). Am Ortsende links auf den Radweg.

km 40,4: An der Kreuzung links Richtung Freilassing auf dem Radweg parallel zur Hauptstraße weiter. Nach 400 m rechts, die Straße queren. Wegweisung „Teisendorf/Ringham".

km 41,6: Vor dem Autohaus links, Wegweisung „Surspeicher". Nach 1,1 km links, Wegweisung „Surspeicher Rundweg" und nach weiteren 100 m in Furth rechts über die Brücke, dann halblinks, Wegweisung „Freilassing/Schönram" (rechts aufwärts zum Surspeicher).

	km	43,1:	Halbrechts bergauf, Wegweisung „Freilassing/Weildorf".
	km	43,7:	Unterholzen.
11	km	44,6:	Rechts bergab Richtung Wimmern. In Wimmern links Richtung Teisendorf.
	km	45,2:	Bei der Ortsendetafel von Wimmern rechts Richtung Teisendorf.
	km	46,0:	Gumperting.
	km	47,1:	Unmittelbar nach der Bahnunterführung links, nach 700 m vor dem Rot-Kreuz-Gebäude rechts zum Parkplatz.
	km	47,9:	Parkplatz P5 an der Holzhauserstraße.

Zwei stählerne Esel

BIER & *seine* Geschichte

Paul und Richilde Werner · Karl Nißl

Mythos Bier

Geschichte und Geschichten rund ums Bier

Die Geschichte des Bieres ist ein wichtiges Kapitel in der Geschichte der Menschheit, sie ist aber auch ein Blick in die menschliche Seele, ihre Höhen und Tiefen und ihre dunklen Abgründe ...

224 Seiten, Hardcover
ISBN 978-3-944501-00-0, € 28.-

Im **Buch-** & ***Zeitschriftenhandel.***

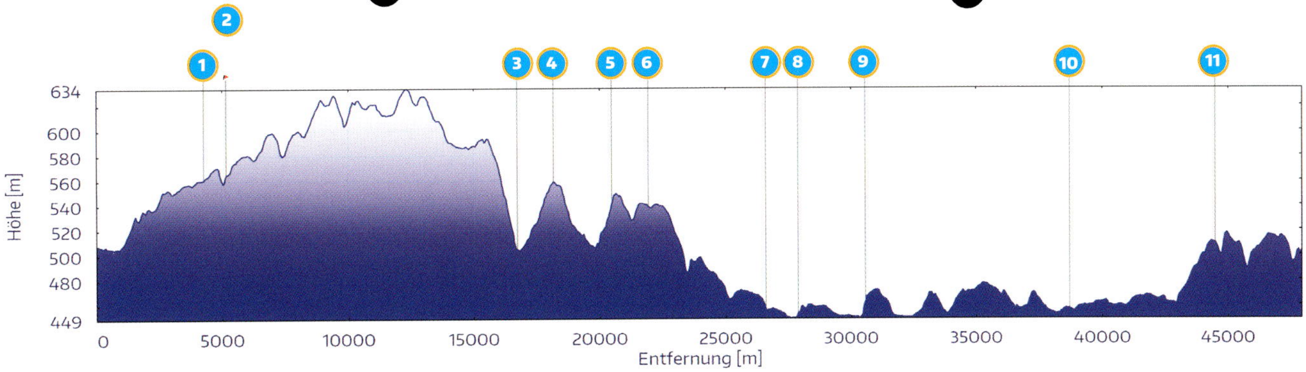

Teisendorf

Pfarrkirche in Otting

© OpenStreetMap-Mitwirkende
HOLZHAUSEN
TETTENHAUSEN
WOLKERSDORF
KIRCHANSCHÖRING
FISCHING
LAMPODING
Waginger See
OTTING
WAGING AM SEE
GADEN
KÜHNHAUSEN
MÜHLBERG
KAMMER
FEICHTEN
STÖGEN
ST. LEONHARD AM WONNEBERG
RETTENBACH
PETTING
STREULACH
WEIBHAUSEN
EGERDACH
PUTZHAM
RINGHAM
TRENKMOOS
SCHÖNRAM
HIERANKL
HUFSCHLAG
LAUTER
RÜCKSTETTEN
THANNREIT
THUNSTETTEN
SURTAL
HOLZHAUSEN B. TEISENDORF
MEHRING
SURBERG
STEGREUTH
WEILDORF
PUNSCHERN
START
OBERTEISENDORF
TEISENDORF
UFERING
HORAFING

Tour 23
Waginger Seenrunde

Tour 23
Waginger Seenrunde

Fahrradtyp	Trekkingrad, Bike, E-Bike
Kondition	
Fahrtechnik	
Länge	28,5 Kilometer
Anstiege	190 Höhenmeter
Fahrzeit	2 Stunden
Charakteristik	Eine sehr schöne, gemütliche Seenrundfahrt auf Rad- Wald- und Wiesenwegen. Der Seeweg umrundet den Waginger - und Tachinger See und bietet vielfach schöne Ausblicke auf die Chiemgauer- und Berchtesgadener Alpen. Altes Bauernland mit grünen Wiesen und Mischwäldern prägt den Charakter des Hügellandes rund um diese beiden Seen, die als die wärmsten von Oberbayern gelten. Naturbelassene Uferregionen wechseln mit zahlreichen verschwiegenen Badeplätzen und Strandbädern. Bei dieser Rundfahrt orientiert man sich nach der Beschilderung „Seeweg“ oder „S“ Seeuferweg.
Sehenswürdigkeiten	Vogelmuseum in Waging am See - www.waginger-see.de/de/vogelmuseum/
Einkehrmöglichkeiten	Seegasthaus Wagner beim Strandbad Kühnhausen, Terrassencafé im Strandbad bei Tengling, Seestüberl nahe dem Startort.
Ausgangspunkt	Parkplatz beim Waginger Strandkurhaus am Waginger See (Gebühr 2 €). Von Salzburg kommend durch Freilassing 30 km, oder von Traunstein 11 km nach Waging, Ausfahrt Waginger See
Karten	Kompass Nr. 16.

0	km	0,0:	Vom Strandkurhaus am Waginger See auf dem Radweg entlang den Alleebäumen Richtung Waging. Nach 500 m,am Ende des Campingplatzes rechts in die Kurhausstraße Richtung Fisching. Durch diesen Ortsteil leitet die Beschilderung „Mozart Radweg“ bzw. „Seeweg“.
	km	0,9:	Rechts vorbei beim Gasthaus Seeteufel.
	km	1,5:	Parkplatz TheMi Club, vor der Hauptstraße rechts und durch die Unterführung auf dem gegenüberliegenden Radweg. Nun weiter auf dem Radweg entlang der Hauptstraße.
1	km	2,5:	Bei der Radwegkreuzung geradeaus weiter und auf dem Radweg bleiben (hier rechts Richtung Tettenhausen kann die Runde um den Tachinger See abgekürzt werden).
	km	3,5:	Ortsendetafel von Taching, weiter Richtung Tengling.
	km	6,0:	Mauerham.
2	km	7,4:	Tengling; in der Ortsmitte rechts Richtung Gessenhausen/Sportplatz/Strandbad. Nach 1 km links aufwärts Abstecher zur Kirche St. Coloman möglich.
3	km	8,6:	Rechts abzweigen zum Strandbad/Seeuferweg. (Der Seeweg führt entlang der Straße nach Tettenhausen, viel schöner ist der Seeuferweg am naturbelassenen Ostufer.) Nach 500 m vor dem Schranken beim Strandbad links auf dem schmalen Pfad hinter dem Strandbad. Auf einem Schotterweg passiert man entlang des Seeufers eine längere Waldpassage. Mehrere ruhige Badeplätze bieten sich an diesem Abschnitt zum Verweilen an.
	km	11,3	Holzgatter, kurze Schiebestrecke.
	km	13,1:	Vor einer Siedlung den Schranken passieren, nach 300 m rechts in die Bichelner Straße.

4 km 13,5: Tettenhausen; Einmündung in die Hauptstraße nach rechts, nach 30 m links Richtung Gut Horn in die Horner Straße. Vor dem Camping Gut Horn links Beschilderung „S“ auf dem Güterweg abwärts, dann geradeaus über die Wiese.

km 16,3: Wolkersdorf; geradeaus, nach dem Maibaum rechts (Bodenmarkierung) Radwegweisung „Petting“. Nach dem Ort weiter auf dem Güterweg.

5 km 17,4: Einmündung in den Radweg neben der Hauptstraße, nach 30 m rechts (Bodenmarkierung) zu einem Gehöft. (Der Radweg entlang der Hauptstraße „Mozart Radweg“ führt von Tettenhausen nach Petting.) Nach dem letzten Gebäude auf den Güterweg über die Wiese.

km 19,3: Kühnhausen; rechts auf dem Radweg neben der Hauptstraße, nach 300 m Straße queren, auf der gegenüberliegenden Seite führt der Radweg nach Petting. (Rechts zum Strandbad Kühnhausen).

6 km 21,6: Petting; unmittelbar nach der Tafel „Radweg Ende“ rechts abzweigen (Bodenmarkierung), zwischen den Häusern zeigt eine blaue „S“ Tafel den Weg. Ein Güterweg führt nun über die Wiese, bei der nächsten Kreuzung rechts. Nach einer Walddurchfahrt führt der Weg aufwärts zur Hauptstraße.

km 23,3: Rechts auf dem Radweg entlang der Hauptstraße Richtung Waging.

km 27,6: Gaden; Radweg Ende, rechts auf dem schmalen Pfad über die Wiese, Beschilderung „Strandbad/Taching“. Nach 600 m beim Wellnessgarten vorbei und rechts weiter auf der Asphaltstraße Richtung Strandkurhaus, vorbei an der Kneippanlage zum Ausgangspunkt.

km 28,5: Strandkurhaus.

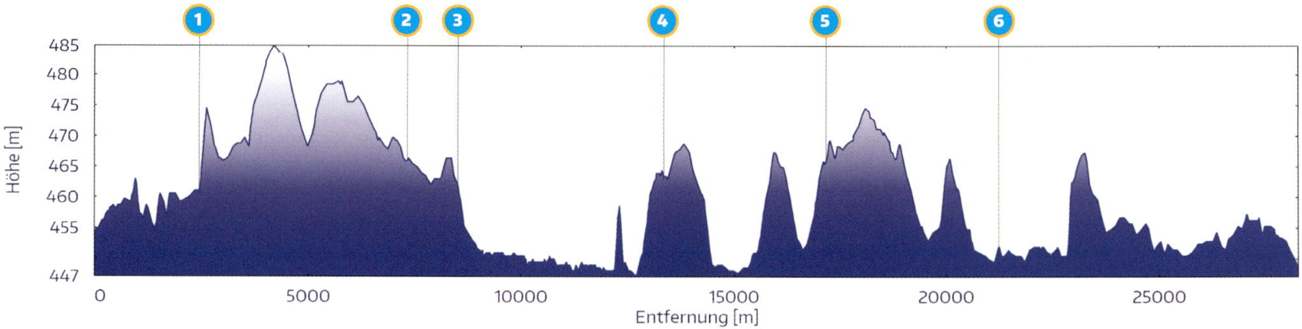

Blühende Obstbäume beim Waginger See

„Wie geht's jetzt weiter?"

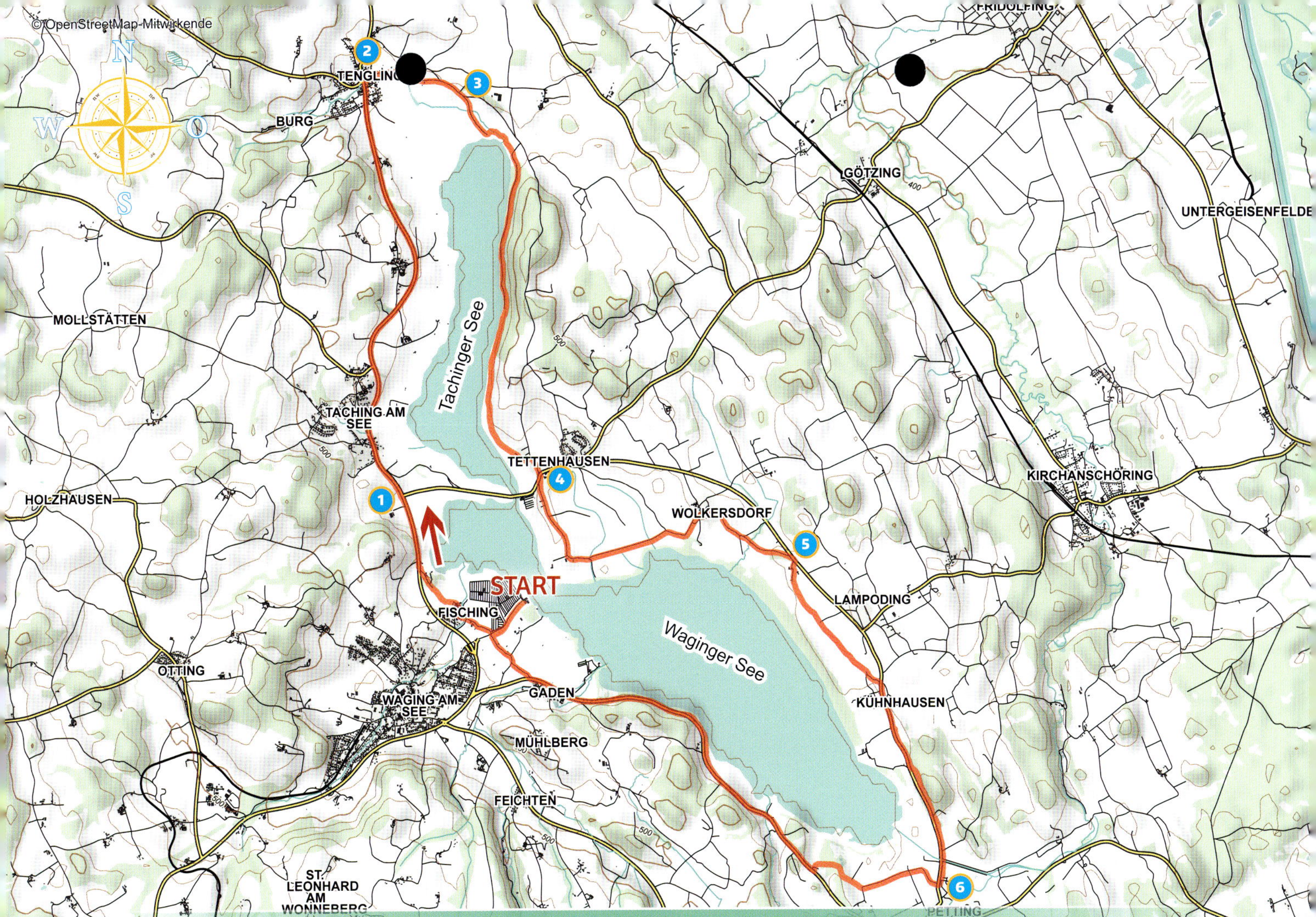

Tour 23 • Waginger Seenrunde

Seeuferweg am Tachinger See

Tour 24

Durch das Waginger Hinterland

Tour 24
Durch das Waginger Hinterland

Fahrradtyp	**Trekkingrad, Bike, E-Bike**
Kondition	
Fahrtechnik	
Länge	**25,3 Kilometer**
Anstiege	**360 Höhenmeter**
Fahrzeit	**2 Stunden**
Charakteristik	**Eine angenehme Runde auf Nebenstraßen und Waldwegen zwischen Waging und Traunstein. Im ständigen Auf und Ab fährt man auf schmalen Nebenstraßen von Waging nach Kammer. Die Forststraße entlang des Kammerfilz, einem feuchten Waldgebiet, ist mit Radwegweisern beschildert. Mehrere Seitenwege führen in den Filz, den man auch besichtigen kann. Nach der Überquerung der Verbindungsstraße und Bahngleise Traunstein-Waging geht's auf schmalen Wegen weiter bis zur Gemeinde Wonneberg.**
Sehenswürdigkeiten	**Vogelmuseum in Waging am See - www.waginger-see.de/de/vogelmuseum**
Einkehrmöglichkeiten	**Gasthaus Schweizerhof in Hellmannsberg, Café Oswald sowie mehrere Gasthäuser in Waging.**
Ausgangspunkt	**Waging am See Ortsmitte bei der Kirche, mehrere Parkplätze bei den Ortseinfahrten. Von Salzburg kommend durch Freilassing 30 km oder von Traunstein 11 km nach Waging.**
Karten	**Kompass Nr. 16.**

0	km	0,0:	Von der Kirche in der Ortsmitte von Waging entlang der Seestraße auswärts Richtung Taching.
	km	0,7:	Nach dem Ortsendeschild von Waging links Richtung Hausleiten/Scherzhausen/Otting. Auf dieser schmalen Asphaltstraße nun immer geradeaus. Bei km 1,4 ist das Ortsendeschild von Hausleiten.
1	km	3,4:	An der Kreuzung nach Kleinscherzhausen links Richtung Otting. Nach 300 m, in Großscherzhausen, beim ersten Gebäude rechts auf die schmale Asphaltstraße.
	km	4,5:	Die Asphaltstraße geradeaus überqueren auf den Güterweg über die Wiese in Richtung Kirchturm Tettelham. Nach 300 m weiter geradeaus.
	km	5,4:	Tettelham; geradeaus durch Siedlung, nach 50 m beim Löschteich links auf den Güterweg. An der Gabelung nach 200 m rechts auf die schmale Schotterstraße.
2	km	6,2:	Wegkreuzung, links Richtung Wald. Bei der nach 400 m folgenden Wegkreuzung rechts.
3	km	7,0:	Froschham; (größere Wegkreuzung vor einem einsam liegenden Anwesen) links abzweigen, nach 300 m geradeaus. Nach weiteren 400 m bei einem Strommasten rechts entlang vom Waldrand.
	km	8,2:	Vor dem Bauernhaus links und auf der Asphaltstraße weiter. Nach 400 m geradeaus durch Siegelberg fährt man bei der Bushaltestelle auf die Landesstraße. Hier rechts nach Kammer.
	km	9,4:	Ortstafel von Kammer; geradeaus Richtung Traunstein/Rettenbach, vorbei an der Kirche.
4	km	10,0:	Beim Lagerhaus links in die Sportplatzstraße. Beim Sportplatz geradeaus.
5	km	10,9:	Links, Wegweisung „Rundweg Kammer Filz". Nach 300 m und weiter nach 100 m jeweils rechts.

6 km 11,6: Links auf Asphalt weiter, Wegweisung „Langmoos".

km 12,0: In der Linkskurve auf Schotter geradeaus Richtung Langmoos.

7 km 12,6: Nach einer kurzen Steigung mündet man wieder in eine Asphaltstraße, hier rechts halten, nach 20 m links Richtung Lüfteneck Radweg „Chiemsee/Waging". Nun auf der Forststraße in den Wald.

km 13,0: Radwegsymbol, links auf Schotter weiter.

km 14,7: Links, Radwegweisung „Traunstein/Waging".

km 15,1: Geradeaus über die Landesstraße, rechts über die Eisenbahngleise und nach der Querung links. Nun entlang der Eisenbahn weiter.

km 15,5: Geradeaus, Radwegweisung Richtung „Waging/Weibhausen". Nach 400 m rechts Richtung Selberting (geradeaus nach Weibhausen).

km 16,4: Bei der Ortstafel von Selberting rechts Richtung Voitswinkl.

km 17,3: Vor dem Bauernhaus links, Wegweisung „Weibhausen".

8 km 17,9: Fritzenweng; bei dem Bauernhof rechts Richtung Egerdach. Nach 500 m in Egerdach links, Radwegsymbol und weiter Richtung Egerdach 79-50, nach weiteren 100 m halbrechts Richtung St. Leonhard/Wonneberg.

km 19,4: Links, Radwegweisung „St. Leonhard". Bei der Ortstafel von Oberwendling wieder rechts, Wegweisung „Greinachtal/Weißbach/Madreut".

km 20,3: Rechts, am Waldrand entlang.

9 km 21,0: Links, nach 300 m Greinachtal.

km 21,6: In Hellmansberg vorbei am Gasthaus Schweizerhof.

km 22,6: Die Hauptstraße geradeaus überqueren und weiter Richtung Untermoosen.

km 23,3: Untermoosen; an der Verzweigung links und nach 20 m nach der Brücke rechts.

km 24,1: Haslach; geradeaus Richtung Waging. Nach 900 m beim Gasthaus Wölkhammer die Hauptstraße queren, nach 100 m links in die Scharnowstraße einbiegen und weiter zur Kirche in Waging.

km 25,3: Ausgangspunkt bei der Marienstatue.

Radfahrer sind herzlich willkommen!

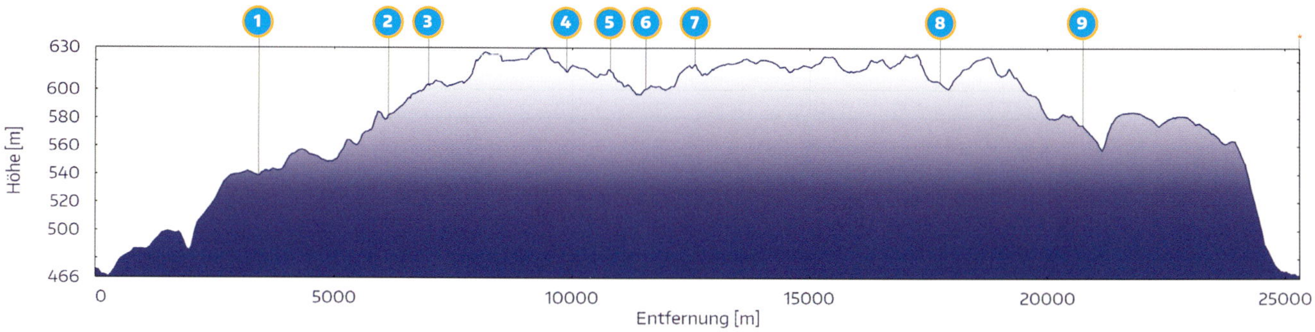

Tettelham

Bäuerliche Skulpturen

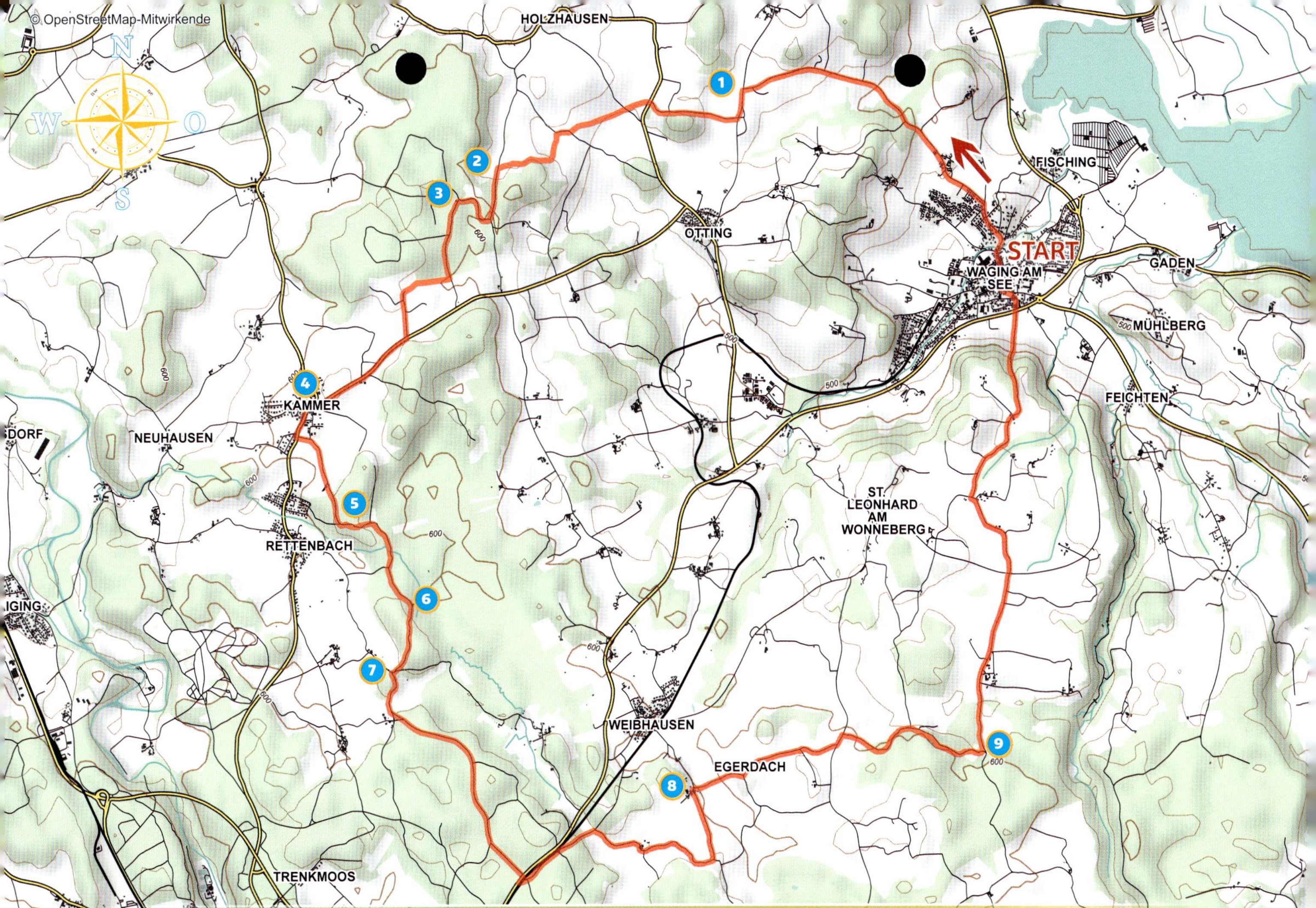

Tour 24 • Durch das Waginger Hinterland

St. Leonhard am Wonneberg

Tour 25

Kirchanschöring-Tittmoning

Tour 25
Kirchanschöring-Tittmoning

Fahrradtyp	Trekkingrad, Bike, E-Bike
Kondition	
Fahrtechnik	
Länge	37,7 Kilometer
Anstiege	250 Höhenmeter
Fahrzeit	2:45 Stunden
Charakteristik	Auf durchwegs asphaltierten Nebenstraßen und abseits der stark befahrenen B 20 nach Tittmoning mit der im 13. Jhdt. errichteten Burg. Hier befindet sich das sehenswerte Museum Rupertiwinkel. Ebenso lädt der malerische Stadtplatz zu einer Rast ein. Die Rückfahrt führt wieder auf Güterwegen, vorbei an Bauerngehöften und durch kleine Gemeinden zurück nach Kirchanschöring. Auf diesem Abschnitt sind kleinere Steigungen zu bewältigen.
Sehenswürdigkeiten	Naturlehrpfad Fridolfinger See, Burg Tittmoning www.tittmoning.de
Einkehrmöglichkeiten	Gasthaus Florianistube, Braugasthof, Café Merlin, Café im alten Bäckerhaus, Stadtcafé in Tittmoning, Gasthaus Raab in Götzing, Gasthaus Saliter in Kichanschöring.
Ausgangspunkt	Kirchanschöring, ca. 6 km nach Laufen Richtung Tittmoning; bei Lebenau links Richtung Kirchanschöring abzweigen. Parkmöglichkeit unmittelbar nach der Kirche rechts.
Karten	Kompass Nr. 16.

0	km	0,0:	Vor der Kirche bzw. gegenüber dem Gasthaus Saliterwirt ostwärts Richtung Laufen. Nach 400 m geradeaus.
	km	1,3:	Links Richtung Eberding/Muttering/Hipflham.
1	km	2,2:	Rechts Richtung Muttering, Nach 400 m bei einer Bushaltestelle links, leicht bergauf.
	km	2,9:	Muttering.
2	km	6,4:	Fridolfing; rechts bergab in die Zwieselstraße, nach 130 m bei der Vorrangtafel rechts.
	km	6,6:	In der Senke links. Nach 500 m unmittelbar vor der B 20 links durch die Unterführung. Geradeaus weiter, es wird der Naturlehrpfad „Fridolfinger See" passiert.
	km	7,6:	Bei einem Kruzifix links abzweigen. Nach 500 m wieder auf Asphalt.
	km	8,2:	Links, nach 50 m rechts und nach 400 m geradeaus auf Schotter weiter.
	km	9,2:	Wieder auf Asphalt und nach 1,6 km bei der Trafostation rechts. Bei km 11,0 geradeaus, Wegweisung „Polsing".
	km	12,1:	Wegweisung „Tittmoning", links. Nach 500 m rechts, Radwegweisung „Tittmoning/Kirchheim".
	km	16,6:	Tittmoning; am links gelegenen Tennisplatz und Fußballplatz vorbei, nach 300 m links, Radwegsymbol.
	km	18,1:	Nach einer Brücke geradeaus und bergauf, nach 100 m rechts durch das Stadttor und zum Stadtplatz.
3	km	18,3:	Beim Nepomukdenkmal bzw. Stadtcafé Umkehrpunkt. Nun wieder zurück durch das Stadttor und unmittelbar danach rechts entlang der Friedhofsmauer zur Burg, Wegweisung „Traunstein/Waging am See".
	km	19,1:	Rechts, Wegweisung „Burg/Heimatmuseum".

4	km	19,5:	Links. (Geradeaus Möglichkeit zur Besichtigung der Burg Tittmoning.) Nach 200 m links.
	km	21,7:	Querung der Hauptstraße, geradeaus weiter, Wegweisung „Allmoning/Hörzing". Bei einer Vorrangtafel die Straße queren und weiter nach Linerding.
	km	23,7:	Bei der Vorrangtafel rechts und auf den gegenüberliegenden Radweg, unmittelbar danach wieder links, Wegweisung „Hof/Holzhausen/Mayerhofen".
5	km	25,0:	In Holzhausen links abzweigen, Wegweisung „Hof". Nach 1,0 km rechts, Wegweisung „Törring" und nach weiteren 200 m, nach einem kurzen Anstieg, links, Wegweisung „Harmoning".
	km	27,4:	Rechts über die Eisenbahnbrücke und nach 500 m geradeaus, Wegweisung „Fridolfing".
6	km	29,0:	Unmittelbar nach der Bahnunterführung rechts, Radwegweisung „Kirchanschöring/Götzing". Nun entlang der Eisenbahn weiter.
	km	30,6:	Götzing.
	km	31,1:	Nach dem Gasthaus Raab links, Wegweisung „Fridolfing". Nach 100 m geradeaus.
7	km	32,1:	Nach der Steigung und bei der Bushaltestelle rechts, Wegweisung „Zur Mühle/Linden/Felln". Nach 700 m geradeaus.
	km	33,4:	Links, nach 440 m rechts.
8	km	34,6:	Bei der Bushaltestelle rechts und nach 100 m links, Wegweisung „Breitwies". Nach 2,1 km Bannmühle.
	km	37,4:	Kirchanschöring; rechts in die Laufener Straße.
	km	37,7:	Kirche in Kirchanschöring.

Burg Tittmoning

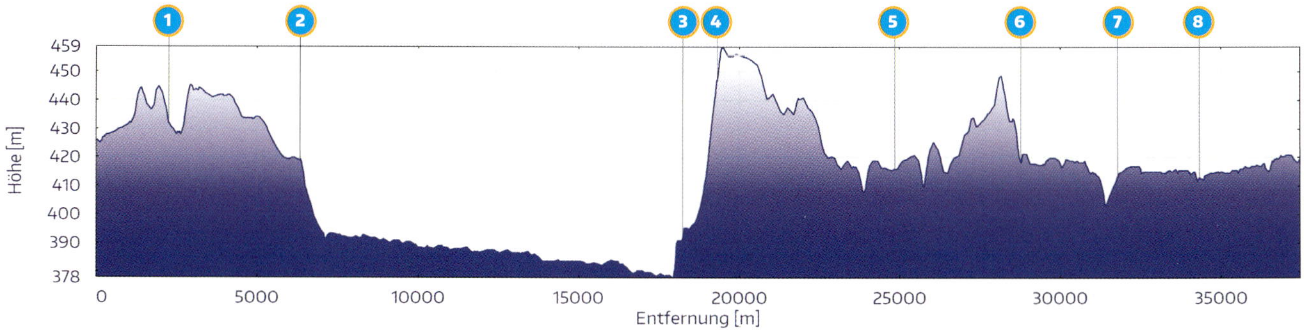

Friedolfinger See

Tittmoning

Tittmoning mit Burg

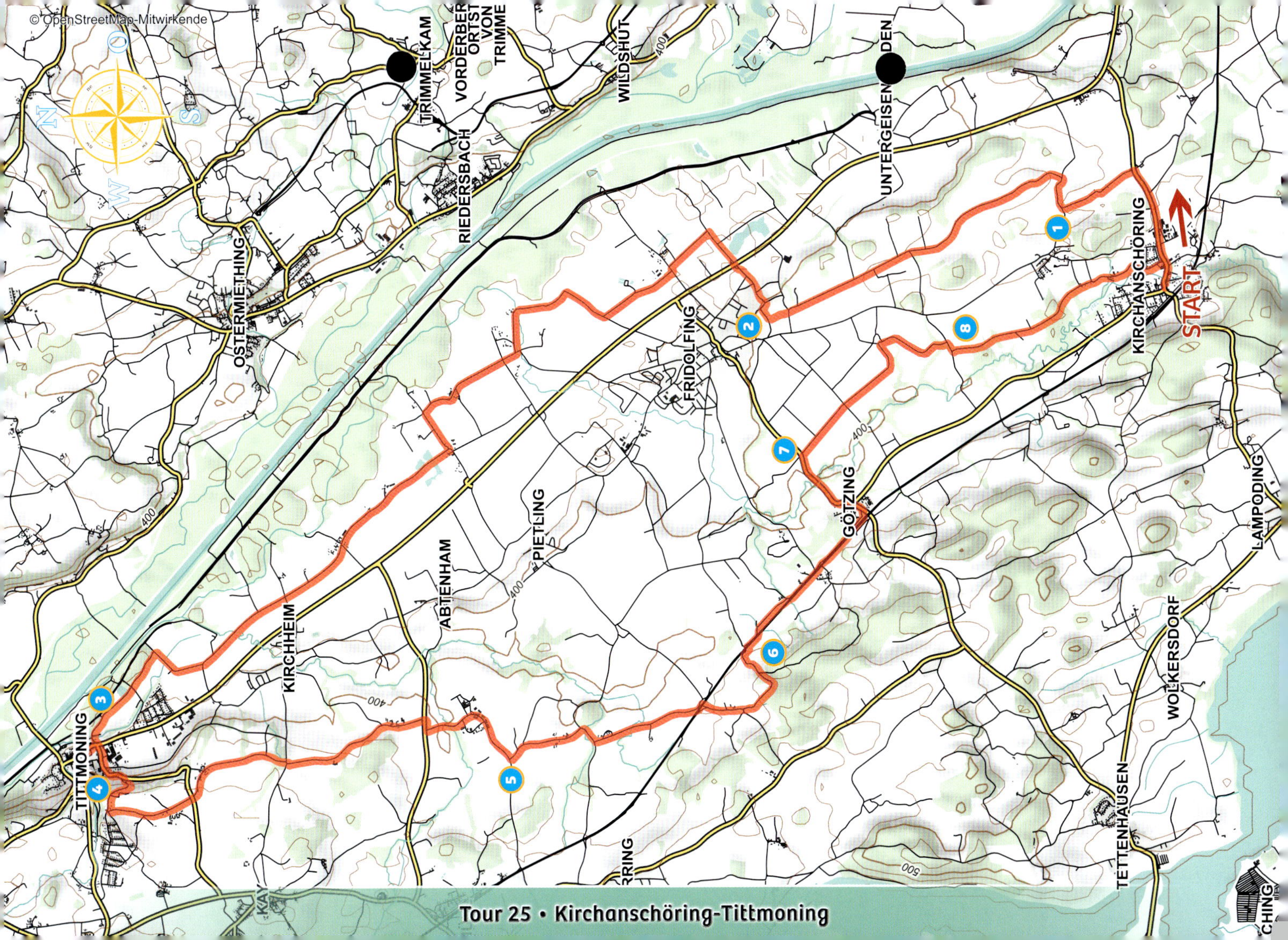

Tour 25 • Kirchanschöring-Tittmoning

Mailis bike + coffee
Fahrradfachgeschäft und Ergonomie-Spezialist in Inzell

Auf die richtige **Sitzposition** kommt's an!

Viele Radfahrer sitzen falsch auf ihrem Bike. Die Folge sind Schmerzen im Schulter- und Nackenbereich oder ein Kribbeln in Händen und Füßen. **Das muss und darf nicht sein!**

Wir setzen Sie optimal auf Ihr Bike. **Unser Plus:**

- ✓ Über 7 Jahre Erfahrung mit weit über 1.500 erfolgreich durchgeführten Sitzpositionierungen
- ✓ Langjährige Zusammenarbeit mit den starken Partnern BikeFit und SQ-Lab
- ✓ Immer Up-to-Date: Dafür sorgen regelmäßige Schulungen und Fortbildungen
- ✓ Optimierung der Sitzposition in der Bewegung (dynamisches System)
- ✓ Anpassung aller relevanten Punkte (Sattel, Vorbau, Lenker, Griffe, Pedalplatten)
- ✓ Flexible Terminvergabe nach Vereinbarung, auch außerhalb der Öffnungszeiten

Die Sitzpositionsanalyse wird grundsätzlich bei jedem Neukauf durchgeführt und als Serviceleistung angeboten. Egal, ob für Hobbysportler oder Profirennfahrer, E-Bike-Radfahrer oder Mountainbiker.

Wir sorgen dafür, dass Biken Spaß macht!

Mailis bike + coffee
Christian Mailhammer
Traunsteiner Str. 14
D-83334 Inzell
www.mailis.deinfo@mailis.de
Tel: 08665 / 08665 - 92 71 98

Tour 26

Von Siegsdorf um den Zinnkopf

Tour 26
Von Siegsdorf um den Zinnkopf

Fahrradtyp	Trekkingrad, Bike, E-Bike
Kondition	
Fahrtechnik	
Länge	29,4 Kilometer
Anstiege	350 Höhenmeter
Fahrzeit	2:30 Stunden
Charakteristik	Ein idyllischer Radausflug in die Ferienregion südlich von Siegsdorf. Aufgrund ihrer Bundesleistungszentren im Eisschnelllauf und Biathlon sind Inzell und Ruhpolding sehr bekannt. Entlang der ehemaligen Soleleitung führt der Radweg durch eine malerische Gegend entlang der Roten Traun nach Inzell. In Niederachen folgt eine 2 km lange Steigung in ein Hochtal. Ab dem Ortsteil Oberhausen beginnt eine Forststraße mit kurzem steilem Anstieg sowie steiler Abfahrt nach Ruhpolding. Auf abgelegenen Nebenstraßen und Radwegen entlang der Weißen Traun führt diese Runde zurück nach Siegsdorf.
Sehenswürdigkeiten	Naturkunde-Museum und Mammut-Museum in Siegsdorf www.museum-siegsdorf.de. Entlang des Soleleitungsweges Siegsdorf-Inzell sind einige Schautafeln über Salzgewinnung und Geologie angebracht. Gotische St. Valentinskirche aus dem 11. Jahrhundert im Ruhpoldinger Ortsteil Zell.
Einkehrmöglichkeiten	Gasthof Edelweiß in Siegsdorf, Gasthaus Heutau in Heutau, Hammerwirt in Hammer, Kesselalm in Niederachen.
Ausgangspunkt	Parkplatz unmittelbar an der Autobahnabfahrt Traunstein (links), von Traunstein kommend unmittelbar vor der Auffahrt Richtung München rechts. Achtung! Höhenbegrenzung bei der Einfahrt!
Karten	Kompass Nr. 14.

0	km	0,0:	Unmittelbar bei der Einfahrt zum Parkplatz auf dem geschotterten Geh-und Radweg der Wegweisung „Siegsdorf Ortsmitte 25 Min." folgen. Unter der B 306 durch und nach 300 m rechts, unter der Autobahn durch und nach 200 m links, vorbei an der Autobahnmeisterei und auf dem Radweg entlang der Hauptstraße weiter.
	km	1,1:	Einbindung an eine Gemeindestraße, links.
1	km	1,4:	Links auf den Geh- und Radweg, Wegweisung „Soleleitungsweg/Salinenrundweg Hammer/Inzell". Nach 100 m geradeaus, nach weiteren 1,0 km die Straße queren.
	km	3,4:	Heutau; rechts, Einbindung in eine Asphaltstraße, vorbei am Gasthaus Heutau.
2	km	4,1:	Links über eine Brücke, Radwegweisung „Inzell/Hammer". Unmittelbar nach der Brücke und dem Sägewerk rechts auf den Radweg (Schotter). Bei km 6,3 vorbei am Gasthaus Hammerwirt.
3	km	6,6:	Hammer; rechts, Wegweisung „Inzell", durch die Unterführung der B 306. Nach 500 m ist die Ortsende Tafel von Hammer.
4	km	7,7:	Vor der Brücke links, Wegweisung „Inzell". Nach 2,1 km in Wien rechts, Radwegweisung „Inzell". Nach 100 m vor der Brücke links, auf Schotter weiter.
	km	10,2:	Geradeaus über die Brücke.
	km	12:0	Niederachen; vor der Kirche rechts in die Schmelzerstraße.
5	km	12,5:	Bei einer Bushaltestelle rechts in die Froschseestraße. Nach 900 m beim Gasthaus Kesselalm vorbei, Radwegweisung „Ruhpolding 8,1 km".
6	km	14,5:	Oberhausen; vor dem Bauernhaus rechts. Nach 1,0 km geradeaus weiter, Wegweisung weiterhin „Ruhpolding". Ebenso nach weiteren 1,0 km nach einer Brücke links bergab.

7	km	18,7:	Zell; Einbindung in eine Gemeindestraße, rechts. Nach 100 m ist die Ortstafel von Ruhpolding.
	km	19,7:	Bei der Vorrangtafel nach rechts, Wegweisung „Ortsmitte".
8	km	20,3:	Ruhpolding; geradeaus, Radwegweisung „Siegsdorf". (Links über die Brücke Abstecher ins Zentrum nach Ruhpolding möglich.)
	km	21,4:	Auf dem Radweg entlang der Hauptstraße bleiben. Nach 1,1 km links, Wegweisung „Siegsdorf".
	km	23,1:	Halbrechts, Wegweisung „Siegsdorf/Eisenärzt".
	km	24,1:	Vordermiesenbach; rechts dem Radwegsymbol folgen.
9	km	24,6:	Hörgering; bei der Vorrangtafel halblinks, nach 1,1 km vor der Hauptstraße nach rechts und nach 100 m links über die Brücke, über die Eisenbahnkreuzung und nun rechts (km 26,0) Wegweisung „Grub" und ein Radwegsymbol.
10	km	26,1:	Entlang der Weißen Traun halbrechts auf Schotter weiter, dem Radwegsymbol folgen. Nach 1,2 km Einbindung in eine Vorrangstraße, rechts und nach der Brücke und vor der Eisenbahnkreuzung links, Radwegweisung „Traunstein/Siegsdorf Mitte".
	km	28,3:	Ende des Radweges, weiter entlang der Weißen Traun in die Bahnhofstraße. Nach 400 m (nach dem Bahnhof Siegsdorf) links, dann rechts in die Hauptstraße und vor der Eisenbahnunterführung links in die Marienstraße, Radwegweisung „Traunstein/Freibad ".
	km	29,1:	Nach der Brücke über die Weiße Traun rechts in die Schwimmbadstraße abbiegen. Weiter über die Eisenbahn, unter der Autobahn durch und am Schwimmbad vorbei. Nach 300 m rechts über die Brücke zum Parkplatz.
	km	29,4:	Parkplatz.

MAGISCHES **ERLEBEN**

VERLAG PLENK BERCHTESGADEN

Rainer Limpöck

Hoch und Heilig

Begegnungen von Menschen und Geistern am Untersberg

Die Licht- und Schattenseiten des heiligen Untersberges spiegeln eine in Vergessenheit geratene Anderswelt wider. Der heutige Wanderer begegnet wieder den mythischen Wesen. In der Seele eines großen Berggeistes erkennt er sich selbst und die Wunder der Natur. Die Wiederverzauberung der Welt beginnt an diesem Berg der Berge.

176 Seiten, Hardcover, ISBN 978-3-940141-99-6
€ 22.80 (D) / € 23.50 (A)

Im **Buch-** & ***Zeitschriftenhandel.***

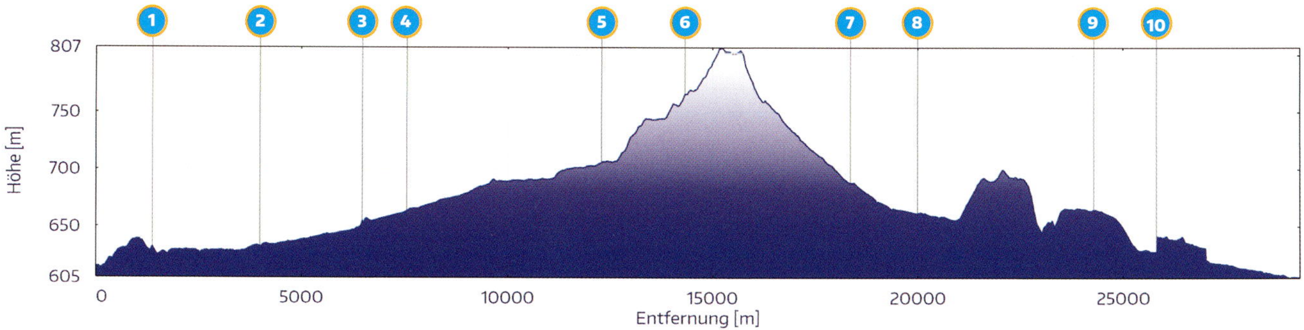

Bei Inzell

Alles gut ausgeschildert

In Oberhausen

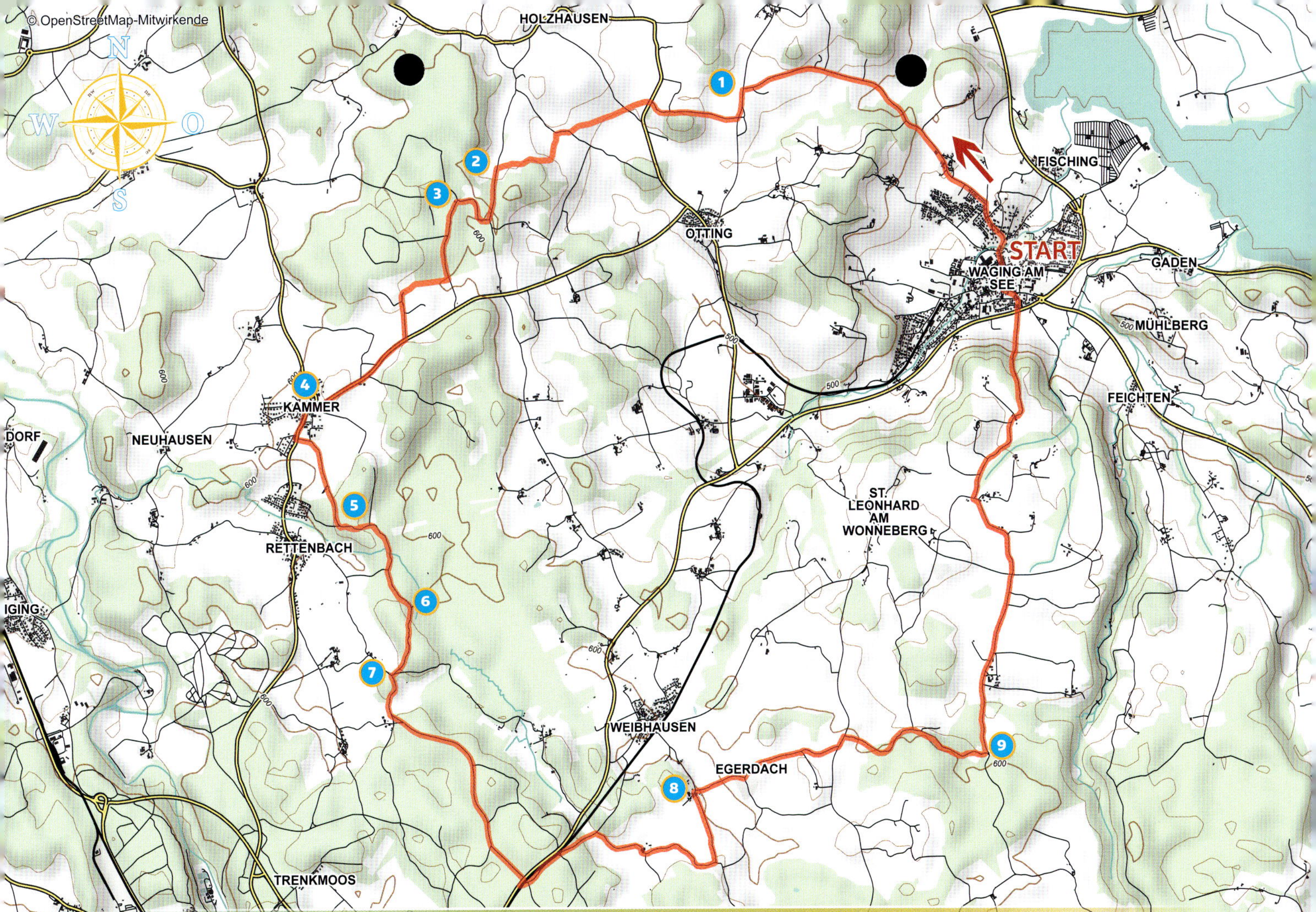

Tour 24 • Durch das Waginger Hinterland

St. Leonhard am Wonneberg

Tour 27

Rund um den Untersberg

Tour 27
Rund um den Untersberg

Fahrradtyp	Rennrad, Trekkingrad, Bike, E-Bike
Kondition	
Fahrtechnik	
Länge	43,7 Kilometer
Anstiege	560 Höhenmeter
Fahrzeit	3:15 Stunden
Charakteristik	Eine viel gefahrene Radtour fast ausschließlich auf Radwegen und Nebenstraßen. Anfangs rollt man gemütlich auf schattigen Radwegen entlang der Berchtesgadener Ache nach Berchtesgaden. Von hier bis Bischofswiesen sind einige kurze, aber anspruchsvolle Steigungen zu bewältigen. Anschließend führt ein Radweg über Hallthurm nach Bayerisch Gmain und Großgmain zum Latschenwirt. Die 22% Gefälle nach Fürstenbrunn stellen große Anforderungen an die Bremsanlage. Eine interessante und abwechslungsreiche Runde, die nicht unterschätzt werden soll. Mit dem Rennrad sollte von Marktschellenberg bis Berchtesgaden auf der B305 gefahren werden (Asphalt).
Sehenswürdigkeiten	Marmor-Kugelmühle in Marktschellenberg, Salzbergwerk in Berchtesgaden, Ruine Plainburg und Freilichtmuseum in Großgmain.
Einkehrmöglichkeiten	Thorerlehen in Hangendenstein, Gasthaus Kugelmühle, Gasthaus Laroswacht in Unterau, Bräustüberl Berchtesgaden, Brenner Bräu in Bischofswiesen, Gasthaus Dreisesselberg in Bayr. Gmain, Steinerwirt und Latschenwirt in Großgmain, Gasthaus Fürstenbrunn, Noppinger Bräustüberl in Grödig, Hotel Untersberg in St. Leonhard.
Ausgangspunkt	Parkplatz der Untersberg Seilbahn im Grödiger Ortsteil St. Leonhard. Von der Autobahnabfahrt Salzburg Süd Richtung Berchtesgaden, nach 1,5 km an der Ampelkreuzung in St. Leonhard rechts zur Untersberg Seilbahn.
Karten	Kompass Nr. 14.

0	km	0,0:	Vom Parkplatz der Untersberg Seilbahn südwärts die schmale Straße „Dr. Friedrich Oedl Weg" bis zum Sägewerk, dort links, dann sofort rechts auf den Radweg entlang der Hauptstraße Richtung Berchtesgaden. Jetzt folgt man der Radwegweisung „Mozart Radweg rund um den Untersberg" bis zum Ortsanfang Berchtesgaden. Nach 1,5 km den ehemaligen Grenzübergang Hangendenstein passieren und auf der B 305 bis Marktschellenberg. Nach 3,5 km rechts kann man durch die Ortsmitte von Marktschellenberg fahren.
	km	4,0:	Marktschellenberg; 200 m nach der Ampelkreuzung rechts über die Brücke in die alte Berchtesgadener Straße, Wegweisung Schwimmbad/Kneippanlage, später in den Kugelmühlweg.
1	km	7,2:	Nach der Brücke links über den Parkplatz Almbachklamm, dann weiter auf geschottertem Rad- und Fußweg Richtung Berchtesgaden.
	km	9,1:	Beim Kraftwerksgelände links über die Kanalbrücke, beim Hochspannungsmasten rechts durch das Gewerbegebiet Gartenau. Nach 300 m über die schmale Brücke der Berchtesgadener Ache, dann rechts auf den Radweg parallel zur B 305.
	km	9,7:	Der Radweg unterquert die B 305 und führt nun links der Berchtesgadener Ache taleinwärts nach Berchtesgaden.
2	km	11,8:	Berchtesgaden; an der Kreuzung beim Roten Kreuz links in die Bergwerkstraße Richtung Salzbergwerk (rechts führt eine Brücke zur Hauptstraße).
	km	12,2:	Nach dem Salzbergwerk rechts über die Brücke der Berchtesgadener Ache, Wegweisung Museum Schloss Adelsheim, dann geradeaus über den Parkplatz und durch die Unterführung der B 305. Nach der Unterführung halblinks aufwärts in die Salzburger Straße Richtung Maria Gern Museum Schloss Adelsheim.

km 13,4: Rechts im spitzen Winkel steil bergauf in die Locksteinstraße Richtung Krankenhaus/Maria Gern.

3 km 14,7: An der Kreuzung halblinks Richtung Bischofswiesen (rechts Maria Gern). Nach 1,3 km passiert man das Naturbad Aschauer Weiher.

4 km 17,7: Bischofswiesen; Einmündung in die Hauptstraße, rechts Richtung Reichenhall, später wieder auf dem Radweg. Bis kurz vor Bayerisch Gmain folgt man nun wieder der Beschilderung „Mozart Radweg".

5 km 21,3: 80 m vor dem Bahnübergang links die Hauptstraße und Bahngleise überqueren. Nach der Holzbrücke rechts Rad- und Wanderweg Richtung Hallthurm.

km 22,1: Winkl; geradeaus weiter Radwegweisung „Bad Reichenhall/Bayerisch Gmain".

6 km 23,3: Rechts über die Bahngleise und beim nächsten Gebäude links. An der nächsten Wegkreuzung links auf den Maximilians-Reitweg Richtung Hallthurm/Bayerisch Gmain".

km 25,3: In Hallthurm mündet man in eine Asphaltstraße, geradeaus weiter auf dem Radweg neben der B 20. In der folgenden Linkskurve geradeaus steil abwärts auf dem Radweg nach Bayerisch Gmain. Nach der teils sehr steilen Abfahrt erreicht man nach 1,4 km wieder die Hauptstraße und fährt rechts auf dem Radweg weiter.

7 km 27,9: Unmittelbar nach der Sport- und Freizeitanlage Bayerisch Gmain, 60 m vor dem Gasthaus Dreisesselberg rechts abwärts in den Gmainer Sportplatzweg auf schmaler Asphaltstraße „Radweg Großgmain". Hier überquert man die Grenze nach Österreich. Man mündet in eine breitere Straße und fährt links abwärts. An den folgenden 2 Kreuzungen rechts halten. Nach 900 m links abwärts Richtung Großgmain Ortsmitte.

8 km 29,2: Großgmain; rechts auf die Hauptstraße, Radwegweisung: „Tauernradweg Salzburg".

9 km 31,5: In Hinterreit, 100 m nach dem Steinerwirt rechts in die Latschenstraße Richtung Schafferhof. (Variante: von hier 1,7 km geradeaus zum Freilichtmuseum.)

10 km 33,4: Beim Parkplatz Latschenwirt links, dann rechts auf die Asphaltstraße Richtung Fürstenbrunn durch den Naturpark Untersberg.

km 38,0: Nach der steilen Abfahrt von Veitlbruch erreicht man Fürstenbrunn und fährt geradeaus durch den Ort. Am Ortsende von Fürstenbrunn, bei der Bushaltestelle links auf den Radweg durch den Park von Schloss Glanegg.

11 km 40,0: Glanegg; geradeaus über die Kreuzung nach Grödig. Nach 500 m geradeaus auf Radweg.

km 41,8: Grödig; an der Kreuzung (links Elektro-Händler) rechts Richtung Berchtesgaden/Hallein. Nach 400 m beim Marktcafé rechts.

km 43,7: Parkplatz Untersberg Seilbahn.

Entlang der Berchtesgadener Ache

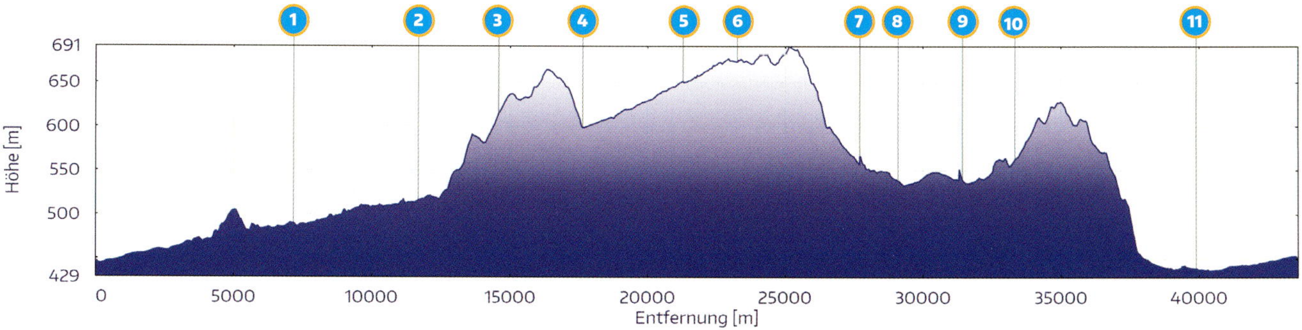

Der Untersberg von Gneis aus

König Watzmann von Aschau aus

Tour 27 • Rund um den Untersberg

Von Marktschellenberg Richtung Berchtesgaden

Radlereinkehr im Markt

Gasthof Goldener Bär

Weihnachtsschützenplatz 4
83471 Berchtesgaden · Tel.: 08652-2590
www.gasthof-goldener-baer.de

bärige Radlerbrotzeiten

Tour 28

Berchtesgaden-Königssee-Böcklweiher

Tour 28
Berchtesgaden-Königssee-Böcklweiher

Fahrradtyp	Trekkingrad, Bike, E-Bike
Kondition	
Fahrtechnik	
Länge Anstiege Fahrzeit	24,5 Kilometer 460 Höhenmeter 2:15 Stunden
Charakteristik	Bei dieser Runde im inneren Berchtesgadener Landkreis besuchen wir das hier beliebteste Ausflugsziel, den Königssee. Es folgt ein kurzer Abstecher zur Bob- und Rodelbahn, danach fährt man durch Oberschönau nach Engedey. Hier muss die Steilrampe Bachmannweg bezwungen werden, so müssen auf 0,8 km 100 Höhenmeter bewältigt werden. In der Nähe von Bischofswiesen passiert man den Böcklweiher, ein landschaftliches Juwel. Diese Radwege abseits von Hauptstraßen in herrlicher Berglandschaft bieten ein Naturerlebnis höchster Güte.
Sehenswürdigkeiten	Salzbergwerk, Museum Schloss Adelsheim, Schlossmuseum in Berchtesgaden, Königssee, Bob- und Rodelbahn am Königssee.
Einkehrmöglichkeiten	Gasthaus zur Schießstätte, Gasthaus Waldstein in Unterstein, Gasthaus Unterstein, Grünsteinstüberl in Schönau Achenstüberl, mehrere Gasthöfe am Königssee
Ausgangspunkt	Watzmanntherme in Berchtesgaden. Parkmöglichkeit vorhanden.
Karten	Kompass Nr. 14.

0	km 0,0:	Vom Parkplatz der Watzmanntherme südwärts zur „Schießstätte" vorbei am Eisstadion und auf dem Radweg entlang der Berchtesgadener Ache.
1	km 1,3:	Beim Schwabenwirt rechts, im großen Kreisverkehr beim Triftplatz die 4. Ausfahrt (nach dem Praxiszentrum Triftplatz) zum Einkaufszentrum nehmen. Nach 60 m rechts, nach weiteren 50 m links. Vor der Gärtnerei Sommer links auf dem Radweg entlang der Königsseer Ache Richtung Königssee.
	km 4,5:	Nach dem Achenstüberl rechts, nach 50 m, vor der Brücke links, immer der Wegweisung Königssee folgen.
2	km 5,8:	200 m nach dem Campingplatz geradeaus durch die Unterführung steil aufwärts „Fußweg zum Königssee", dann auf der Schotterstraße geradeaus.
	km 6,2:	Königssee; geradeaus weiter auf der Asphaltstraße Richtung Talstation Jennerbahn, nach 200 m rechts in die Seestraße zum Königssee. Am Königssee rechts, entlang der Seepromenade (Rad schieben!) vorbei an mehreren Gasthäusern und entlang des Seeabflusses. Links über die Seeklause danach links zur Bob- und Rodelbahn.
3	km 7,4:	Beim Parkplatz der Bob- und Rodelbahn rechts aufwärts auf der Asphaltstraße entlang der Bob-und Rodelbahn „MTB Watzmann-Hochkönig" (Schranken passieren). Nach 800 m Auffahrt, beim „Startgate Jugend" rechts abwärts in den Rodelbahnweg Richtung Unterstein.
	km 8,6:	Geradeaus über die Brücke auf Asphalt.
4	km 8,9:	Links in die Schotterstraße „Zulehenweg Richtung Ramsau/Oberschönau", nach 360 m beim Marterl halblinks weiter auf Schotter, Wegweisung „MTB Watzmann-Hochkönig".
	km 9,9:	Nach dem Grünsteinstüberl Einmündung in eine breite Asphaltstraße, links aufwärts die Waldhauserstraße Richtung Oberschönau. Nach 350 m an der Kreuzung links Richtung Ramsau (geradeaus Berchtesgaden).

km 11,4: Oberschönau; an der Kreuzung geradeaus Richtung Ramsau.

5 km 12,6: Engedey; an der Kreuzung nach der Abfahrt rechts auf die B 305, nach 50 m bei der Bushaltestelle links aufwärts in den sehr steilen Bachmannweg. Nach 140 m, bei den Garagen links aufwärts. Auf den folgenden 0,8 km müssen 100 Höhenmeter bezwungen werden.

6 km 13,5: Nach der Steigung (Haus Nr. 40) rechts in den Vierradweg.

7 km 15,3: Strub; Einmündung in die Silbergstraße, links auf den Radweg. Nach 200 m geradeaus Richtung Bischofswiesen, anschließend rechts auf dem Radweg bleiben.

km 15,8: Bei der Bushaltestelle rechts in den Hochmoorweg.

km 16,3: Links in den Koppenweg, nach 200 m auf Schotter weiter in die Böcklweiherstraße.

km 17,3: Böcklweiher (Fototermin mit Watzmann-Spiegelung). Nach 200 m rechts durch die Unterführung der Hauptstraße Richtung Bischofswiesen Ortsmitte.

km 18,0: Bei der Bushaltestelle rechts abwärts in die Hochkalterstraße. Nach 400 m rechts in die Steingasse.

8 km 18,8: Bischofswiesen; rechts über die Bahngleise, dann geradeaus über die Kreuzung in die Aschauer-Weiher-Straße Richtung Maria Gern.

9 km 20,2: In der Linkskurve geradeaus, nach 100 m links Richtung Sprungschanze. Diese Straße führt direkt in das Zentrum von Berchtesgaden.

10 km 22,4: Berchtesgaden Rathausplatz; links „Nonntal“ (rechts in die Fußgängerzone). Nach 300 m rechts abwärts in die Salzburger Straße.

11 km 23,5: Am Parkplatz Salzbergwerk (50 m vor der B 305) rechts abzweigen, vor dem Parkschranken links durch die Unterführung.

km 23,9: Nach der Brücke über die Berchtesgadener Ache rechts in die Bergwerkstraße.

km 24,5: Parkplatz Watzmanntherme.

Bob- und Rodelbahn am Königssee

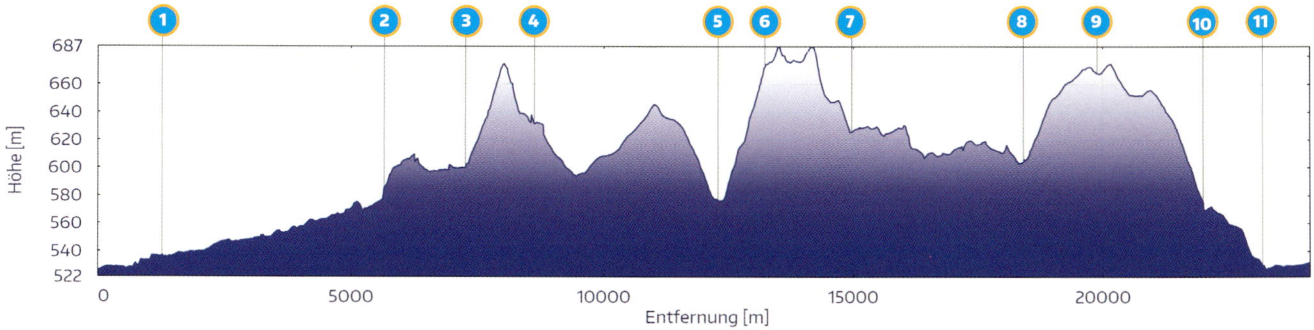

Seelände am Königssee

Fuß- und Radweg nach Königssee entlang der Königsseer Ache

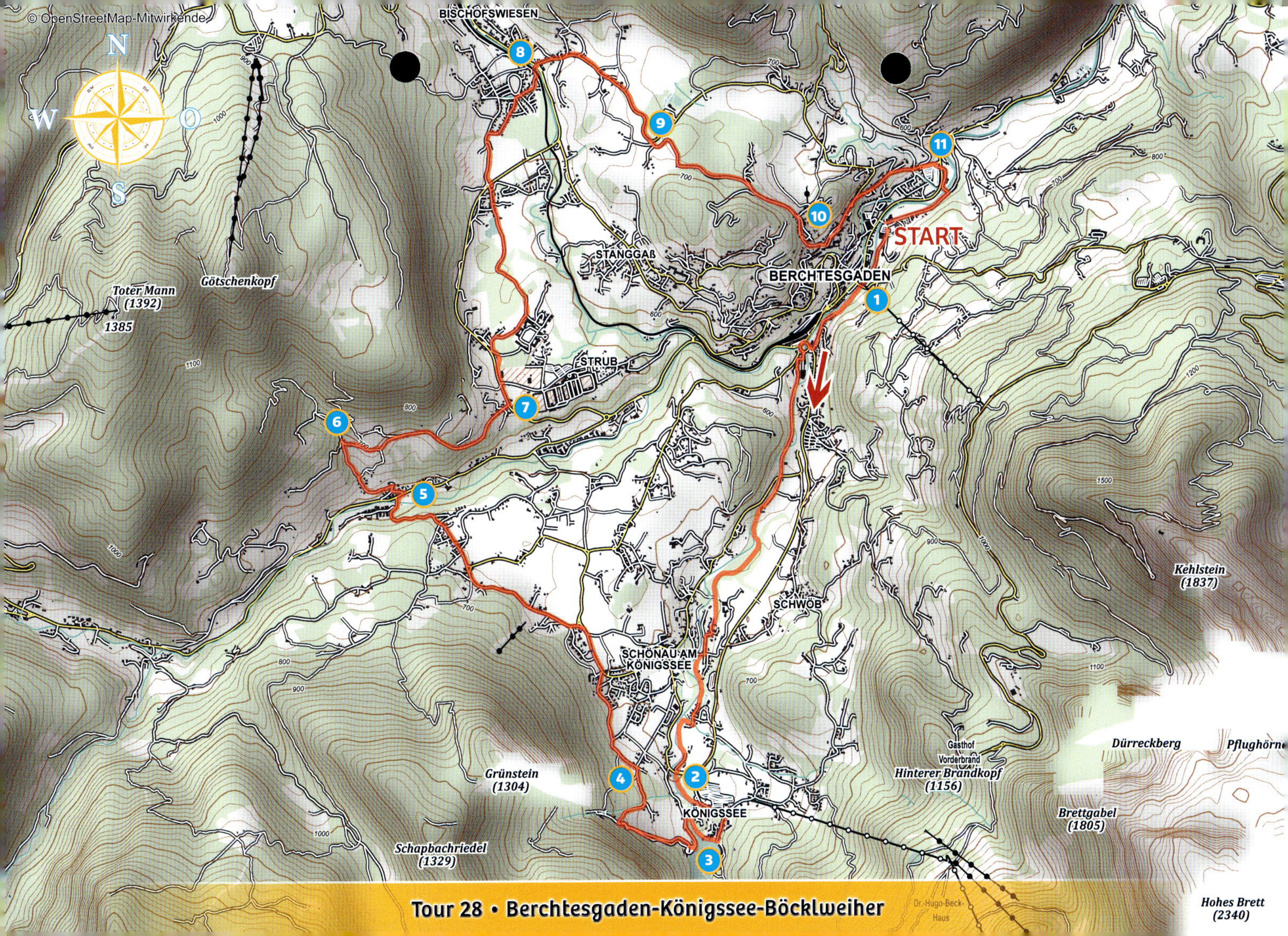

Tour 28 • Berchtesgaden-Königssee-Böcklweiher

Michael Rasp
RADL-LADEN
RASP
Rathausplatz 16 · 83471 Berchtesgaden
Tel.: 08652 / 3399 · Fax: 63666
No. 1 Konzept
Passgenau. Individuell.
BERATUNG
VERKAUF
SERVICE
gl-werbestudio.de

BÄCKEREI
Böcklmühle
Bäcker - Café Böcklmühle
Café
83483 Bischofswiesen
Hauptstraße 36 · Tel. 0 86 52/84 88

Tour 29
Högl-Trails

Tour 29
Högl-Trails

Fahrradtyp Bike, E-MTB

Kondition

Fahrtechnik S2

Länge 14 Kilometer
Anstiege 530 Höhenmeter
Fahrzeit 2 Stunden

Charakteristik Eine kurze, knackige Tour mit einigen kurzen, steilen Anstiegen im Nahbereich der Stadt Salzburg. Ist es bei der Auffahrt die Salzburger Voralpenlandschaft, die sich dem Biker aus verschiedenen Blickwinkeln bietet, so genießt man im herrlichen schattigen Gastgarten der Stroblalm den Anblick von Untersberg, Hochstaufen und Watzmann. Die Trailabfahrt ist für Könner ein Leckerbissen, ideal, um das Fahrkönnen etwas zu testen. Unterbrochen wird die Abfahrt im unteren Drittel durch einen kurzen Gegenanstieg. Der Schwierigkeitsgrad der Abfahrt wird mit „S2" klassifiziert. Eine detaillierte Einstufung der technischen Schwierigkeiten findet man unter www.singletrail-skala.de
Bei dieser Tour ist ein GPS Gerät für die teils schwierige Wegfindung empfehlenswert.

Sehenswürdigkeiten Bei der Stroblalm erinnert eine Gedenktafel, dass hier bereits in der Römerzeit Sandstein abgebaut wurde. Der Legende nach wurde dieser Stein sogar bis nach Konstantinopel auf dem Wasserweg transportiert und als Bodenbelag in einer Moschee eingebaut.

Einkehrmöglichkeiten Auwirt in Hammerau, Gasthaus Johannishögl, Stroblalm, Gasthaus Ulrichshögl.

Ausgangspunkt Zweirad Stadler in Hammerau an der B 20 zwischen Piding und Freilassing.

Karten Kompass Nr. 14.

0	km	0,0:	Vom Parkplatz Zweirad Stadler die Sägewerkstraße ostwärts über den beschrankten Bahnübergang auf dem Güterweg nach Bicheln. Bei den Gehöften in Bicheln halbrechts aufwärts Richtung Fürberg/Johannishögl.
	km	1,2:	Fürberg; weiter auf Forststraße.
1	km	1,6:	In der langgezogenen Linkskurve rechts abzweigen.
	km	2,5:	Links aufwärts Richtung Neubichler Alm/Johannishögl, „MTB 25 Höglrunde von Norden". Nach 200 m an der Verzweigung rechts.
2	km	3,2:	An der Wegkreuzung auf der Almwiese rechts abwärts „MTB 25" Richtung Neubichler Alm (links „MTB 24" zum Gasthaus Johannishögl). Dieser Weg führt erst abwärts, dann in zwei kurzen Steilrampen zum Reitstall der Neubichler Alm.
3	km	4,3:	An der Kreuzung bei der Neubichler Alm die Asphaltstraße überqueren, halblinks auf dem Wanderweg Richtung Stroblalm „MTB 24" (rechts zur Neubichler-Alm). Jetzt immer auf diesem Weg bleiben, alle Abzweige ignorieren.
	km	5,3:	Bei der Holzhütte rechts aufwärts „MTB 24, MTB 25".
4	km	5,7:	Man mündet in die Asphaltstraße, die zum Sender führt. Auf dieser links Richtung Stroblalm. Wir umrunden jetzt den Höglgipfel im Uhrzeigersinn. Nach 500 m vorbei an der Stroblalm.
5	km	6,5:	100 m nach der Stroblalm rechts auf dem Wiesenweg zur Bank am Waldrand, „Rundweg Vachenlueg/Steinhögl". Nach 500 m geradeaus weiter am Rundweg (links Steinhögl). Auf diesem Weg immer geradeaus weiter, alle Abzweige ignorieren.
	km	8,0:	Wieder zurück am Wegpunkt 4, links abwärts auf den Güterweg Richtung Neubichler-Alm. Nach 100 m links Richtung Ainring beginnt die anspruchsvolle Trailabfahrt „S2" nach Ulrichshögl. Nach weiteren 200 m über eine Holztreppe bergab (die rechts umfahren werden kann) und weiter geradeaus dem Waldweg folgen.

km 8,5: Man mündet in einen Forstweg, geradeaus, man kann jetzt den Trailspuren rechts und links der Straße folgen. Nach 300 m in der Rechtskurve geradeaus auf den Trailpfad. Die trailhungrigen Locals haben auf diesem Abschnitt bikeparkähnliche Lines gebaut.

6 km 9,2: Die Forststraße geradeaus überqueren und dem Hohlweg folgen. Nach 500 m vor der Wiese links, nach weiteren 100 m rechts auf der Forststraße aufwärts nach Ulrichshögl.

7 km 10,0: Ulrichshögl; Einmündung in Asphaltstraße, rechts abzweigen. Nach 150 m Abfahrt beim letzten Gebäude rechts auf dem Güterweg Richtung „Neubichler Alm über Reit", nach weiteren 170 m über den schmalen Holzsteg, dann rechts auf dem Wanderweg entlang des Zaunes. Der Weg steilt etwas auf, bei einer Holzhütte rechts vorbei, Wanderwegweiser „Neubichler Alm über Reit".

8 km 10,6: Rechts aufwärts auf Asphalt. Nach 600 m nach dem Hotel Reiter Alm links auf die Forststraße „MTB 25". Nach weiteren 200 m bei der Wegtafel 5 links abwärts auf die schmale Forststraße. Nach 300 m beginnt ein schmaler Wanderweg, der später etwas links haltend in einen Hohlweg übergeht. Nach dem Hohlweg rechts in den Karrenweg.

9 km 12,2: An der Wegkreuzung halblinks abwärts Wanderwegweisung „Rund um den Schneeberg" (rechts nach Bicheln). Nach 100 m nach der Senke rechts auf den Wanderweg. An der folgenden Verzweigung rechts halten, am Waldrand entlang.

km 12,8: Einmündung in die Asphaltstraße zum Gehöft Langacker, links abwärts.

10 km 13,2: An der Kreuzung nach der Abfahrt rechts nach Bicheln. Nach 300 m in Bicheln links im spitzen Winkel abwärts und zurück zum Ausgangspunkt.

km 14,0: Zweirad Stadler.

Hohlweg

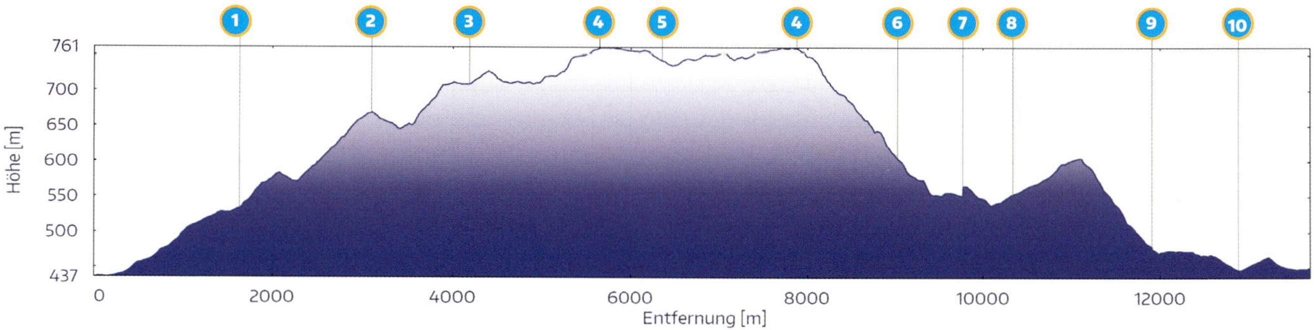

Ulrichshögl

Trail Abfahrt

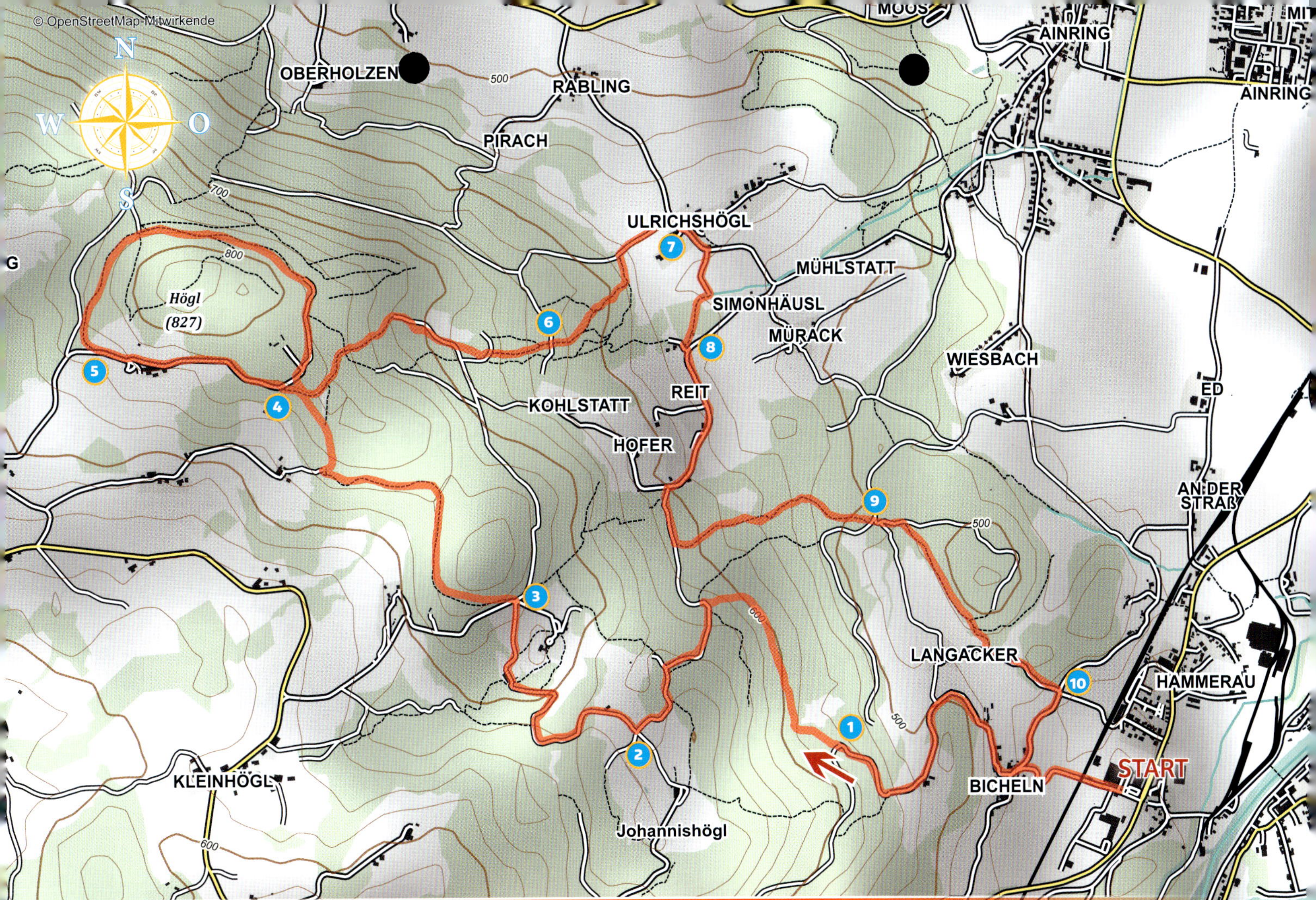

Tour 29 • Högl-Trails

Wald- und Wiesenwege um den Högl

Tour 30

Reichenhaller Salinenwege

Tour 30
Reichenhaller Salinenwege

Fahrradtyp	**Bike, E-MTB**
Kondition	
Fahrtechnik	
Länge	**28,5 Kilometer**
Anstiege	**620 Höhenmeter**
Fahrzeit	**3 Stunden**
Charakteristik	**Eine abwechslungsreiche Trailtour auf schmalen Pfaden, die aber nur teilweise echtes Fahrkönnen verlangen. Vom Reichenhaller Ortsteil Nonn führt eine Forststraßenautobahn auf den Jochberg. Die Trailabfahrt nach Weißbach auf Pfaden und alten Soleleitungswegen ist für Könner ein Leckerbissen. Bei der Rückfahrt bietet sich noch eine kühle Erfrischung im Thumsee an.**
Sehenswürdigkeiten	**Alte Saline in Bad Reichenhall www.alte-saline.de**
Einkehrmöglichkeiten	**Listwirt in Nonn, Gasthof Stabach, Gasthof Mauthäusl in Weißbach, Thumseewirt und Gasthof Madlbauer am Thumsee, Gasthaus Staufenbrücke in Reichenhall.**
Ausgangspunkt	**Staufenbrücke zwischen Piding und Reichenhall, von der Autobahn A 8 Salzburg - München kommend nach 1,5 km in Richtung Bad Reichenhall, rechts Richtung Camping Staufenbrücke. Nach 600 m in der Nähe der Staufenbrücke sind mehrere Parkmöglichkeiten.**
Karten	**Kompass Nr. 14.**

0	km	0,0:	Von der Staufenbrücke entlang des Campingplatzes Staufeneck Richtung Nonn/Thumsee. Nach 300 m geradeaus in die abgeschrankte Schotterstraße.
	km	2,4:	Beim Gablerhof geradeaus weiter auf Asphalt.
1	km	3,0:	Nach der langgezogenen Linkskurve rechts aufwärts in die schmale Asphaltstraße Richtung Listsee/Thumsee, nach dem letzten Gebäude weiter auf Schotter. An der Gabelung nach 500 m rechts Richtung Listsee.
2	km	3,6:	Einmündung in die Listseestraße, rechts aufwärts auf Asphalt Richtung Listsee. Dieser Straße folgt man bis zum Listwirt.
	km	5,3:	Nach dem Listwirt geradeaus auf die abgeschrankte Forststraße.
3	km	5,8:	Vor dem Listsee links und vorbei am Listsee.
	km	6,2:	An einer großen Lichtung mündet man in den Jochbergweg, auf dieser Forststraßenautobahn rechts aufwärts Richtung Weißbach, alle Abzweige ignorieren.
	km	8,1:	Die Rechtskurve bergauf Richtung Weißbach.
4	km	9,3:	Beim Hochspannungsmasten links auf den schmalen Karrenweg.
5	km	9,9:	An der Wegkreuzung mit Kruzifix links steil bergauf. Nach 50 m an der Gabelung rechts auf den Wanderweg Richtung Höllenbachalm. Hier beginnt ein flowiger Trail über den Jochbergrücken.
6	km	11,2:	An der Weggabelung rechts Richtung Weißbach (links zur Höllenbachalm). Nach 350 m an der Waldlichtung rechts auf den Güterweg.
7	km	11,8:	Nach einer Rechtskurve beginnt rechts steil abwärts ein schmaler Wanderweg Richtung Weißbach.

8 km 12,2: Einmündung in eine Forststraße, auf dieser geradeaus abwärts.

9 km 13,9: Vorsicht bei der Abfahrt! Vor einer Linkskurve rechts im spitzen Winkel abwärts auf den Salinenweg. Dieser Weg führt durch einen schmalen, ca. 50 m langen Tunnel.

10 km 14,7: Nach Überquerung einer Holzbrücke mündet man in die Jochbergstraße, auf dieser links abwärts Richtung Weißbach.

11 km 15,5: Weißbach; Einmündung in die B 305, links auf den Radweg. Nach 50 m rechts, die B 305 überqueren und abwärts auf schmaler Asphaltstraße. Auf dieser Straße immer geradeaus entlang des Weißbaches.

km 16,4: Steil bergauf zum Mauthäusl.

12 km 16,8: Beim Gasthof Mauthäusl mündet man in die B 305, auf dieser rechts Richtung Schneizlreuth.

13 km 18,3: Vorsicht beim Abbiegen! Links abzweigen, 30 m steil aufwärts auf einem Wanderweg, dann geradeaus auf den „Aufschlagwasserweg". Jetzt diesem Weg weiter folgen.

km 19,3: Antoniuskapelle, geradeaus weiter.

km 20,0: Einmündung in die Asphaltstraße, auf dieser abwärts zum Thumsee.

14 km 20,6: Vor dem Thumsee links abzweigen und auf der Asphaltstraße am Nordufer entlang. Beim Gasthaus Madlbauer rechts in die schmale Asphaltstraße Richtung Karlstein, vorbei am Hotel Seeblick.

km 22,3: Nach der Steigung geradeaus abwärts auf Schotter Richtung „Karlstein".

15 km 22,6: An der Wegkreuzung geradeaus abwärts Richtung „Nonner Oberland" (links Listsee, rechts Karlstein).

16 km 23,3: Links auf Asphalt in die Zwieselstraße, nach 100 m rechts abwärts „Brucktal" Richtung „Nonner Oberland".

km 24,2: Geradeaus über die Brücke in die Von-Martius-Straße entlang der Hochstaufen-Kaserne. Nach 600 m die Nonner Straße geradeaus überqueren „Nonner Unterland".

17 km 25,3: Rechts in den parallel zur Straße führenden Radweg. Nach 200 rechts über die Saalachbrücke, nach der Brücke links auf den Radweg entlang der Saalach Richtung Piding.

km 28,5: Staufenbrücke.

Hier floss früher die Sole nach Traunstein

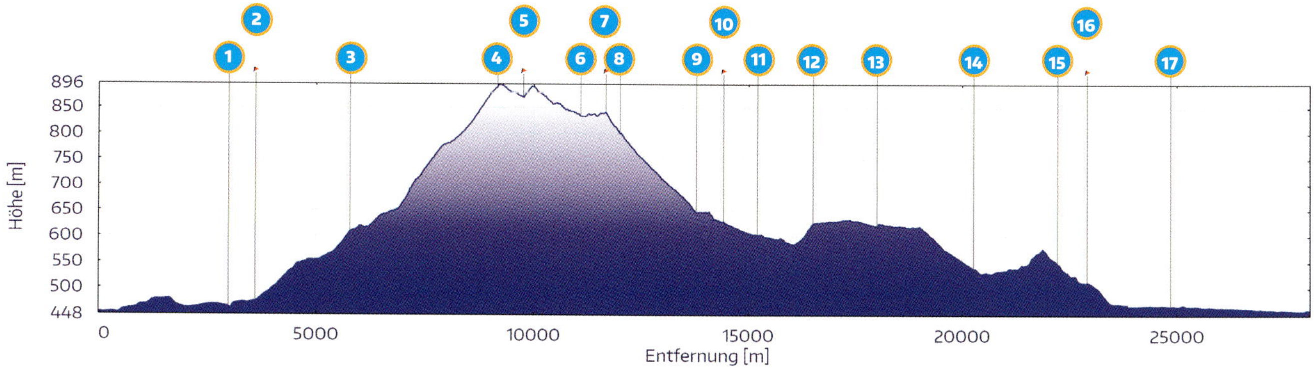

Salinenweg

Am Listsee

Tour 30 • Reichenhaller Salinenwege

Knackige Trails durch den Wald

Tour 31
Heuberg-Trails

Tour 31
Heuberg-Trails

Fahrradtyp	Bike, E-MTB
Kondition	3 von 3
Fahrtechnik	4 von 4, S2
Länge	20,2 Kilometer
Anstiege	550 Höhenmeter
Fahrzeit	2:15 Stunden
Charakteristik	Diese Runde ist gewürzt mit allen Zutaten für eine kurze, aber doch scharfe Biketour: gemütliches Einfahren auf der Ischlerbahn Trasse bis Eugendorf, sehr steile Auffahrten zum Eugendorfer Berg und Heuberg, Wurzeltrails, sowie technisch schwierige Trailabfahrt vom Heuberg nach Gnigl. Der Schwierigkeitsgrad der Abfahrt wird mit „S2“ klassifiziert. Eine detaillierte Einstufung der technischen Schwierigkeiten findet man unter www.singletrail-skala.de Bei dieser Tour ist ein GPS-Gerät für die teils schwierige Wegfindung empfehlenswert.
Einkehrmöglichkeiten	Gasthaus Dachsteinblick am Eugendorfer Berg, Gasthof DaxLueg am Heuberg.
Ausgangspunkt	S-Bahn Haltestelle Salzburg-Sam (ehem. Bahnhof Gnigl). Autobahnabfahrt Salzburg-Nord, bei der zweiten Ampelkreuzung links die Landstraße Richtung Nord-Sam, nach dem Autohaus Sonnleitner rechts in die Ziegeleistraße. Nach der Bahnunterführung rechts, durch die Aglassinger Straße kommt man zur S-Bahn Haltestelle Salzburg-Sam.
Karten	Kompass Nr. 17.

0	km 0,0:	Von der S-Bahn Haltestelle Salzburg-Sam durch die Aglassinger Straße, vorbei am Bauzentrum Hannak. Nach 250 m rechts in die Warwitzstraße, nach 500 m beim Autohaus Peter rechts in die Bachstraße einbiegen und nach 700 m links in die Samstraße. Nach der Brücke über den Alterbach links und geradeaus weiter in der Samstraße bis zur Ischlerbahn Trasse.
1	km 1,4:	Rechts in die Ischlerbahn Trasse einbiegen Richtung Eugendorf.
	km 6,0:	Hallwang-Esch.
	km 6,9:	Beim Autohaus Frey die zwei Querstraßen geradeaus überqueren.
2	km 8,3:	Eugendorf; am Ende der Ischlerbahn Trasse rechts in die Dürnbichlstraße. Nach 300 m im Kreisverkehr die 2. Ausfahrt nehmen und aufwärts in die Möbelstraße.
3	km 9,0:	Nach der Autobahnunterführung rechts in die Rappenwanger Straße. Nach 600 m an der Gabelung geradeaus in den Reiterhauser Weg.
	km 10,3:	Durch die Linkskehre zum Gehöft, beim Stadel rechts aufwärts auf den Güterweg. Dieser Güterweg führt hinauf zum weit sichtbaren Gasthaus Dachsteinblick. Im oberen Teil wird wegen der Steilheit so mancher Biker aus dem Sattel geholt.
	km 11,2:	Gasthaus Dachsteinblick; rechts und vorbei am Gasthaus Dachsteinblick in Richtung Bergstation Schilift. Nach 140 m vor dem Gehöft Hochfuchshof links vorbei, nach dem letzten Wohnhaus geradeaus auf den Güterweg über die Wiese.
4	km 11,9:	Einmündung in den Gottsreithweg, rechts abzweigen, nach 70 m links auf dem Karrenweg Richtung Dax Lueg. Nach 300 m wird der Weg schmäler und ist mit vielen Wurzeln gespickt.

km 12;5: Der Pfad wird wieder breiter und mündet in eine schmale Forststraße. Man folgt immer den Wanderwegschildern „Dax Lueg".

5 km 13,1: Nach der kurzen Steilrampe erreicht man den Petersberg, hier links weiter. Nach 500 m Vorsicht bei der Abfahrt! An der Gabelung rechts aufwärts auf schmalen Karrenweg Richtung Dax Lueg/Heuberg (links abwärts zur Dax-Lueg-Straße).

6 km 13,8: An der Kuppe links aufwärts auf den steilen Wanderpfad Richtung Heuberggipfel. (Variante: hier geradeaus abwärts zum Gasthaus DaxLueg.)

km 14,1: Heuberggipfel 901 m. Es folgt eine sehr selektive, teils extrem schmale Trailabfahrt „S2".

7 km 14,7: Nach der Steilrampe vor der Linkskurve rechts steil abwärts auf dem schmalen Wurzelpfad. Nach 100 m mündet man wieder in einen Karrenweg. Nach weiteren 100 m links halten, am Wiesenweg entlang des Waldes Richtung Hochstand. 80 m nach dem Hochstand zwischen den Holzstößen rechts hinab auf Waldpfad. Man mündet in eine Forststraße und fährt links zum Gasthaus DaxLueg.

km 15,4: Gasthaus DaxLueg; zwischen den zwei Gebäuden rechts abwärts, dann links am Gasthaus vorbei. Auf Höhe des Gastgartens, nach dem Fernrohr, rechts abwärts auf dem Wanderweg. Man folgt der Wanderwegmarkierung durch den Wald.

km 16,5: Beim ersten Gebäude geradeaus abwärts am Mettigweg. Nach 400 m geradeaus abwärts.

8 km 17,4: Vorsicht bei der Abfahrt! Hier rechts steil aufwärts Richtung Hotel Schöne Aussicht. Nach 200 m, am Hotelparkplatz, ist links in der Holzleitplanke ein 1 m breiter Einschnitt. Durch diesen hindurch führt ein Wanderweg über die Wiese mit herrlichem Stadtblick. Vor dem Gehöft ist direkt neben dem Weg ein kleiner Hühnerstall – bitte hier langsam und vorsichtig vorbeifahren!

km 18,1: Geradeaus durch das Gehöft und weiter am Wanderweg am Waldrand entlang. Nach 500 m mündet man beim ersten Gebäude in die Weingartenstraße, geradeaus abwärts.

9 km 18,8: Obergnigl; rechts über die Brücke des Alterbaches, nach 50 rechts in die Grazer Bundesstraße. Nach 600 m die Linzer Bundesstraße geradeaus überqueren in die Schillinghofstraße. Nach weiteren 250 m rechts auf den Radweg in die Aglassinger Straße und zurück zur S-Bahn Station Salzburg-Sam.

km 20,2: S-Bahn Haltestelle Salzburg-Sam.

Brennesseltrail, nix für Feiglinge

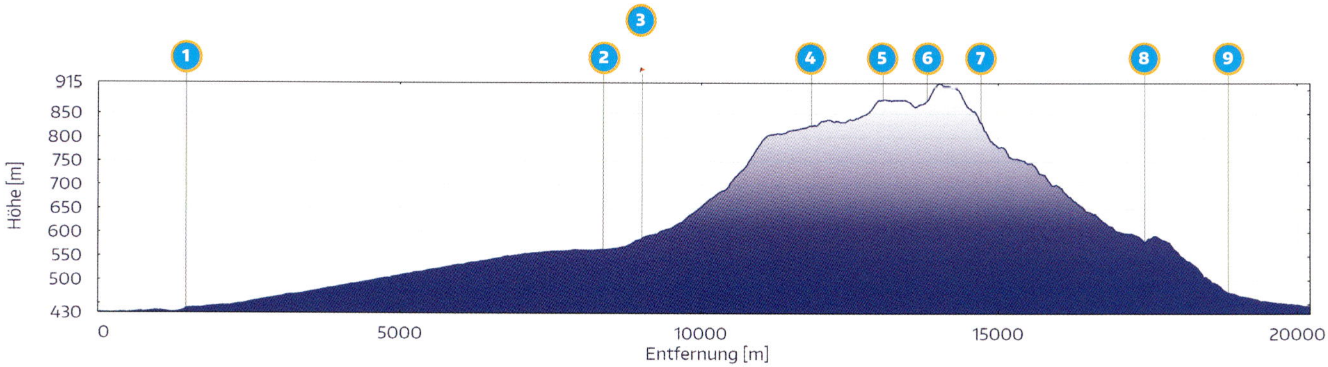

Wurzeltrail

Heuberggipfel

Tour 31 • Heuberg-Trails

Heubergtrail

Tour 32

Rund um den Gaisberg

Tour 32
Rund um den Gaisberg

Fahrradtyp	Bike, E-MTB
Kondition	
Fahrtechnik	
Länge	25,2 Kilometer
Anstiege	540 Höhenmeter
Fahrzeit	2:30 Stunden
Charakteristik	Der Gaisberg, ein Ausläufer der Osterhorngruppe, ist mit einer Höhe von 1287 m der Hausberg der Salzburger. Eine einfache Biketour für Salzburger nach Feierabend. Hat man die Glasenbachklamm bewältigt, ist der anstrengendste Teil geschafft. Auf Asphalt- und Forststraßen durch Oberwinkl und Koppl wird der Gaisberg umrundet. Ein flotter Downhill bringt uns von Koppl nach Guggenthal. Würdiges Finale ist ein kurzer Trail nach Obergnigl.
Sehenswürdigkeiten	Geologischer Schauweg Glasenbachklamm in Elsbethen.
Einkehrmöglichkeiten	Rechenwirt in Elsbethen, Riedlwirt in Koppl.
Ausgangspunkt	Rechenwirt in Elsbethen; zu erreichen mit dem Rad von Salzburg links der Salzach flussaufwärts am Tauernradweg Richtung Hallein, 300 m nach der Hellbrunner Brücke. Mit dem Auto: von Salzburg über die Hellbrunner Brücke Richtung Elsbethen, bei der ersten Abfahrt nach der Brücke rechts.
Karten	Kompass Nr. 17.

0	km	0,0:	Vom Rechenwirt in der Austraße 50 m in südlicher Richtung, bis vor der Brücke über den Klausbach links ein schmaler Fußweg durch die Bahnunterführung führt (Vorsicht auf Fußgänger!). Dem Klausbachweg folgt man jetzt bis zur Halleiner Landesstraße.
1	km	1,1:	Rechts entlang der Halleiner Landesstraße, nach 300 m links in den Lohhäuslweg Richtung Höhenwald/Gfalls. Nach weiteren 400 m nach dem letzten Gebäude links auf dem Schotterweg in die Glasenbachklamm, Beschilderung „GEO Schauweg Glasenbachklamm".
2	km	4,7:	An der Wegkreuzung vor dem Marterl links im spitzen Winkel bergauf Richtung Schwaitlalm/Mitteregg (nicht über die Brücke).
	km	5,2:	Rechts aufwärts auf Asphalt, nach 80 m links in die Schwaitl Landesstraße Richtung Mitteregg/Gaisberg, vorbei am Gasthaus Schwaitl.
3	km	5,9:	An der Kreuzung rechts im spitzen Winkel aufwärts Richtung Gaisberg.
4	km	7,8:	Oberwinkl; nach dem Bauernhof rechts abwärts auf dem Güterweg über die Wiese, in Folge zwei Viehgatter passieren.
	km	8,2:	Beginn der Forststraße „Mayrhofweg", rechts über die Brücke. Nach 200 m bei der Wegkreuzung links, den kleinen Bach überqueren (geradeaus nach Ebenau).
	km	9,1:	Klaus; bei den ersten Gebäuden geradeaus auf Asphalt am Klausweg Richtung Koppl.
5	km	10,8:	An der Kreuzung mit Marterl, rechts in die Aschaustraße Richtung Koppl.
6	km	11,6:	Koppl; bei der ersten Kreuzung links in die Nocksteinstraße. Nach 400 m geradeaus auf den Güterweg Richtung Riedlwirt.

km 12,4: Bei einer Wohnsiedlung rechts auf Asphalt, nach 70 m links aufwärts in den Ebenweg, nach weiteren 50 m rechts durch ein Gehöft und geradeaus weiter auf den Güterweg, vorbei an einem gemütlichen Rastplatz mit schöner Aussicht in den Flachgau. Es folgt ein grobsteiniger Weg bergab Richtung Riedlwirt.

7 km 13,2: Links auf die Asphaltstraße, die Schilift-Trasse überqueren und geradeaus weiter abwärts in den Hohlweg Richtung Guggenthal (rechts zum Riedlwirt).

km 14,0: Steinbruch, bei den folgenden Kreuzungen immer geradeaus halten (nicht rechts abwärts).

km 14,7: In der Rechtskurve (nach dem Steinbruch) geradeaus auf die Forststraße.

8 km 15,8: Guggenthal; Einbindung in die Asphaltstraße, geradeaus und vorbei an der Volksschule Guggenthal. Die Gaisbergstraße geradeaus überqueren in die Brauhausstraße und vorbei am ehemaligen Braugasthof Guggenthal.

km 17,0 Einmündung in die Wolfgangsee Bundesstraße, links abwärts

9 km 17,3 Vorsicht, links einreihen! Nach 330 m auf der Wolfgangsee Bundesstraße unmittelbar nach der Ortstafel Guggenthal-Kühberg links aufwärts auf den Güterweg (Variante: geradeaus abwärts auf dem Radweg nach Obergnigl). Nach 100 m, vor der Holzhütte rechts auf den Güterweg am Waldrand entlang. Nach dem Gerinne weiter auf schmalem Wiesenweg, anschließend wieder auf dem Güterweg und vorbei am Wasserbehälter.

km 18,0 Geradeaus auf den Wiesenweg, Wanderwegweisung „Gnigl/Eichstraße". Bei der Pension Prähauser mündet man in eine Asphaltstraße, auf dieser geradeaus abwärts.

10 km 18,9 Vor der Einmündung in die Wolfgangsee Bundesstraße bei der Radauer Kurve links auf den schmalen Wanderweg hinter der Leitschiene der Wanderwegmarkierung folgen. Nach 200 m, beim ersten Gebäude, mündet man in eine Asphaltstraße, links abwärts.

11 km 19,9 Einmündung in die Eichstraße links abwärts, nach 500 m beim Gasthaus Löwenstern halblinks in die Kühbergstraße, nach weiteren 400 m gerade in den Wolfsgartenweg.

km 20,2 Kreisverkehr Schmedererplatz, beim Restaurant Schmederer rechts in die Kreuzbergpromenade, dann weiter in der Weissenbacher Straße.

km 21,2 Rechts in die Ernst-Greinstraße, nach 700 m links in die Blumaustraße. Nach weiteren 50 m rechts in die Traunstraße.

km 22,1 Beim Haus Traunstraße Nr. 10 rechts durch die Bahnunterführung, anschließend geradeaus über die Aignerstraße in die Überfuhrstraße.

km 22,6 Ignaz Riederkai, links entlang der Salzach flussaufwärts nach Elsbethen und nach der Unterführung der Hellbrunnerbrücke links zum Rechenwirt.

km 25,2 Rechenwirt.

In Oberwinkl am Gaisberg

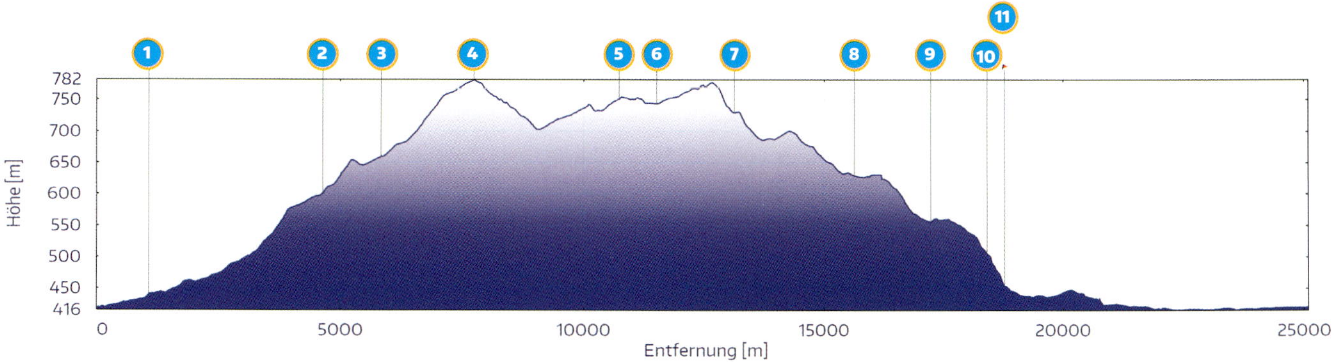

Koppl bei Salzburg

Glasenbachklamm

Guggenthal mit Nockstein

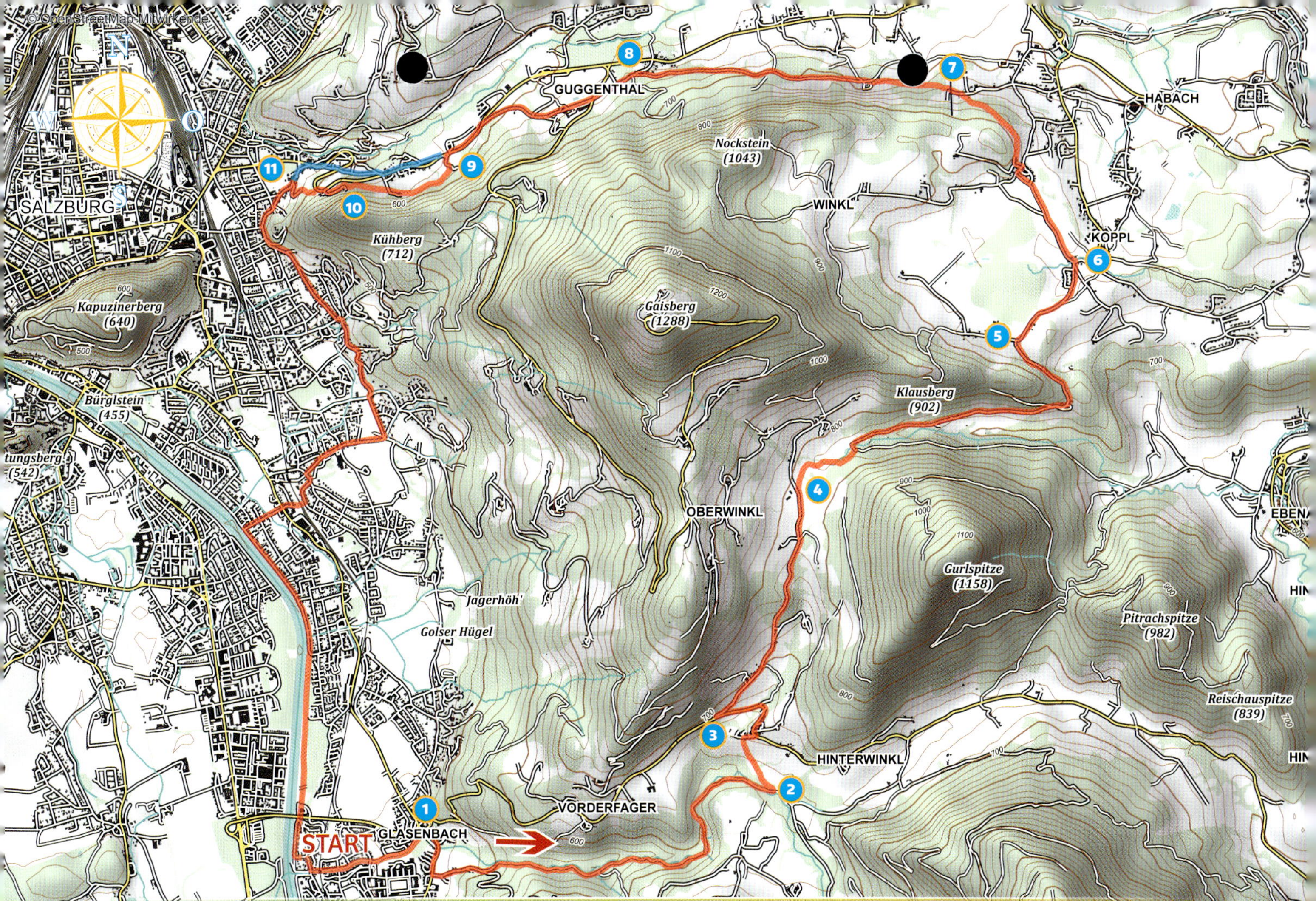

Tour 32 • Rund um den Gaisberg

Wirtschaft am Spitz · Gaisberg 30 · 5026 Salzburg
Telefon und Fax +43 (0) 662 64 12 46
info@wirtschaft-am-spitz.at · www.wirtschaft-am-spitz.at

Wir haben 2 Räume, davon 1 Raucherraum, sowie eine Terrasse und einen Garten. Wir sind eine gemütliche Gastwirtschaft am Gaisberg, welcher eines der beliebtesten Ausflugsziele der Salzburger/-Innen und Salzburg-Besucher/-Innen ist.

Wir bieten
- einen sonnigen Gastgarten mit eigener Grill- & Crépe-Bar
- wechselnde Hausmannskost & Salzburger Bier
- jeden Freitag ab 15 Uhr Jausen mit selbstgemachtem Brot und Produkten aus der Region

Besonderheiten
Von Mai bis September veranstalten wir das „Mondscheinkabarett", ein Livekabarett und dies bei Schönwetter auf unserer Freilichtbühne (welche auch als Salettl für kleinere Feiern genutzt werden kann). Klassikmusik, unser alljährliches Sommerfest mit Livemusik, Kleintheater etc. Näheres auf unserer Homepage!

Öffnungszeiten
Freitag bis Mittwoch 9.30 bis 20 Uhr. Im Sommer von 9 bis 21.30 Uhr, bei Veranstaltungen auch länger! Donnerstag Ruhetag.

- Bodenständige, ehrliche Küche mit Pfiff
- Sonnige Terrasse
- Große Bierauswahl
- Sonntags durchgehend warme Küche!

Gasthof Am Riedl

HERZLICH WILLKOMMEN!

Familie Putz

Eisenstraße 38 / 5321 **KOPPL**

Tel 06221/7206 ∞ info@riedlwirt.at

Verspielt, verrückt und außergewöhnlich...

Tour 33
Gaisbergtrails

Tour 33
Gaisbergtrails

Fahrradtyp	Bike, E-MTB
Kondition	
Fahrtechnik	S3
Länge	22,3 Kilometer
Anstiege	720 Höhenmeter
Fahrzeit	2:45 Stunden
Charakteristik	Eine Schmankerltour für Fahrtechniker. Bei der Abfahrt von der Zistelalm nach Aigen sind drei schwierige Abschnitte zu meistern. Diese wurden bei der Beschreibung der Strecke mit „S2" bzw. „S3" klassifiziert. Eine detaillierte Einstufung der technischen Schwierigkeiten findet man unter www.singletrail-skala.de Der Gaisberg ist der Erholungs- und Aussichtsberg der Salzburger. Neben den Wanderern und Paragleitern ist er auch bei den Radsportlern sehr beliebt. Oberhalb der Zistel sollte man den Berg den Wanderern überlassen, da viele Wanderer den Gipfel vom Rundweg erstürmen. Auf fünf Wanderwegen und der Gaisbergstraße kann der Gipfel erreicht werden. Unterhalb der Zistel bietet der Berg mehr Platz und so gibt es für Trailfreaks einige Wege, die von Wanderern fast nicht benützt werden. Bei dieser Tour ist ein GPS-Gerät für die teils schwierige Wegfindung sehr empfehlenswert.
Einkehrmöglichkeiten	Riedlwirt in Koppl, Gasthaus Mitteregg, Wirtschaft am Spitz, Gasthaus Überfuhr in Aigen.
Ausgangspunkt	Salzburg Minnesheimstraße, Bushaltestelle (Obuskehre) Obergnigl - Linie 2
Karten	Kompass Nr. 17.

0	km	0,0:	Von der Obuskehre in Obergnigl die Minnesheimstraße geradeaus überqueren in die Grazer Bundesstraße. Nach 70 m rechts steil aufwärts in die Heubergstraße. Nach 460 m rechts in die schmale Asphaltstraße, dann immer entlang der Heubergstraße bis zum Gruberfeld.
1	km	2,5:	Gruberfeld; links aufwärts, nach 40 m nach der Ortstafel rechts. Nach weiteren 60 m vor der Linkskurve (rechts Spielplatz) geradeaus auf einen Anfangs unscheinbaren Weg. Dieser Weg führt erst etwas abwärts, dann links entlang einer Kanaltrasse, später kurz über eine Wiese.
2	km	3,2:	20 m nach einem Metallgatter Einmündung in eine Schotterstraße. Hier rechts abwärts über die Brücke, dann aufwärts auf Asphalt. Nach 200 m beim Gasthaus Nockstein die Wolfgangsee Bundesstraße geradeaus überqueren in den Georg-Weickl-Weg.
3	km	3,6:	Beim Kramerhäusl links im spitzen Winkel auf Schotter Richtung Koppl, alle Abzweige ignorieren.
4	km	6,0:	Beim Schilift Riedlwirt geradeaus, nach 100 m, beim ersten Gebäude rechts aufwärts auf Schotter.
	km	6,8:	Eggerl; nach dem Gehöft links abwärts in den Ebenweg, nach 50 m rechts Richtung Nockstein. Anschließend weiter in der Nocksteinstraße.
5	km	8,5:	Nach dem Wanderparkplatz in Winkl links zum letzten Bauernhaus. Durch das Gehöft, dann weiter auf dem nach rechts oben führenden Güterweg.
	km	9,3:	In der Rechtskurve links steil aufwärts auf schmalem Weg. Nach einer Querpassage links abwärts in den Hohlweg. Nach dem Waldtrail mündet man in einen Wiesenweg, anschließend in die Aschaustraße.
6	km	10,9:	Gaisbergau; an der Kreuzung rechts in den Klausweg. Jetzt dieser schmalen Asphaltstraße folgen.
	km	12,6:	Nach dem letzten Gebäude in Klaus geradeaus weiter auf Schotter.

km 13,3: Im Wald links über das Gerinne, nach 50 m rechts aufwärts (links abwärts nach Ebenau). Bei der Waldausfahrt passiert man ein Gatter, anschließend über die Almwiese bergauf.

7 km 14,0: Oberwinkl; rechts im spitzen Winkel aufwärts auf Asphalt Richtung Zistel.

km 16,2: Gasthaus Mitteregg.

km 16,7: Einmündung in die Gaisbergstraße bei der Bushaltestelle Mitteregg, rechts bergauf.

8 km 17,0: 250 m unterhalb der Zistelalm – rechts – eine kleine Kapelle links abwärts auf dem schmalen Waldweg. Nach 150 m links auf den Wanderweg Richtung Aignerpark.

9 km 17,9: Die Gaisbergstraße geradeaus überqueren (Vorsicht Kfz!), weiter auf schmaler Asphaltstraße abwärts. Nach 250 m in der Rechtskurve geradeaus auf Schotter.

10 km 18,2: Jetzt Vorsicht! 120 m nach der Anliegerkurve, zwischen 3. und 4. Wasserablauf aus Metall rechts steil abwärts auf extremen Waldtrail (S2). Jetzt immer den Spuren dieses Trailpfades folgen.

km 18,8: Einmündung in Asphaltstraße, rechts abwärts.

11 km 19,0: Am Beginn der langgezogenen Linkskurve rechts auf Schotter. Nach 50 m links abwärts auf dem Trailpfad. Nach 150 m an der Verzweigung rechts auf dem schmalen Weg bleiben, nach 250 m rechts abwärts in eine extrem schwere Trailsektion (S3).

12 km 19,4: Die Asphaltstraße überqueren und weiter dem Trailpfad (S2) folgen.

km 20,3: Nach dem ersten Gebäude geradeaus weiter auf Schotter durch den Aigner Park.

13 km 20,6: Einmündung in die Schwarzenberg-Promenade, rechts und vorbei an Schloss Aigen/Aigner Kirche in die Graf-Revertera-Allee. Durch die Traunstraße, nach der Baumbichlstraße links durch die Fuß- und Radwegunterführung der Bahn, geradeaus über die Aignerstraße in die Überfuhrstraße zum Salzachkai.

km 22,3: Gasthaus Überfuhr am Ignaz Rieder Kai.

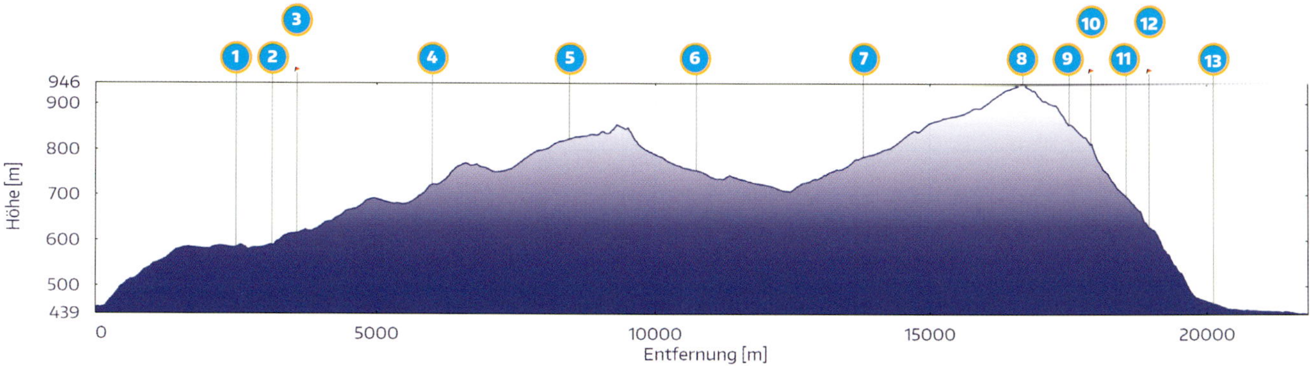

Start Gaisbergtrail am Gaisberg Gipfel

Der Wurzeltrail am Gaisberg

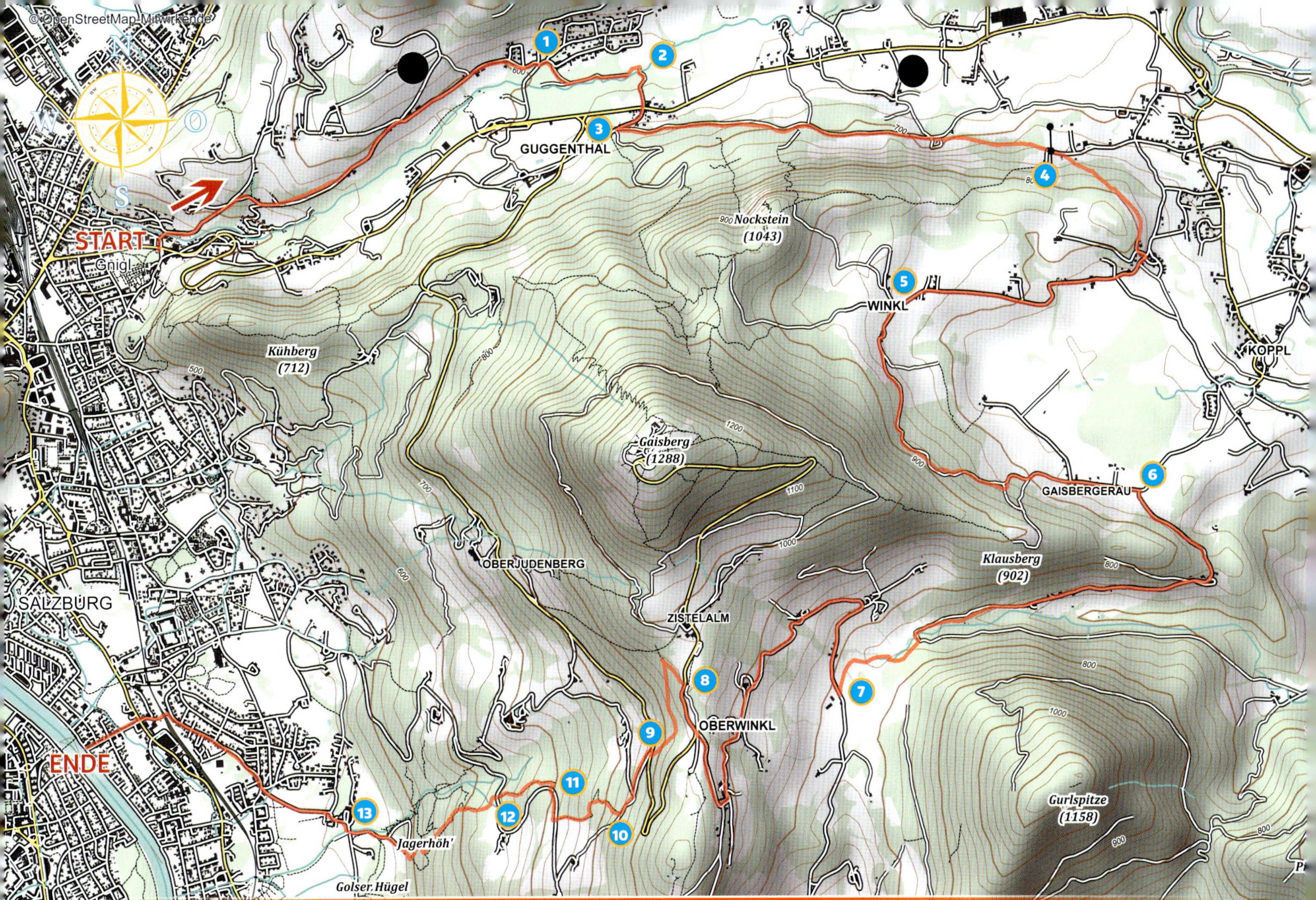

Tour 33 • Gaisbergtrails

Mit dem Fatbike im Trail

Tour 34

Mühlstein

Tour 34
Mühlstein

Fahrradtyp	Bike, E-MTB
Kondition	
Fahrtechnik	S2
Länge	15,5 Kilometer
Anstiege	620 Höhenmeter
Fahrzeit	2:00 Stunden
Charakteristik	Eine kurze, aber heftige Tour für den Feierabend. Steile Auffahrt am Steinerweg Richtung Vollererhof auf den Mühlstein. Die Trailabfahrt nach Elsbethen ist nichts für Softbiker. Nur erfahrene Bikefreaks sollten diese Abfahrt in Angriff nehmen. Der Schwierigkeitsgrad der Abfahrt wird mit „S2" klassifiziert. Eine detaillierte Einstufung der technischen Schwierigkeiten findet man unter www.singletrail-skala.de. Für diese Abfahrt ist ein GPS-Gerät für die teils schwierige Wegfindung empfehlenswert. Als einfache Abfahrtsvariante bietet sich die Asphaltstraße nach Elsbethen an.
Sehenswürdigkeiten	Geologischer Schauweg Glasenbachklamm und die Trockene Klamm in Elsbethen.
Einkehrmöglichkeiten	Gasthaus Überfuhr in Haslach, Rechenwirt in Elsbethen, Fageralm, Erentrudisalm.
Ausgangspunkt	Salzachufer beim Rechenwirt in Elsbethen; zu erreichen mit dem Rad von Salzburg links der Salzach flussaufwärts am Tauernradweg Richtung Hallein, 300 m nach der Hellbrunner Brücke links. Mit dem Auto: von Salzburg über die Hellbrunner Brücke Richtung Elsbethen, bei der ersten Abfahrt nach der Brücke rechts.
Karten	Kompass Nr. 17.

0	km	0,0:	Vom Salzachufer beim Rechenwirt am Treppelweg flussaufwärts Richtung Puch. Nach 100 m über die schmale Klausbachbrücke.
1	km	2,7:	Vor dem Gasthaus Überfuhr in Haslach links aufwärts zur Asphaltstraße, auf dieser nach links. Nach 200 m rechts in die Überfuhrstraße, anschließend durch die Bahnunterführung.
	km	3,1:	Haslach; die Halleiner Landesstraße geradeaus überqueren in die Thurnbergstraße.
2	km	3,9:	An der Gabelung links in den Steinerweg. Dieser Straße mit einigen Steilrampen folgt man bis zum letzten Gehöft.
3	km	5,7:	Rechts im spitzen Winkel vom Steinerweg abzweigen, „Thiersteig Nr. 81". Nach 250 m beim letzten Gehöft links steil aufwärts auf Schotter, an der nächsten Gabelung rechts. Ein steiler Güterweg führt hinauf Richtung Vollererhof.
4	km	6,6:	Hochstadl; Einmündung in eine Forststraße oberhalb vom Vollererhof, auf dieser links aufwärts Richtung Erentrudis, Schranken passieren.
	km	7,2:	Den Rechtsabzweig zur Schönalm ignorieren, jetzt stets auf dieser Forststraße bleiben.
5	km	7,9:	Geradeaus weiter bergauf (links kürzere Variante am Wanderweg zur Erentrudisalm).
6	km	8,8:	Mühlstein; über die große Waldlichtung erreicht man den höchsten Punkt, geradeaus weiter auf einem schmäler werdenden Weg. Nach 140 m geradeaus.
7	km	9,5:	An der großen Waldlichtung geradeaus abwärts auf Wanderweg. Nach 300 m geradeaus (links zur Erentrudis).
8	km	10,0:	Einmündung in Asphaltstraße, rechts abwärts Richtung Fageralm.

km 10,5: Fageralm; rechts am Gasthaus vorbei, links um das Haus herum auf den Wanderweg Richtung Glasenbach. Nach 100 m das Viehgatter passieren, über die Almwiese, vor dem nächsten Viehgatter rechts steil abwärts auf dem Wanderweg in den Wald. Es folgt eine technisch anspruchsvolle Trailabfahrt „S2". Nach dem kurzen Gegenanstieg geradeaus abwärts (rechts zum Bauernhaus).

9 km 12,0: Einmündung in die Höhenwaldstraße, links abwärts auf Asphalt (rechts nach Höhenwald).

10 km 13,0: An der Kfz-Umkehrschleife, 5 m links neben der Wan-derweghinweistafel, führt etwas versteckt ein Wanderweg steil abwärts „S2". Nach 150 m links in den Hohlweg. Dieser Abschnitt ist nur für technisch versierte Biker zu empfehlen.

11 km 13,7: Lohhäusl; oberhalb vom ersten Gebäude rechts auf den Wanderweg, der entlang des Klausbaches nach Elsbethen führt.

12 km 14,1: Elsbethen; Einmündung in die Halleiner Landesstraße, rechts Richtung Ortsmitte. Nach 150 m, 70 m vor dem Kreisverkehr, links abwärts in die schmale Asphaltstraße. Am Radweg entlang des Klausbaches, später am Klausbachweg, durch die Bahnunterführung (Achtung auf Fußgänger).

km 15,3: Nach der Unterführung rechts in die Austraße, vorbei am Rechenwirt zurück zum Ausgangspunkt.

km 15,5: Salzachweg am Salzachufer.

Abfahrt vom Mühlstein

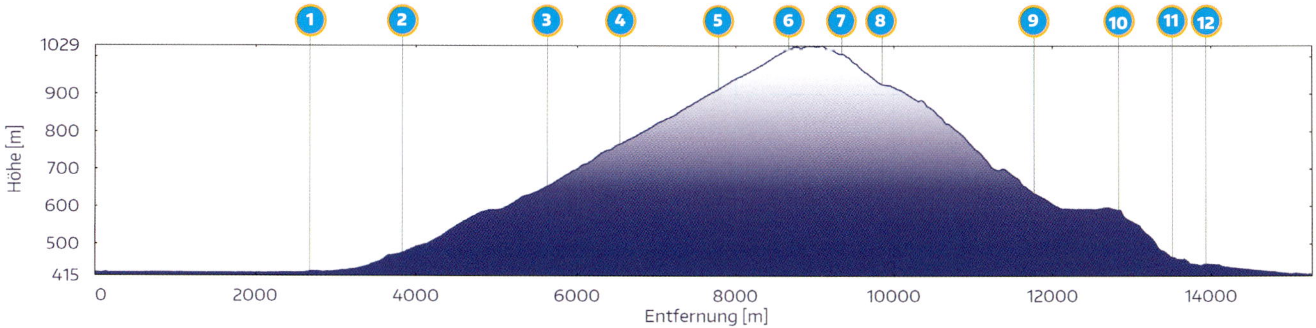

Bei Hochstadel

Auffahrt zum Vollererhof

Höhenwald, Ortsteil von Elsbethen

Tour 34 • Mühlstein

Höhenwald, Ortsteil von Elsbethen

Tour 35

Flachgauer Trailrunde

Tour 35
Flachgauer Trailrunde

Fahrradtyp	Bike, E-MTB
Kondition	
Fahrtechnik	S3
Länge	38,8 Kilometer
Anstiege	970 Höhenmeter
Fahrzeit	4:15 Stunden
Charakteristik	Eine Delikatesse für Trailfreaks. Kaum zu glauben, welch herrliche Trailpfade man vor den Toren Salzburgs vorfindet. Diese Runde ist extrem abwechslungsreich, verkehrsarme Nebenstraßen, Forststraßen, Wanderwege und Wurzelpfade werden hier geboten. Der Schwierigkeitsgrad der Abfahrten wird mit „S2 bzw. S3" klassifiziert. Eine detaillierte Einstufung der technischen Schwierigkeiten findet man unter www.singletrail-skala.de. Bei dieser Tour ist ein GPS-Gerät für die teils schwierige Wegfindung sehr empfehlenswert.
Einkehrmöglichkeiten	Gasthof DaxLueg am Heuberg, Schwaighofwirt in Schwaighofen, Riedlwirt in Koppl
Ausgangspunkt	S-Bahn Haltestelle Salzburg-Sam (ehem. Bahnhof Gnigl)Autobahnabfahrt Salzburg-Nord, bei der zweiten Ampelkreuzung links die Landstraße Richtung Nord-Sam, nach dem Autohaus Sonnleitner rechts in die Ziegeleistraße. Nach der Bahnunterführung rechts, durch die Aglassinger Straße kommt man zur S-Bahn Haltestelle Salzburg-Sam.
Karten	Kompass Nr. 17.

0	km	0,0:	Von der S-Bahn Haltestelle Salzburg-Sam durch die Aglassinger Straße, vorbei am Bauzentrum Hannak. Nach 250 m rechts in die Warwitzstraße, nach 500 m beim Autohaus Peter rechts in die Bachstraße und nach 700 m links in die Samstraße. Nach der Brücke über den Alterbach rechts in die Ernst-Mach-Straße auf den Radweg.
1	km	1,3:	Links in den Hallwanger Radweg-Lerchenstraße.
2	km	2,0:	Vorsicht! Bei der Bäckerei Ursprunger links in den schmalen Geh- und Radweg. Nach 30 m rechts „Am Abtswald". Nach 200 m links in den Möslweg. Nach der Brücke über den Söllheimer Bach rechts weiter entlang des Baches.
3	km	3,1:	Rechts in die Hallwanger Landesstraße nach Mayrwies. Nach 400 m bei der Ampelkreuzung kurz rechts, dann sofort links aufwärts in die Petersbergstraße. Dieser Straße folgt man nun durch die Siedlung.
	km	4,0:	Rechts steil bergauf in den Höhenweg, nach 100 m links in die Schotterstraße Richtung Höhenweg Nr. 20. Nach weiteren 200 m geradeaus durch das Gehöft in Richtung Wald.
4	km	4,6:	Einmündung in die Dax-Lueg-Straße, rechts bergauf.
	km	6,9:	Gasthaus DaxLueg; zwischen Gasthaus und Wohnhaus links aufwärts, um das Wohnhaus herum auf die abgeschrankte Forststraße. Auf dieser Forststraße steil bergauf Richtung Heuberg.
5	km	8,2:	Nach der Steigung geradeaus kurz bergab (rechts aufwärts zum Heuberg, Tour Nr. 31). Nach 200 m mündet man in eine breitere Forststraße, auf dieser geradeaus bergauf. Dieser Straße folgt man über den Petersberg, alle Abzweige ignorieren.
	km	9,6:	Die Forststraße mündet in einen Wanderweg, an der folgenden Gabelung halblinks auf den Wurzeltrial „S2".

6 km 10,1: Einmündung in den Gottsreithweg, rechts. Nach 100 m vor dem Wald rechts abwärts auf dem Güterweg. Man mündet bei einer Siedlung in eine Asphaltstraße und fährt an der ersten Kreuzung links „Sommeregg".

7 km 11,0: Vorsicht bei der Abfahrt! Rechts im spitzen Winkel auf eine schmale Asphaltstraße. Nach 500 m beim Schwaighofwirt geradeaus über die Schwaighofenstraße in die Sonnleitenstraße.

8 km 12,3: Nach dem schmalen Waldgürtel rechts abwärts auf einem Karrenweg. Nach 50 m halbrechts auf einen unscheinbaren Weg, der später in einen Trailpfad „S1" übergeht. Nach 500 m mündet man in einen Wiesenweg.

9 km 13,2: Bei einem Gehöft links, zwischen den Stadeln hindurch mündet man in einen Karrenweg, später Trailpfad „S1" (ehemalige Straße nach Plainfeld). Nach 500 m Einmündung in die Plainfelder Landesstraße, geradeaus.

10 km 14,1: Bei der Bushaltestelle „Plainfeld Putz" rechts aufwärts. Jetzt immer entlang dieser Straße, alle Abzweige ignorieren.

km 16,2: Müllnerfeld; geradeaus weiter in der Müllnerfeldstraße.

11 km 17,0: Bei der Ortstafel Ladau links, an der Kreuzung nach 170 m wieder links. Nach weiteren 130 m rechts aufwärts in den Strickbichlweg. Nach weiteren 150 m in der Linkskurve geradeaus auf den Güterweg über die Wiese. Nach der Walddurchfahrt geradeaus abwärts nach Elsenwang.

km 18,0: Nach der kurzen Abfahrt links Richtung Hof. Nach 250 m geradeaus durch die Unterführung der Russenstraße, danach rechts in die Eisenstraße. Beim Mini-Kreisverkehr links, nach 100 m rechts in den Mühlbergweg. Dieser Weg führt vorbei am Fußballplatz Richtung Hof.

12 km 19,7: Hof; rechts abwärts in die Postplattenstraße. Nach 100 m, beim Gemeindeamt Einmündung in die Wolfgangsee Bundesstraße, links auf den Radweg parallel zur Straße.

13 km 20,7: Die Wolfgangsee Bundesstraße rechts überqueren, dann bergauf in die Hirschbergstraße. Nach 500 m an der Gabelung halbrechts Richtung „Hofer Sattel".

14 km 21,7: Den schmalen Waldgürtel rechts abwärts auf einem verblockten Wanderpfad „S1". Nach 400 m mündet man in eine Forststraße, auf dieser rechts abwärts, später auf Asphalt durch Vorderlebach.

15 km 22,8: Lebach; an der Kreuzung links aufwärts in die Gängstraße (rechts nach Hof).

16 km 23,9: Nach dem Wald rechts abwärts auf den Wiesenweg, Wanderwegweisung „Hinterschroffenau". Bei der Waldeinfahrt links aufwärts und dem Wanderweg durch den Wald folgen „S2".

km 24,8: Nach der Trailabfahrt die Wiestal Landesstraße geradeaus überqueren und aufwärts in die Schroffenau-Straße.

17 km 26,5 Einmündung in die Hinterschroffenau-Straße, links abwärts Richtung Koppl. Nach 250 m halbrechts auf den Schotterweg, der später in einen Wanderweg übergeht. Einen kurzem Abschnitt muss das Rad geschoben werden.

18 km 28,1: Koppl Ortsmitte; links aufwärts in die Koppler Straße, nach 20 m rechts aufwärts Wanderwegweisung „Nockstein". Am Wohnhaus führt der Wanderweg rechts vorbei über die Wiese. Nach 500 m Einmündung in eine Asphaltstraße, rechts. Nach 130 m in der Linkskurve geradeaus auf die Schotterstraße.

km 29,2: Einmündung in die Mitterhofstraße, rechts. Nach 50 m links aufwärts Richtung Nockstein, nach weiteren 50 m links aufwärts (rechts zum Riedlwirt).

19 km 29,8: Vor dem letzten Gehöft rechts auf den Wiesenweg, Viehsperre passieren, nach 100 m links, Wanderweg in Richtung Wald.

km 30,4: Wegkreuzung bei der Kapelle, direkt links neben der Kapelle führt ein unscheinbarer Pfad steil abwärts „S2" (links Nockstein, rechts Riedlwirt). Nach 50 m rechts und weiter auf einem Waldweg. Man mündet in einen Wiesenweg, links am Waldrand entlang unterhalb der Tennisanlage mündet man in einen Hohlweg.

20 km 31,1: Im Hohlweg links abwärts auf Schotter Richtung Guggenthal. Nach 500 m geradeaus, vorbei am Steinbruch.

km 32,4: In der Rechtskurve geradeaus weiter Richtung Guggenthal.

km 33,5: Guggenthal; geradeaus weiter auf Asphalt, vorbei an der Volksschule Guggenthal.

21 km 33,9: Einmündung in die Gaisbergstraße, links aufwärts. Nach 300 m nach der Brücke rechts abwärts auf Schotter. Über das Bachbett und vor dem Friedhofstor links auf den Wanderweg, die folgenden Abzweige nach links ignorieren. Es folgen einige anspruchsvolle Trailpassagen „S3".

km 35,6: Man mündet in einen Wiesenweg, links entlang des Waldrandes weiter. Nach 300 m geradeaus vorbei am Wasserbehälter. Nach einer kurzen Walddurchfahrt mündet man bei der Pension Prähauser in eine Asphaltstraße, steil abwärts zur Radauer Kurve.

22 km 36,8: Vor der Einmündung in die Wolfgangsee Bundesstraße, bei der Radauer Kurve links hinter der Leitschiene dem schmalen Wanderweg folgen. Nach der kurzen Walddurchfahrt mündet man in eine Asphaltstraße, auf dieser links abwärts.

km 37,2: Nach der Abfahrt mündet man in die Eichstraße, rechts. Bei der Obuskehre die Minnesheimstraße geradeaus überqueren in die Grazer Bundesstraße, links abwärts.

km 38,1: Die Linzer Bundesstraße geradeaus überqueren in die Schillinghofstraße. Nach 250 m rechts in die Aglassinger Straße zurück zum Ausgangspunkt.

km 38,8: S-Bahn Haltestelle Salzburg-Sam.

Kappelle am Weg zum Nockstein

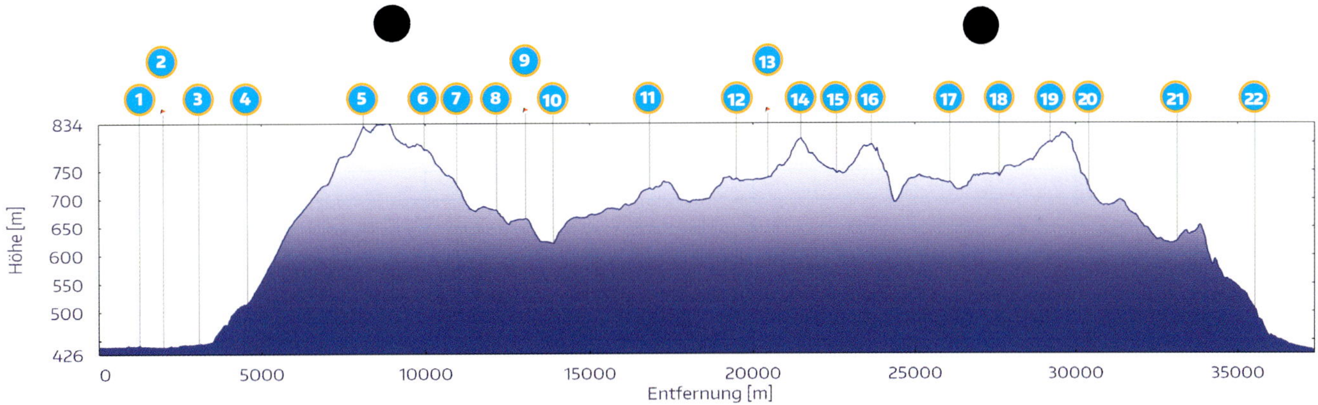

Hof bei Salzburg

Einsame Wald- und Wiesenwege

© OpenStreetMap-Mitwirkende
N
S
W
O
START
KNUTZING
TIEFENBACH
REITBERG
KALHAM
NEUHOFEN
HALLWANG
PEBERING
ZILLING
UNTERDORF
OBERESCH
BERG
Heuberg
(901)
SCHWAIGHOFEN
PLAINFELD
LADAU
ELSENWANG
HOF BEI
SALZBURG
GITZEN
HABACH
GUGGENTHAL
SALZBURG
Nockstein
(1043)
WINKL
KOPPL
Kleiner Hirschber
(874)
Kühberg
(712)
Kapuzinerberg
(640)
Gaisberg
(1288)
Klausberg
(902)
VORDERSCHROFFENAU
Bürglstein
(455)
Lidaunb
(1237)
OBERWINKL
EBENAU
Gurlspitze
HINTEREBENAU
Jagerhöh
Golser Hügel
1
2
3
4
5
6
7
8
9
10
11
12
13
14
15
16
17
18
19
20
21
22

Tour 36

Von Hallein über den Dürrnberg

Tour 36
Von Hallein über den Dürrnberg

Fahrradtyp	**Bike, E-MTB**
Kondition	
Fahrtechnik	
Länge	**20,8 Kilometer**
Anstiege	**650 Höhenmeter**
Fahrzeit	**2 Stunden**
Charakteristik	**Auf dem Tauernradweg rollt man von Hallein gemütlich nach Kuchl. Eine Forststraße mit gleichmäßiger Steigung führt zur ehemaligen Jausenstation Gschwandt. Durch den Abtswald geht's hinüber Richtung Bad Dürrnberg zum höchsten Punkt dieser Tour. Es folgt ein Asphalt-Downhill mit einem kurzen Gegenanstieg am Kranzbichl. Technisch eine einfache Tour.**
Sehenswürdigkeiten	**Keltenmuseum in Hallein, Salzbergwerk in Dürrnberg.**
Einkehrmöglichkeiten	**Café's am Bayrhamerplatz im Zentrum von Hallein.**
Ausgangspunkt	**Salzberghalle in Hallein. Zufahrt über die B 159 (Hallein-Kuchl), in Hallein im Nahbereich der M-real Hallein AG der Wegweisung Salzberghalle folgen. Großer Parkplatz vor der Salzberghalle. (Kurzparkzone 3 Std.)**
Karten	**Kompass Nr. 15.**

0	km 0,0:	Vom Parkplatz der Salzberghalle in Hallein stadtauswärts in südl. Richtung auf der Viktor-Zatloukal-Straße. Nach 200 m links in die Halburgstraße, nach weiteren 100 m rechts in die Dorrekstraße, Beschilderung Autobahn Golling.
	km 0,5:	Am Neumayrplatz die Kreuzung geradeaus überqueren, nach 300 m rechts in die Gamperstraße, Radwegweisung: „Tauernradweg Kuchl". Nun immer dieser Beschilderung folgen.
1	km 6,7:	Wir verlassen den Tauernradweg und fahren geradeaus aufwärts Richtung Gschwandt/Kuchler Schihütte (links nach Kuchl). Nach 100 m Beginn Schotter, jetzt dieser Forststraße folgen, alle Abzweige ignorieren.
	km 9,7:	Geradeaus Richtung Dürrnberg (links zur Kuchler Schihütte).
2	km 10,5:	Ehemalige Jausenstation Gschwandt; links am Haus vorbei. Nach 200 m Schranken passieren, weiter auf Forststraße.
3	km 12,2:	Durch die Linkskehre bergauf.
	km 13,3:	Rechts in Richtung Dürrnberg, nach 500 m geradeaus.
	km 14,1:	Geradeaus bergauf.
4	km 14,9:	Wegkreuzung, geradeaus Richtung Dürrnberg (von hier links ca. 3 km, 350 Höhenmeter sehr steil zum Zinkenkogel). Nach 100 m höchster Punkt der Tour. Nach weiteren 300 m Schranken passieren, abwärts auf Asphalt.
5	km 16,6:	Bad Dürrnberg; nach dem Parkplatz der Zinkenkogelbahn rechts abwärts, nach 50 m vor der Dürrnbergstraße rechts abwärts auf der schmalen Asphaltstraße.
	km 16,9:	Rechts und in Folge nochmals kurz bergauf.

km 17,3: Geradeaus, dann links abwärts in die Winterstallstraße. Durch mehrere Kehren und einem schnurgeraden Speedabschnitt erreichen wir das Halleiner Gymnasium.

km 20,3: Hallein; vorbei am Gymnasium, durch die Rechtskehre bergab. Nach 200 m links, durch Gamperstraße, rechts Hallburgstraße, links Viktor-Zatloukal-Straße zurück zur Salzberghalle.

km 20,8: Salzberghalle

Auffahrt nach Gschwandt

Blick auf Hallein und den Gaisberg

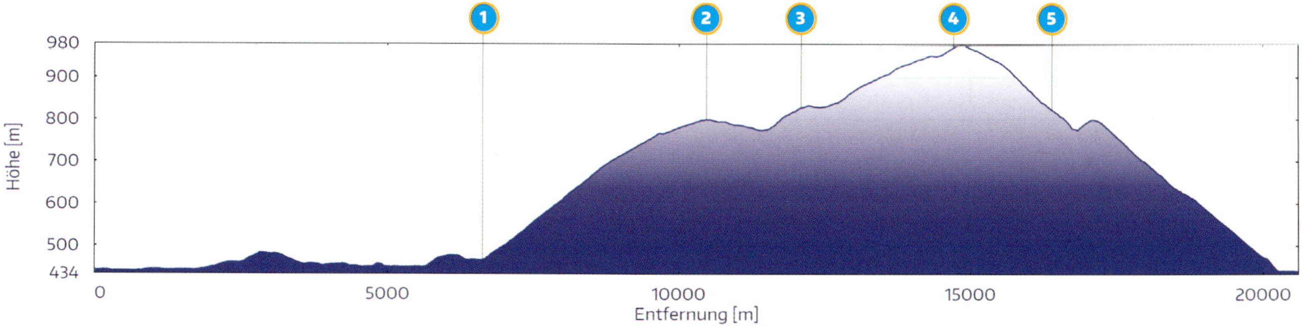

Gschwandt

Abtswald mit dem Untersberg im Hintergrund

Blick auf Dürrnberg und Barmsteine

Tour 36 • Von Hallein über den Dürrnberg

MICHI'S RADLADEN

DER 2-RAD SPEZIALIST IM TENNENGAU

Moos 82
5431 KUCHL
0 62 44 / 20 30 4
michi@radladen.at
www.radladen.at

FREIHEIT AUF ALLEN WEGEN.

SPECIALIZED ELITE SHOP

KUCHL'S BESTE ADRESSE FÜR 2RÄDER

Mythos WATZMANN

VERLAG PLENK BERCHTESGADEN

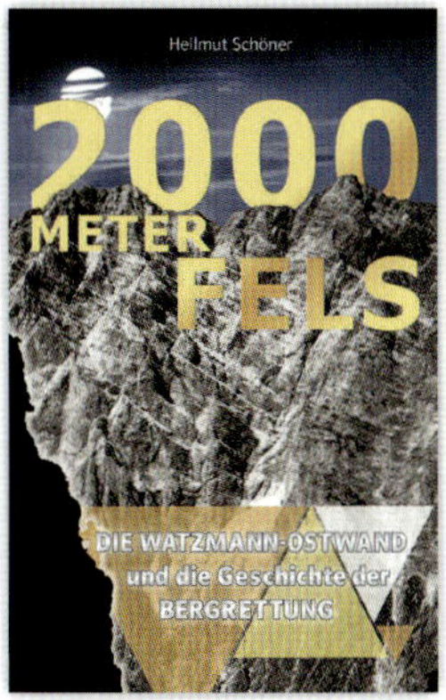

Helmut Schöner

2000 Meter Fels

Die Watzmann-Ostwand und die Geschichte der Bergrettung

Sie ist ein ungeheures, atemberaubendes Werk der Natur - die Watzmann-Ostwand. Steil strebt sie aus dem Grund des Eisbaches empor ...

9. überarbeitete ergänzte Auflage
320 Seiten, Flexocover
ISBN 978-3-944501-12-3, € 14.95 (D) / € 15.10 (A)

Im Buch- & Zeitschriftenhandel.

Tour 37

Gaißauer Almentour

Tour 37
Gaißauer Almentour

Fahrradtyp	Bike, E-MTB
Kondition	
Fahrtechnik	
Länge	24,5 Kilometer
Anstiege	940 Höhenmeter
Fahrzeit	2:45 Stunden
Charakteristik	Eine Tour für Genussbiker über die Almen der Osterhorngruppe. Nach der steilen Auffahrt auf der Spielbergstraße zur Spielbergalm fährt man nur noch von Alm zu Alm. Ab der Spielbergalm eröffnet sich ein herrliches Gebirgspanorama, weiter vorbei an der Latschenalm, die Abfahrt zur Ladenbergalm ist etwas ruppig und dann folgt ein schöner Forstweg bis zur Abzweigung zur Anzenbergalm. Nach der Anzenbergalm noch ein kurzer steiler Anstieg und dann: Das Bike rollt und rollt: zuerst entlang der Looswand und später entlang vom Mörtelbach bis zum Parkplatz in der Gaißau. Eine kurzweilige Tour mit etlichen Einkehrmöglichkeiten www.gaissauhintersee.at
Einkehrmöglichkeiten	Karalm, Spielbergalm, Latschenalm, Weissenberghütte, Mooseggalm, Hauserhütte.
Ausgangspunkt	Parkplatz beim Sagwirt in Gaißau, unmittelbar bei der Abzweigung der Zufahrt zu den Liftanlagen in Gaißau. Von der A10 Abfahrt Hallein 9 km in das Wiestal, beim Wiestal Stausee rechts, 4 km nach Gaißau.
Karten	Kompass Nr. 15.

0	km	0,0:	Start bei der Einfahrt zum Parkplatz Sagwirt, weiter auf der Zufahrtsstraße zu den Liftanlagen. Nach 300 m links, bei der Volksschule vorbei und bei 0,6 km rechts und unmittelbar nachher links in die Schulstraße einbinden.
1	km	1,7:	Rechts in die Spielbergstraße, bergauf.
	km	3,8:	Mautstelle der Spielbergstraße, weiter bergauf. Nach 2,0 km beim Schranken vorbei.
	km	5,9:	Karalm, nach 100 m im spitzen Winkel links, auf Schotter weiter, Wegweisung „Spielbergalm/Latschenalm".
	km	6,7:	Spielbergalm.
	km	8,2:	Latschenalm.
2	km	8,8:	Am Ende der Steigung halbrechts bergab, Wegweisung „Anzenbergalm". Nun auf der Skipiste bergab.
3	km	10,4:	Anzenbergalm, Talstation Schlepplift, links auf dem Forstweg weiter. Nach 200 m vorbei an der Weissenberghütte.
	km	11,7:	Moosegghütte.
4	km	14,2:	Vorsicht bei der Abfahrt! An der Wegkreuzung rechts aufwärts, Wegweisung „Ladenbergalm".
	km	15,8:	Ladenbergalm; Geradeaus weiter, links Zufahrt zur Hauserhütte. Nach 300 m in die Rechtskurve bergauf.
5	km	16,2:	Links auf einem Wiesenweg bergauf, am Almsattel Viehgatter passieren bis man später auf die Wanderweg-Markierung trifft. Anschließend auf dem Waldpfad bergab.
6	km	16,6:	Rechts auf dem Waldweg weiter. Wegweisung „Gaißau/Lasserbauer".
7	km	17,3:	Halblinks bergab, Wegwegweisung „Gaißau/Lasserbauer". Nach 100 m gerade, nach weiteren 400 m ist rechts ein Forsthaus mit Brunnen.

8 km 18,3: In der Kehre links abwärts Richtung Gaißau, alle Abzweigungen ignorieren.

km 24,3: Einmündung in die Gaißauer Landesstraße, links bergab.

km 24,5: Parkplatz beim Sagwirt.

Labestelle nach der langen Auffahrt

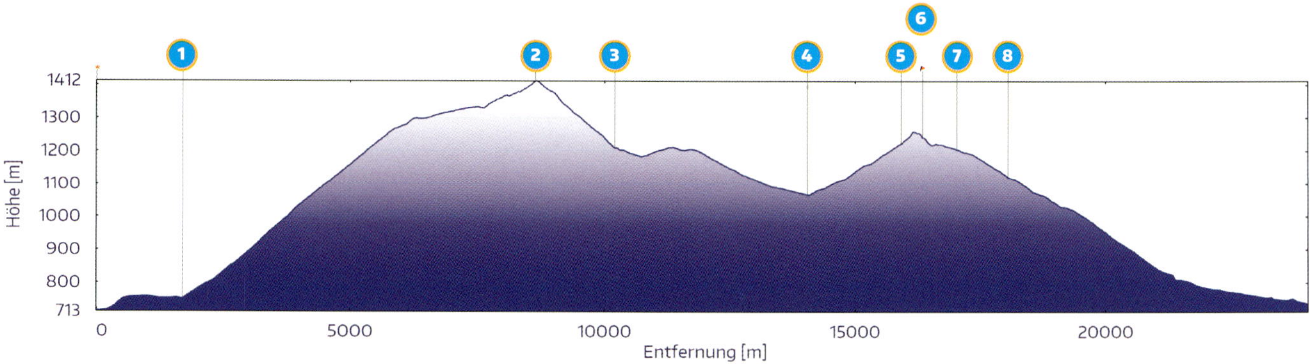

Anzenbergalm

Auffahrt zur Ladenbergalm

Wegweiser Spielbergalpe

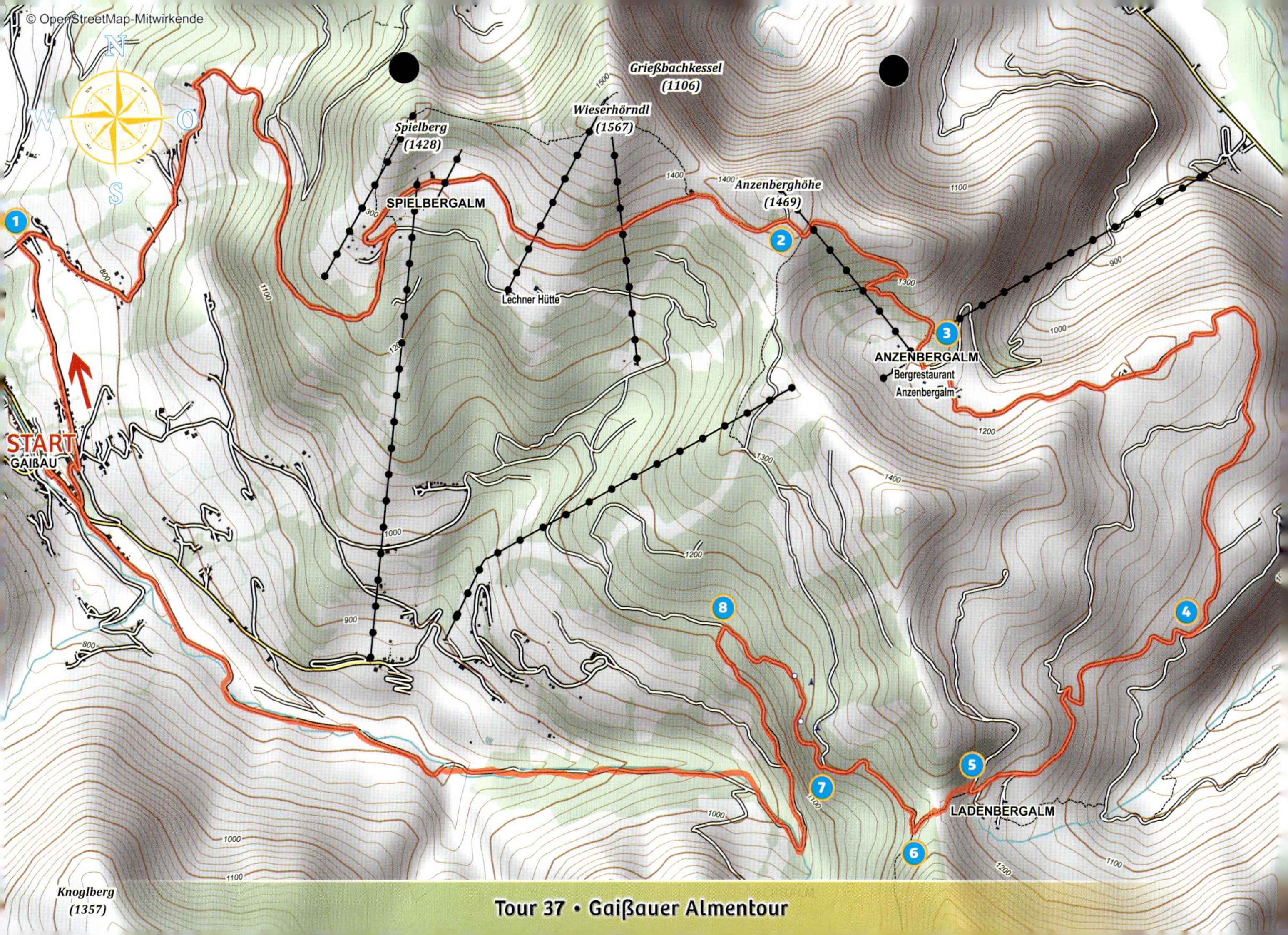

Tour 37 • Gaißauer Almentour

Schnapsbrenner / **ROMAN**

Hubert S. Ilsanker

Der BergBrenner

Ein Langsamlesebuch

Hubert S. Ilsanker ist Wurzengraber, Schnapsbrenner und Musikant. Sein Arbeitsplatz sind die uralten Brennhütten hoch über dem Königssee. Das Buch lebt besonders von den Geschichten voll Humor und dem Witz, der typischen Antreiberei des Berchtesgadeners.

336 Seiten, Taschenbuch
ISBN 978-3-940141-67-5, € 12.80

Im **Buch-** & ***Zeitschriftenhandel.***

HERZLICH WILLKOMMEN

In schöner Aussichtslage am Waldrand befindet sich eine der ältesten Hütten der Postalm, die Huberhütte. Ein zünftiges Ziel mit Panoramablick, von der Sonnenterasse hat man einen wunderbaren Blick über die gesamte Postalm. Bei uns können Sie Sich ganztägig mit warmer regionaler Hausmannskost stärken.

Sie können bei uns auch Übernachten. Wir verfügen über fünf 2-Bett-, ein 3-Bett-, und ein 6-Bett-Zimmer.

Die Huberhütte ist ganzjährig für Sie geöffnet!

Tel. +43 (0) 664 93 14 465 • office@huberhuette-postalm.at

Tour 38

Von Voglau zur Postalm

Tour 38
Von Voglau zur Postalm

Fahrradtyp: Bike, E-MTB

Kondition

Fahrtechnik

Länge: 44,1 Kilometer
Anstiege: 1240 Höhenmeter
Fahrzeit: 4 Stunden

Charakteristik: Nur etwa 58 km südlich der Mozartstadt Salzburg befindet sich das größte zusammenhängende Almgebiet Österreichs. Die Postalm ist das zweitgrößte Hochplateau Europas. Die alte Postalmstraße ist der Landschaft angepasst und dient als ideale Zufahrt für Radler. Auf der großen Almfläche laden mehrere Almhütten zu einer zünftigen Jause mit selbst hergestellten Almprodukten ein. Nach dieser gemütlichen Almrunde muss noch der Moosbergsattel bezwungen werden. Über Thurnaualm und dem Abtenauer Ortsteil Radochsberg führt der Weg zurück nach Voglau. sommer.postalm.at

Sehenswürdigkeiten: Die Postalm ist das größte Almgebiet Österreichs.

Einkehrmöglichkeiten: Huber Hütte auf der Postalm, Gasthaus Voglauer Hof in Voglau.

Ausgangspunkt: Voglau im Lammertal. Auf der B162 12 km von Golling Richtung Abtenau. In Voglau aus Golling kommend links abzweigend über die Brücke der Lammer Richtung Auffahrt zur Postalmstraße. Hier links und rechts Parkmöglichkeiten. Start ist bei der Bushaltestelle unmittelbar nach der Brücke.

Karten: Kompass Nr. 15.

0	km	0,0:	Start ist bei der Bushaltestelle Voglau-Möbelwerk. Man folgt der MTB-Wegweisung „Postalm 07/Pichl“. Nach 300 m rechts aufwärts in den Ortsteil Pichl.
1	km	1,5:	Bei einem Holzhaus „Abzweig Pichl“ rechts auf die alte Postalmstraße. Nun immer der MTB Wegweisung „Postalm 07“ folgen.
2	km	7,1:	Geradeaus weiter über die Ackersbachklamm (links Forststraße zum Ackersbachtal).
	km	10,1:	Brücke über die Zinkenbachklamm.
3	km	13,8:	Grobhütte; halblinks weiter, Wegweisung „Postalm 07“.
	km	14,1:	Außerlienbachalm; geradeaus Richtung Postalm.
4	km	14,9:	An der Verzweigung halblinks Radwegweisung „Postalm 07“ (rechts über die Brücke zur Postalmstraße).
5	km	15,6:	Innerlienbachalm; geradeaus Wanderwegweiser „Labenbergalm/Pitscherbergalm (rechts Postalm 07).
6	km	16,8:	Rechts Richtung Waldhöhe/Parkplatz 3 (geradeaus Labenbergalm). Nach 300 m rechts abwärts Rosserhütte/Parkplatz 1. Nach weiteren 400 m links aufwärts Richtung Huber Hütte (rechts abwärts Rosserhütte/Parkplatz 1).
7	km	18,7:	Rechts auf den Wanderweg zur Huber Hütte.
	km	18,8:	Huber Hütte; unterhalb der Huber Hütte auf der schmalen Schotterstraße bergab. Nach 400 m rechts abwärts auf Forststraße, alle Abzweige ignorieren (links aufwärts Parkplatz 3/Wiesleralm).
	km	20,8:	Zurück bei „Wegpunkt 5 Innerlienbachalm“, links abwärts.
	km	21,5:	Bei „Wegpunkt 4“ links, 50 m zur Postalmstraße und auf dieser rechts bergauf Richtung Abtenau.
8	km	22,7:	Beim Kruzifix links im spitzen Winkel aufwärts auf die abgeschrankte Forststraße Richtung „Moosbergalm/Rundweg I“. (Variante: Geradeaus weiter über den Lienbachsattel kommt man direkt nach Voglau.)

km 23,8: Moosbergalm; nach der steilen Auffahrt mündet man in das Almgebiet der Moosbergalm, rechts aufwärts, vorbei an den Almhütten.

9 km 24,8: Moosbergsattel; rechts abwärts am Karrenweg mit einigen Trailpassagen entlang der Hochspannungsleitung Richtung Thurnaualm (links abwärts Rundweg 1 zur Retteneggḧütte).

10 km 26,2: Einmündung in Forststraße, geradeaus aufwärts Richtung „Thurnaualm/Rinnbergalm" (Variante: Rechts abwärts zur Postalmstraße kann die Tour abgekürzt werden). Nach 300 m in der Rechtskurve geradeaus, Schranken passieren und steil aufwärts auf Karrenweg.

11 km 27,2: An der Wegkreuzung oberhalb der Thurnaualm geradeaus, vorbei am Hochspannungsmasten abwärts Richtung „Thurnaualm/Radochsberg" (links Richtung Rinnbergalm).

km 28,2: Thurnaualm; nach der Abfahrt wieder aufwärts auf der Forststraße. Anschließend auf der Forststraße abwärts nach Radochsberg, alle Abzweige ignorieren. Während der Abfahrt hat man herrliche Ausblicke auf das Dachsteinmassiv und Tennengebirge.

km 33,3: Nach dem Schranken beginnt die Asphaltstraße nach Radochsberg.

12 km 34,3: Radochsberg; rechts auf die breitere Asphaltstraße. Nach 200 m Vorsicht! Rechts aufwärts auf den Güterweg Reitlehen Richtung Klausegg müssen die letzten 50 Höhenmeter bezwungen werden. Nach dem letzten Gebäude geradeaus abwärts auf Schotter nach Klausegg.

13 km 36,6: Klausegg; links im spitzen Winkel abwärts entlang des Rigausbaches.

14 km 40,9: Rigaussag im Lammertal; rechts auf der Asphaltstraße entlang der Lammer zurück nach Voglau.

km 44,1: Bushaltestelle Voglau-Möbelwerk.

Am Moosbergsattel

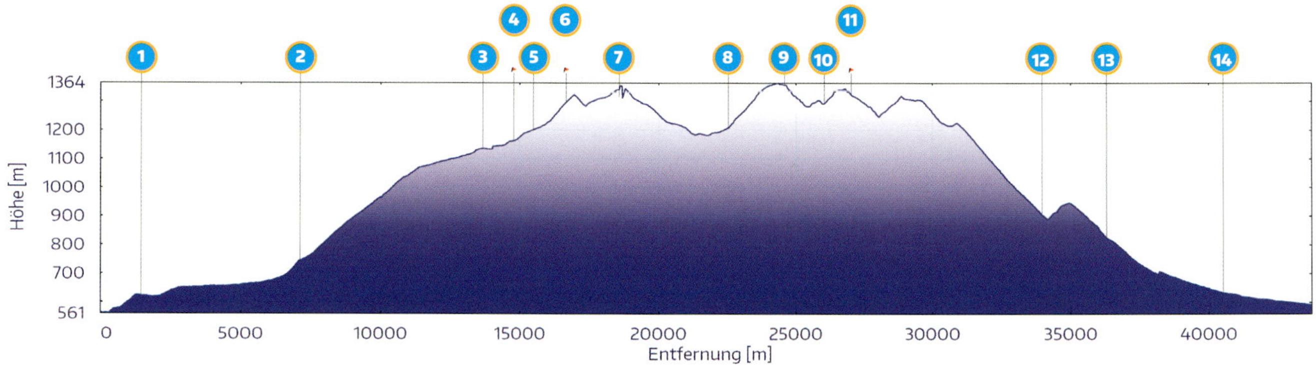

Die alte Postalmstraße

Weg zur Thurnaualm

Tour 38 • Von Voglau zur Postalm

Huberhütte auf der Postalm

Tour 39
Mondseeberg

Tour 39
Mondseeberg

Fahrradtyp	Trekkingrad, Bike, E-MTB
Kondition	
Fahrtechnik	
Länge	40,9 Kilometer
Anstiege	870 Höhenmeter
Fahrzeit	3:30 Stunden
Charakteristik	Eine schattige Forststraßen Tour für heiße Sommertage. Die ersten Höhenmeter werden auf der wenig befahrenen Mondseebergstraße absolviert. Eine gepflegte Forststraße führt uns über den Mondseeberg nach Oberwang und wieder zurück nach Harpoint. Auf abgelegenen Gemeindestraßen fahren wir über einen Höhenrücken mit herrlichen Tiefblicken auf den Irrsee zurück nach Mondsee.
Sehenswürdigkeiten	Die ehemalige Stifts- und heutige Pfarrkirche zum hl. Michael und das Freilichtmuseum in Mondsee. Weitere Infos www.mondsee.at.
Einkehrmöglichkeiten	Mostschenke Hussenbauer und Zellgraber (Mittwoch bis Freitag ab 16 Uhr), mehrere Gastgärten am Marktplatz in Mondsee.
Ausgangspunkt	Mondsee, am Beginn der Dr.-Franz-Müller-Straße (Allee Richtung Zentrum Mondsee) an der Kreuzung mit der Bundesstraße B 151. Von der Autobahn kommend zuerst Richtung Mondsee, Abzweigung Süd. Ausreichend Parkplätze sind beim Alpenseebad Mondsee. Von dort gelangt man zum Beginn der Allee bzw. Dr.- Franz-Müller-Straße.
Karten	Kompass Nr. 17.

0	km	0,0:	Vom Beginn der Allee in der Dr.-Franz-Müller-Straße in Richtung Zentrum/Marktplatz Mondsee. Vorbei an der Tourist Information, Marktplatz, Rathaus, und nach der Pfarrkirche halblinks in die Herzog-Odilo-Straße. Nach 750 m rechts aufwärts in die Mondseebergstraße Richtung Haslau.
1	km	4,3:	Am Ende der Steigung rechts aufwärts in die Forststraße, Radwegweisung „Mountainbikeweg Mondseerland I", nach 50 m Schranken passieren. Jetzt immer auf dieser Forststraße weiter, alle Abzweige ignorieren.
2	km	6,7:	An der Verzweigung rechts abwärts, Radwegweisung „Mondseerland I", (links „Mondseerland II", hier kann die Tour um ca. 10 km abgekürzt werden). Dieser Forststraße jetzt immer folgen, alle Abzweige ignorieren.
3	km	12,0:	Nach der langen Abfahrt rechts, Radwegweisung „Mondseerland I".
	km	12,9:	In der Oberwanger Siedlung Riedelschwandt bei einem Gehöft nach links.
4	km	14,1:	Grossenschwandt; an der Kreuzung links, nach 200 m rechts, nach weiteren 150 m halbrechts auf den betonierten Güterweg. Man folgt den Radwegweisern durch die Siedlung.
5	km	15,9:	Powang; beim Gehöft links in die Asphaltstraße, an den nächsten 2 Kreuzungen wieder links, dann vorbei bei der Feuerwehr Powang.
6	km	16,4:	Nach der Brücke links auf die Forststraße, weiter den Radwegweisern folgen.
7	km	20,1:	An der Gabelung rechts weiter (von links kommt die kürzere Variante „Mondseerland I" von Wegpunkt 2 herunter).
8	km	22,8:	An der Gabelung rechts in die Hagerermoos Forststraße (links abwärts zur Mondseebergstraße „Mondseerland I+II").

km 25,5: Die Rechtskehre bergab. Im Anschluss immer auf dem Hauptweg bleiben.

9 km 28,6: An der großen Bahnhof Wegkreuzung links abwärts „über Forststraße nach Harpoint".

km 29,3: An der Gabelung rechts, Schranken passieren.

km 30,4: Beginn Asphalt, links abwärts.

10 km 31,1: Harpoint; rechts auf die Hauptstraße, nach 70 m links aufwärts „Güterweg Obergegend". Nach 500 m links aufwärts Richtung Breitenau/Vormoos.

km 32,3: Entersgraben.

km 32,8: Breitenau.

11 km 34,0: Lindau; Vorsicht bei der Abfahrt! Bei einer Garage links im spitzen Winkel abbiegen, nach dem letzten Gebäude weiter auf einem Güterweg über die Wiese (geradeaus nach Zell am Moos).

km 34,8: Einmündung in eine Asphaltstraße, auf dieser geradeaus und vorbei an den Mostschenken zum Zellgraber und Hussenbauer.

12 km 36,8: Nach dem schmalen Waldgürtel rechts abwärts in die Guggenbergstraße.

km 37,5: Bei einer Trafostation links „Zur Linde".

13 km 38,0: In der Rechtskehre geradeaus Richtung Mondsee.

km 38,8: Am Schlößl.

km 39,4: Links abwärts in die Herzog-Odilo-Straße durch die Autobahnunterführung. Nach 500 m geradeaus Richtung Zentrum Mondsee.

km 40,2: Rechts und durch die Steinerbachstraße – Meinrad-Guggenbichler-Straße zurück zum Ausgangspunkt.

km 40,9: Parkplatz Alpenseebad Mondsee.

Bei Grossenschwandt

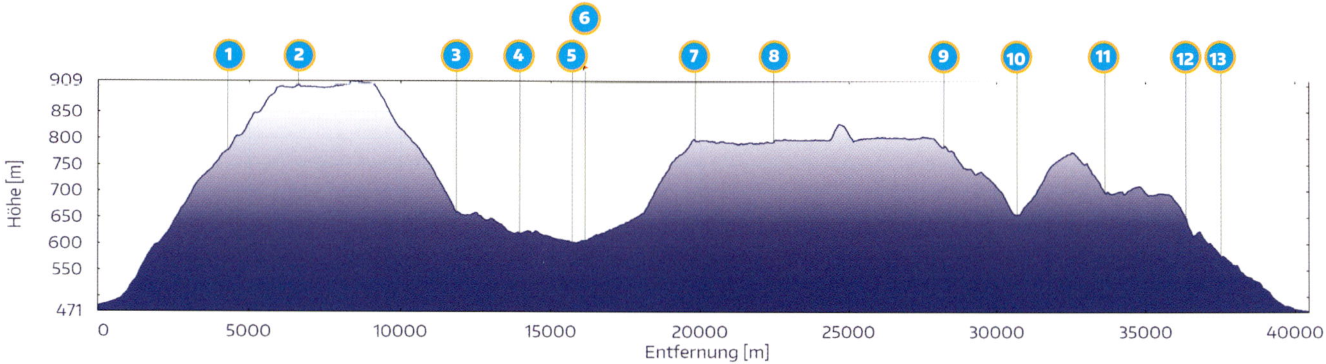

Auffahrt zum Mondseeberg

Bei Oberwang

In Grossenschwandt

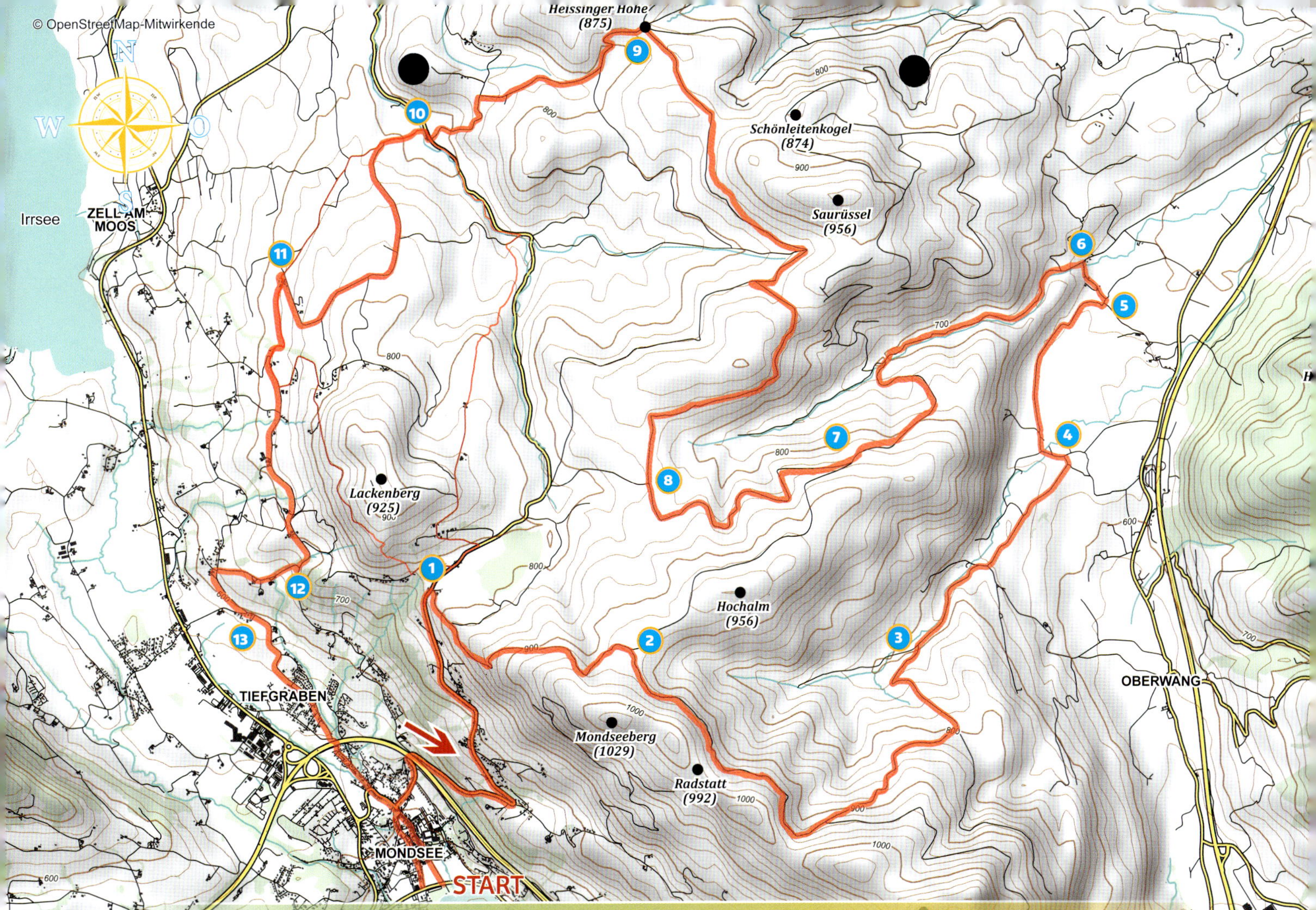

Tour 39 • Mondseeberg

BILDBAND

Albert Hirschbichler

Landkreis Berchtesgadener Land

voralpin - alpin - hochalpin

Beeindruckendes Bildmaterial dokumentiert den Landkreis von den lieblichen voralpinen Landschaften um die Stadt Laufen über das klimatisch bevorzugte alpine Bad Reichenhaller Becken bis hin zum hochalpinen südlichen Landkreis um Berchtesgaden mit dem Nationalpark.
15 hervorragende, heimische Fotografen lieferten dazu ihre besten Bilder! Die Texte von Dr. Albert Hirschbichler vermitteln heimatliches Grundwissen, Kultur und Historie.

224 Seiten, Hardcover
ISBN 978-3-940141-19-4, € 29.80

Im Buch- & Zeitschriftenhandel.

Ihr größter Sport & Bike Anbieter in der Region

iko Europe GmbH Hallwang / Salzburg
Wiener Bundesstr. 75 | Tel. 0662 - 660 663 0
Mo - Fr 9.00 - 18.30 Uhr, Sa 9.00 - 17.00 Uhr
www.iko-world.at

iko Sportartikel Handels GmbH Raubling
Kufsteiner Str. 72 | Tel. 0 80 35 - 87 07 148
Mo - Fr 9.30 - 19.00 Uhr, Sa 9.00 - 18.00 Uhr
www.iko-sport.de

iko Sport & Bike OUTLET Rosenheim
Kaiserstraße 21 | Tel. 0 80 31 - 38 16 13
Mo - Fr 9.30 - 19.00 Uhr, Sa 9.00 - 18.00 Uhr

iko bike & mountain WORLD

Tour 40
Eisenauer Alm

Tour 40
Eisenauer Alm

Fahrradtyp	Bike, E-MTB
Kondition	
Fahrtechnik	
Länge	25,8 Kilometer
Anstiege	650 Höhenmeter
Fahrzeit	2:30 Stunden
Charakteristik	Eine Genusstour! Erst entlang des Attersees, dann eine moderate Steigung hinauf zur Eisenau. Gut gelabt auf der Almhütte geht es im oberen Teil mit zwei Steilrampen, dann gemütlich auf der Forststraße abwärts nach Scharfling am Mondsee. Nach dem langen Kienbergwand Tunnel steht der Kreuzstein am Seeufer, einer der schönsten Plätze am Mondsee. Bei der Rückfahrt nach Unterach findet man am Ostufer des Mondsees zahlreiche schöne Badeplätze zur Erfrischung.
Einkehrmöglichkeiten	Buchberg Hütte, Kienbergalm auf der Eisenauer Alm, Jausenstation Holzinger in Scharfling (ab 15 Uhr).
Ausgangspunkt	Unfallchirurgische Ambulanz an der OKA Kreuzung in Unterach (hier treffen Mondseer Straße-Elisabeth Allee-Hauptstraße zusammen). Von Mondsee oder Attersee kommend von der B 151 in die B 152 Richtung Bad Ischl, nach 350 m links Richtung Unterach. Hier stehen auch mehrere Parkplätze zur Verfügung.
Karten	Kompass Nr. 18.

0	km	0,0:	Von der Unfallchirurgischen Ambulanz aufwärts zur B 152, dann links Richtung Bad Ischl, Radwegweisung „R 15". Jetzt 3 km auf der B 152 am Südufer des Attersees.
1	km	3,3:	Nach einer Holzhütte rechts aufwärts auf die Forststraße Richtung Eisenau. Auf dieser Forststraße immer Richtung Eisenau, alle Abzweigen ignorieren.
2	km	7,7:	An der Mooskreuzung halbrechts Richtung Buchberghütte. Nach 100 m die Linkskurve bergauf und weiter der Beschilderung Eisenau/Buchberghütte folgen.
3	km	12,4:	Eisenauer Alm; geradeaus weiter (rechts zur Kienbergalm). Nach 150 m an der nächsten Wegkreuzung links Richtung Scharfling (rechts 100 m zur bewirtschafteten Buchberghütte). Es folgt eine im ersten Teil sehr steile Abfahrt.
	km	13,4:	Nach den zwei kurzen Steilrampen links über die Brücke, dann immer am Hauptweg bleiben.
4	km	14,4:	Geradeaus weiter bergab. (Variante extrem: Rechts im spitzen Winkel auf die schmälere Forststraße 500 m bis zu einer Linkskehre. Hier links abwärts, vorbei an einer Jagdhütte und entlang des Wandersteiges hinunter zum Kreuzstein. Dieser Trailpfad ist nur für sehr geübte Technik-Freaks geeignet „S3"!)
5	km	18,3:	Vorsicht bei der Abfahrt! An einem kurzen Flachstück 50 m vor einer Linkskehre rechts steil abwärts auf einem Karrenweg (Variante: Auf Forststraße weiter bis zur B 154, dann rechts abwärts nach Scharfling). Nach 300 m bei zwei Gehöften mündet man in eine Asphaltstraße, hier geradeaus abwärts zur Jausenstation Holzinger. Bei der Jausenstation rechts auf Schotter zwischen den beiden Garagen hindurch, dann links abwärts (bei Haus Nr. 45).
6	km	19,0:	Einmündung in die Kienbergwand Landesstraße, rechts Richtung Unterach. Nach 300 m, vor dem Kienbergwand Tunnel, links auf den Radweg „R 2" durch den 1168 m langen Tunnel. (Unmittelbar nach dem Tunnel, beim Kreuzstein, mündet der Trailpfad in den Radweg.)

km 20,9: Radweg Ende, jetzt weiter auf der Landesstraße.

7 km 23,2: In der Linkskurve vor der Brücke über die Seeache rechts in die Sackgasse, Wanderwegweiser „Achweg nach Unter-ach". Nach 50 m vor dem ersten Fabrikgebäude links „Forellenzucht". Um das Gebäude herum, dann weiter entlang der Seeache, später wieder auf Schotter.

km 23,9: Einmündung in eine Asphaltstraße, halbrechts Richtung Unterach. Nach 100 m geradeaus auf einem schmalen Wanderweg folgt man der Wegweisung „Achweg Unterach".

km 25,0: Nach der kurzen Abfahrt geradeaus entlang der Seeache. Nach 300 m bei der Kraftwerksanlage über die Brücke der Fischtreppe.

km 25,7: Durch die Unterführung der B 152, nach 50 m links über die Holzbrücke zur OKA Kreuzung.

km 25,8: Unterach-OKA Kreuzung.

Eisenauer Alm

Toleranz auch für Radfahrer

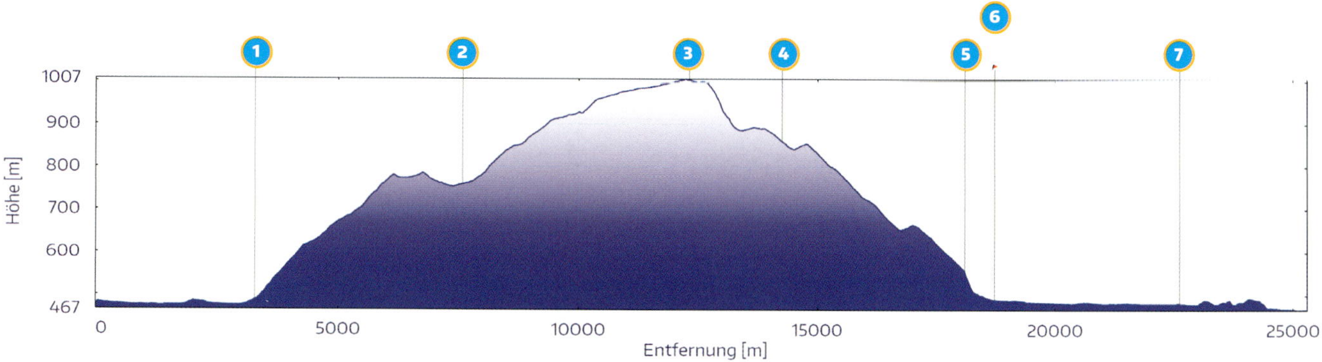

Eisenauer Alm

Buchberghütte

Tour 40 • Eisenauer Alm

Der Mondsee

Tour 41

Rund um das Zwölferhorn

Tour 41
Rund um das Zwölferhorn

Fahrradtyp	Bike, E-MTB
Kondition	
Fahrtechnik	
Länge	27,6 Kilometer
Anstiege	900 Höhenmeter
Fahrzeit	3 Stunden
Charakteristik	Ein großer Teil dieser Tour findet auf den Spuren des „MTB Rennens Zwölferhorn“ statt. Fast ausschließlich auf Forststraßen wird das Zwölferhorn umrundet. Gleich zu Beginn der Tour müssen 350 Höhenmeter auf der Mautstraße zur Sausteigalm bewältigt werden. Die folgende Trail-Abfahrt zur Farchbachalm erfordert schon etwas fahrerisches Können. Während der langen Fahrt auf Forststraßen über Hofwandalm-Brennwaldalm-Königsbergalm zur Schafbachalm hat man an den Waldlichtungen herrliche Ausblicke auf den Wolfgangsee sowie große Teile der Osterhorngruppe.
Sehenswürdigkeiten	Der Ausblick von der Sausteigalpe auf den smaragdgrünen Wolfgangsee ist eine besondere Augenweide.
Einkehrmöglichkeiten	Bartlhütte, Lärchenhütte, Gasthaus Sausteigalm, Schafbachalm, Grögernalm.
Ausgangspunkt	Faistenauer Ortsteil Tiefbrunnau-Hatz bei der gleichnamigen Bushaltestelle (nach der Ortstafel Tiefbrunnau). Von Salzburg Richtung Fuschl bis zum Kreisverkehr Baderluck (nach Hof), rechts Richtung Faistenau/Hintersee. An der Kreuzung nach Faistenau links 5,7 km Richtung Tiefbrunnau. Alternativer Startort für diese Tour ist der Parkplatz bei der Holzknechthütte in Tiefbrunnau.
Karten	Kompass Nr. 18.

0	km	0,0:	Von der Bushaltestelle Tiefbrunnau-Hatzbauer (unmittelbar nach der Ortstafel Tiefbrunnau) taleinwärts auf der Tiefbrunnauer Straße Richtung Sausteigalm.
1	km	2,5:	Nach der Holzknechthütte (mehrere Parkplätze) geradeaus über die Viehsperre auf die abgeschrankte Forststraße. Nach 200 m beim oberen Parkplatz geradeaus aufwärts Richtung Sausteigalm.
2	km	4,5:	Den großen Parkplatz der Sausteigalm geradeaus überqueren (rechts zur Stubneralm). Nach 200 m vorbei an den bewirtschafteten Almen Bartlhütte und Lärchenhütte.
3	km	5,2:	Alpengasthaus Sausteigalm; hier endet die Forststraße. Geradeaus weiter auf dem Wanderweg immer entlang der Starkstromleitung Richtung Abersee. Es folgt eine steile Trailabfahrt zur Farchbachalm auf teils losem Schotter.
4	km	7,4:	Wegkreuzung Farchbachalm; nach der Abfahrt rechts aufwärts auf der Mautstraße Richtung Illingeralm/Zwölferhorn (links abwärts nach Abersee).
5	km	8,4:	An der Gabelung nach der Brücke links (geradeaus zur Illingeralm Tour Nr. 43). Nach 200 m halblinks in die Hofwandstraße, Radwegweisung „MTB-Rennen Zwölferhorn“. Nach weiteren 100 m Schranken passieren und weiter auf dieser Forststraße, alle Abzweige ignorieren.
	km	10,5:	Geradeaus (links zur Hofwandalm).
	km	11,3:	Schranken passieren.
6	km	12,8:	An der Forststraßenkreuzung rechts im spitzen Winkel bergauf Richtung Königsbergalm. Nach einem Kilometer geradeaus bergauf.
	km	15,0:	Die Linkskurve bergauf.
7	km	17,2:	An der Forststraßenkreuzung rechts Richtung Königsbergalm (links Tour Nr. 43).
8	km	17,8:	Königsbergalm; geradeaus abwärts (rechts aufwärts zur Illingeralm).

9 km 18,7: Vorsicht bei der Abfahrt! Beim großen Holzlagerplatz rechts abzweigen in die Erikahüttenstraße Richtung Schafbachalm (geradeaus abwärts nach Hintersee). Auf dieser 5 km langen Verbindungsstraße zur Schafbachalm hat man an den Waldlichtungen schöne Tiefblicke nach Hintersee. Die letzten 2 km führen dann abwärts zur Schafbachalm.

10 km 24,0: Die Rechtskehre abwärts (geradeaus nach Hintersee), nach 200 m nach dem Schranken links Abstecher in 100 m zur Schafbachalm. Weiter geht die Abfahrt hinunter Richtung Tiefbrunnau. Achte bei der Abfahrt auf entgegenkommende Fahrzeuge.

11 km 25,0: Die Linkskurve abwärts (rechts 200 m zur bewirtschafteten Grögernalm, auch diese Straße führt abwärts nach Tiefbrunnau). Bei der folgenden Abfahrt hinunter nach Tiefbrunnau bleibt man immer auf dem Hauptweg.

12 km 26,7: Nach der Abfahrt Schranken passieren, vorbei am Wanderparkplatz, nach der Brücke links. Nach 100 m links über die Brücke in die Schafbachstraße.

km 27,6: Tiefbrunnau-Hatz.

Anspruchsvolle Abfahrt zur Farchbachalm

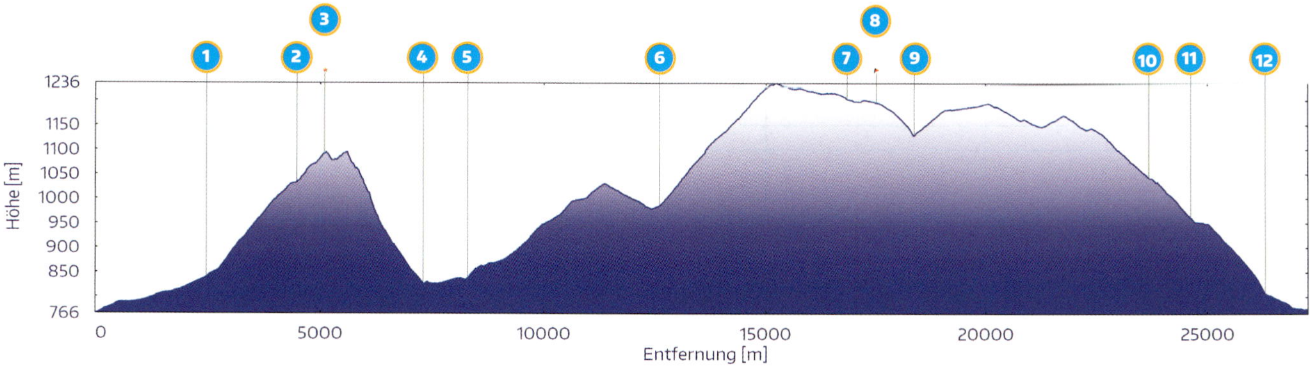

Königsberghorn

Abfahrt von der Farchbachalm

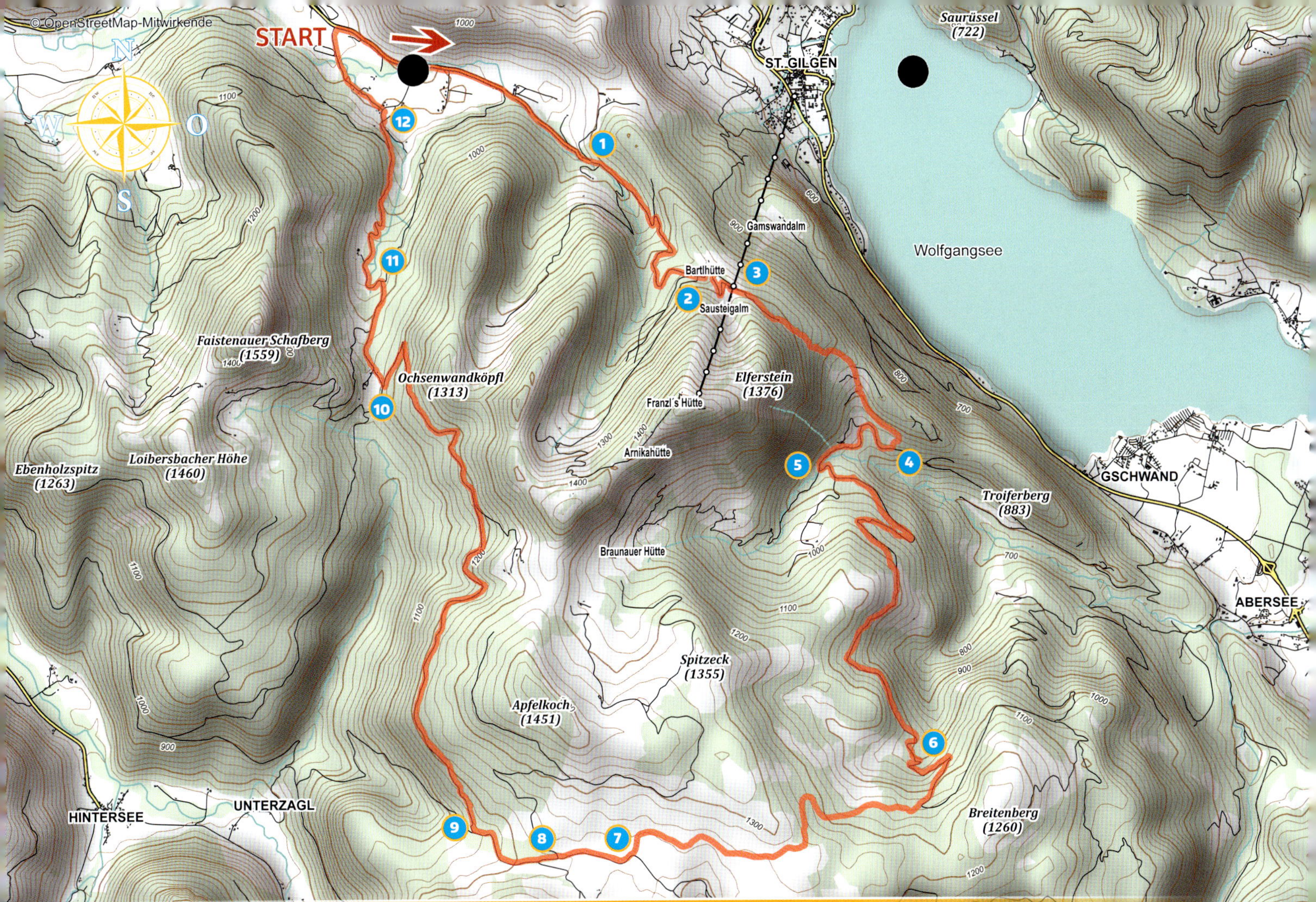

Tour 41 • Rund um das Zwölferhorn

Sausteigalm mit Wolfgangsee

Tour 42
Zwölferhorn

Tour 42
Zwölferhorn

Fahrradtyp	Bike, E-MTB
Kondition	3 Schuhe
Fahrtechnik	3 Radfahrer, S1
Länge	12,8 Kilometer
Anstiege	650 Höhenmeter
Fahrzeit	2 Stunden
Charakteristik	Das Zwölferhorn ist einer der schönsten Aussichtsberge im Salzkammergut. Eine gut ausgebaute Forststraße führt bis zur Bergstation der Zwölferhornbahn. Während des 10-minütigen Fußmarsches zum Gipfel bekommt man ein sensationelles Rundumpanorama geboten. Vom smaragdgrünen Wolfgangsee bis zum Dachsteingletscher reicht die Palette der Naturschönheiten. Labestellen in Form von Almhütten und Gasthäusern gibt es bei dieser Tour zur Genüge. Trailfreaks können ab der Sausteigalm den wenig frequentierten Wanderweg zur Kühleiten, der fahrerisches Können erfordert, genießen. Der Wanderweg von der Bergstation zur Sausteigalm ist für Radler gesperrt! Diese Tour kann mit Tour Nr. 41 kombiniert werden. Der Schwierigkeitsgrad der Abfahrt wird mit „S1" klassifiziert. Eine detaillierte Einstufung der technischen Schwierigkeiten findet man unter www.singletrail-skala.de
Sehenswürdigkeiten	Der Ausblick vom Zwölferhorn auf den smaragdgrünen Wolfgangsee und die umliegende Gebirgswelt ist eine besondere Augenweide.
Einkehrmöglichkeiten	Franzl's Hütte, Naturkuchl am Zwölferhorn, Bartlhütte, Lärchenhütte, Sausteigalm.
Ausgangspunkt	Faistenauer Ortsteil Tiefbrunnau bei der Holzknechthütte im Talschluss vor dem Mautschranken. Von Salzburg Richtung Fuschl bis zum Kreisverkehr Baderluck (nach Hof), rechts Richtung Faistenau/Hintersee. An der Kreuzung nach Faistenau links, 8 km Richtung Tiefbrunnau.
Karten	Kompass Nr. 15.

0	km	0,0:	Vom Parkplatz bei der Holzknechthütte in Tiefbrunnau geradeaus aufwärts, den Mautschranken passieren, auf der Forststraße Richtung „Sausteigalm/Zwölferhorn.
1	km	2,1:	Parkplatz Sausteigalm; am Ende des Parkplatzes rechts aufwärts Richtung Stubneralm/Zwölferhorn. (Geradeaus zu den Sausteig Almen Tour Nr. 41.)
	km	4,1:	Stubneralm.
2	km	5,4:	Hier mündet man in den Panoramaweg vom Zwölferhorn zum Pillstein. Geradeaus weiter Richtung Zwölferhorn.
	km	5,8:	Arnikahütte.
3	km	6,2:	Franzl's Hütte am Zwölferhorn, Raddepot. Von hier zu Fuß ca. 400 Meter und 70 Höhenmeter zum Gipfel. Anschließend am gleichen Weg zurück zum großen Parkplatz Sausteigalm. (Am Wanderweg zum Gipfel und zur Sausteigalm ist Radfahrverbot.)
	km	10,2:	Parkplatz Sausteigalm; rechts aufwärts zur Bartlhütte/Lärchenhütte.
4	km	10,4:	Bartlhütte, am Gartenzaun der Bartlhütte links herum auf den Wanderweg Richtung Kühleiten. Diesem Wanderweg (anspruchsvoller Trail „S1") folgt man bis Kühleiten.
5	km	12,2:	Kühleiten; links abwärts auf Asphalt nach Tiefbrunnau.
	km	12,8:	Tiefbrunnau, Holzknechthütte.

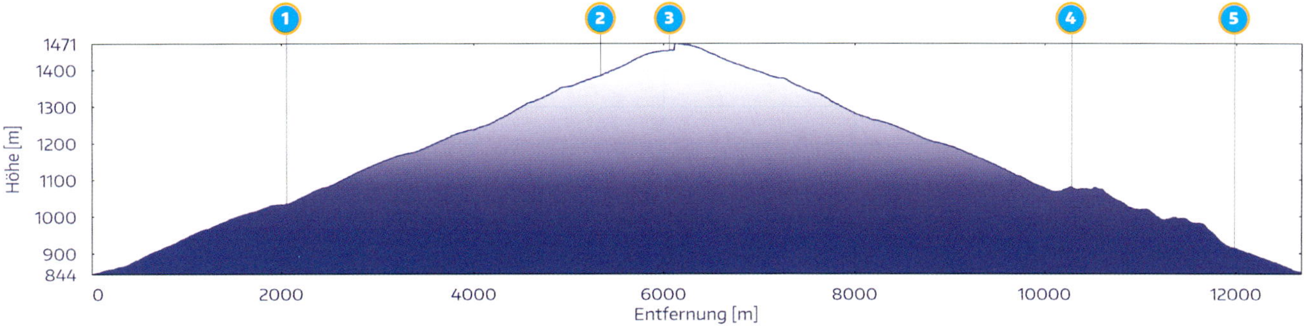

Sausteigalm

Blick auf St. Gilgen

Abfahrt von der Sausteigalm

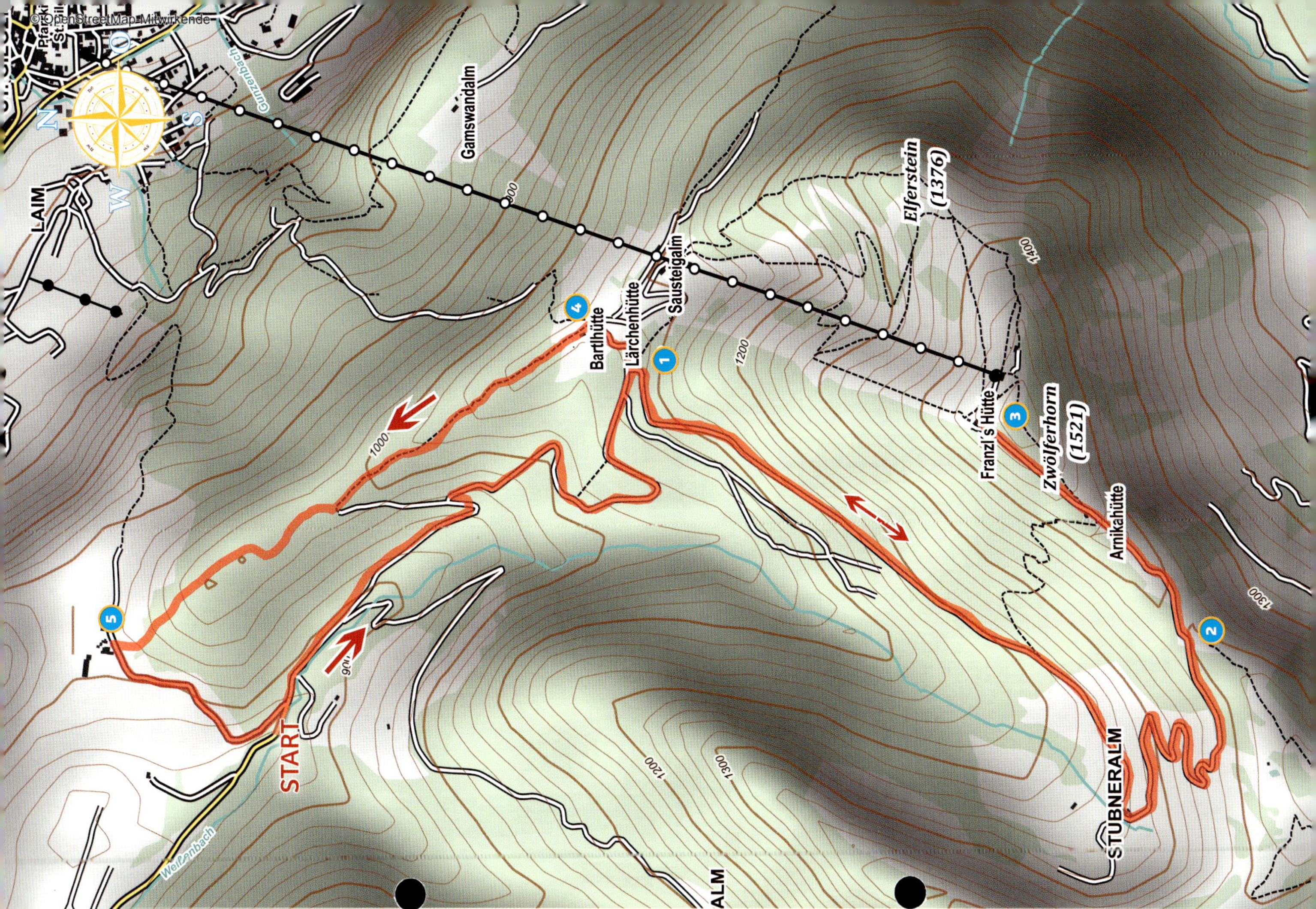
©OpenStreetMap-Mitwirkende
LAIM
Gamswandalm
Gunzenbach
Elferstein
(1376)
Sausteigalm
Lärchenhütte
Bartlhütte
Franzl's Hütte
Zwölferhorn
(1521)
Arnikahütte
STUBNERALM
START
Weißenbach
ALM
1000
1200
1300
1400
900

Tour 43

Rund um den Breitenberg

Tour 43
Rund um den Breitenberg

Fahrradtyp	**Bike, E-MTB**
Kondition	
Fahrtechnik	
Länge	**30,4 Kilometer**
Anstiege	**1.070 Höhenmeter**
Fahrzeit	**3:30 Stunden**
Charakteristik	**Eine herrliche Panoramatour fast ausschließlich auf Forststraßen. Gleich nach der Mautstelle in Brunn geht es richtig zur Sache. Mehrere Steilrampen bei der Auffahrt zur Illingeralm müssen bezwungen werden. Die Aussicht wird immer besser. Ab der Stübleralm hat man immer wieder verschiedenste Perspektiven in die Osterhorngruppe. Durch den Königsbergwald wird der Breitenberg umrundet. Obwohl die Zinkenbacher Hütte wegen eines Todesfalles 2015 geschlossen wurde, zahlt es sich aus, die 500 m lange Steilrampe hinauf zum Breitenberg zu fahren. Diese Alm ist einer der schönsten Plätze in der Osterhorngruppe.**
Einkehrmöglichkeiten	**Illingeralm, Gasthaus Gamsjaga und Gasthaus Zinkenbachmühle in Abersee.**
Ausgangspunkt	**Badeplatz am Wolfgangsee beim Gasthof Gamsjaga in Abersee an der Wolfgangsee Bundesstraße. Von Salzburg kommend 4 km nach St. Gilgen Richtung Bad Ischl, beim Gasthaus Gamsjaga rechts abzweigen.**
Karten	**Kompass Nr. 15.**

0	km	0,0:	Vom Badeplatz Nähe Gasthaus Gamsjaga Richtung Bad Ischl. Nach 300 m bei der Bushaltestelle rechts in die Gemeindestraße Richtung Brunn.
1	km	1,1:	In Brunn rechts aufwärts, vorbei am Mautschranken Richtung Illingeralm/Zwölferhorn.
2	km	4,5:	An der Wegkreuzung geradeaus weiter (rechts aufwärts zur Sausteigalm).
3	km	5,5:	Nach der Brücke geradeaus aufwärts Richtung Illingeralm/Zwölferhorn (links Tour Nr. 41).
	km	7,3	Stübleralm (mit Trinkbrunnen).
	km	8,3:	Braunauer Hütte.
	km	8,6:	Bewirtschaftete Illingerbergalm; geradeaus weiter Richtung Zwölferhorn. Nach 150 m die Linkskehre bergauf. (Rechts Wanderweg zum Zwölferhorn.)
4	km	9,5:	Am Almsattel der Illingeralm halblinks Wanderwegweisung „Illinger Almrunde". (Rechts aufwärts Forststraße Richtung Zwölferhorn.)
	km	10,7:	An der Verzweigung geradeaus „Illinger Almrunde" (links Infostand für Wanderer). Nach 100 m geradeaus am Karrenweg in Richtung Wald durch das Viehgatter. Nach 300 m weiter auf Forststraße.
	km	11,9:	An der Gabelung rechts weiter.
	km	13,0:	An der Gabelung links abwärts.
5	km	14,8:	Wegkreuzung oberhalb der Königsbergalm; links Richtung Abersee (rechts nach Hintersee). Nach 100 m Schranken passieren.
	km	15,4:	An der Gabelung rechts abwärts Richtung Breitenberg. Nach 500 m links Richtung Breitenberg/Abersee.

km 16,3: An der Gabelung links (rechts abwärts in das Königsbachtal). Jetzt immer der Forststraße folgen, alle Abzweige ignorieren.

km 20,9: An der Wegkreuzung halblinks Richtung Breitenberg.

6 km 22,1: Vor der Rechtskurve links kurz bergab, Viehgatter passieren, dann sehr steil aufwärts Richtung Breitenberg.

7 km 22,8: Zinkenbacher Hütte; hier genießt man ein sensationelles Panorama. Leider ist die Almhütte wegen eines Todesfalles nicht mehr bewirtschaftet. Nach Besuch der Breitenbergalm wieder zurück zum Wegpunkt 6, von dort weiter abwärts auf der Forststraße.

km 23,6: 200 nach dem Abzweig zum Breitenberg rechts abwärts auf einer schmalen Forststraße Richtung Zinkenbachhöllrinn. Diese Straße wird dann steiler und sehr grobsteinig. Es lohnt sich allerdings hier abzufahren, weil diese Zinkenbachhöllrinn Alm ein kulturelles Schmuckstück ist. (Alternative: Geradeaus weiter, die Forststraße führt auch direkt nach Abersee.)

8 km 27,1: Nach der Brücke über den Zinkenbach links talauswärts Richtung Abersee.

9 km 28,4: Abersee; beim Wanderparkplatz links auf der Gemeindestraße zurück Richtung Gamsjaga.

km 29,3: Geradeaus durch Brunn.

km 30,4: Badeplatz Wolfgangsee.

Auffahrt zum Illingerberg

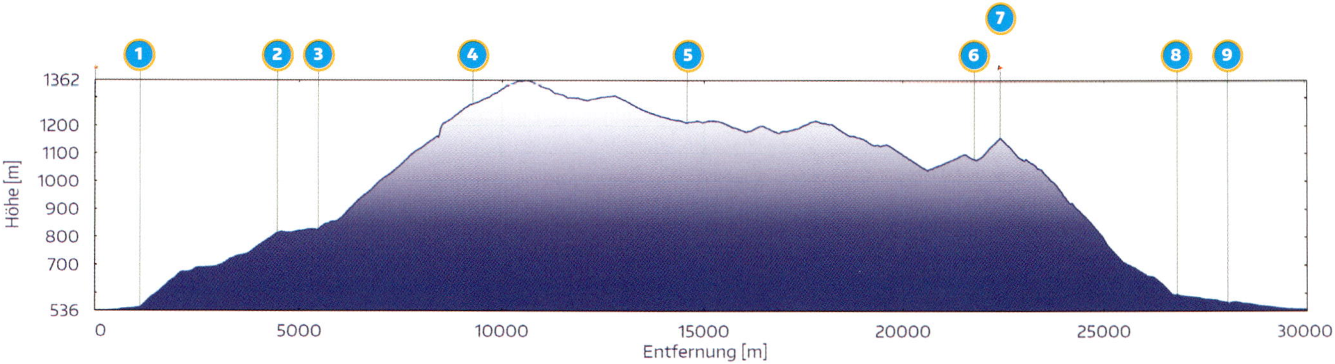

Zinkenbachhöllerin, eine "Bilderbuchalm"

Zinkenbachhöllerin

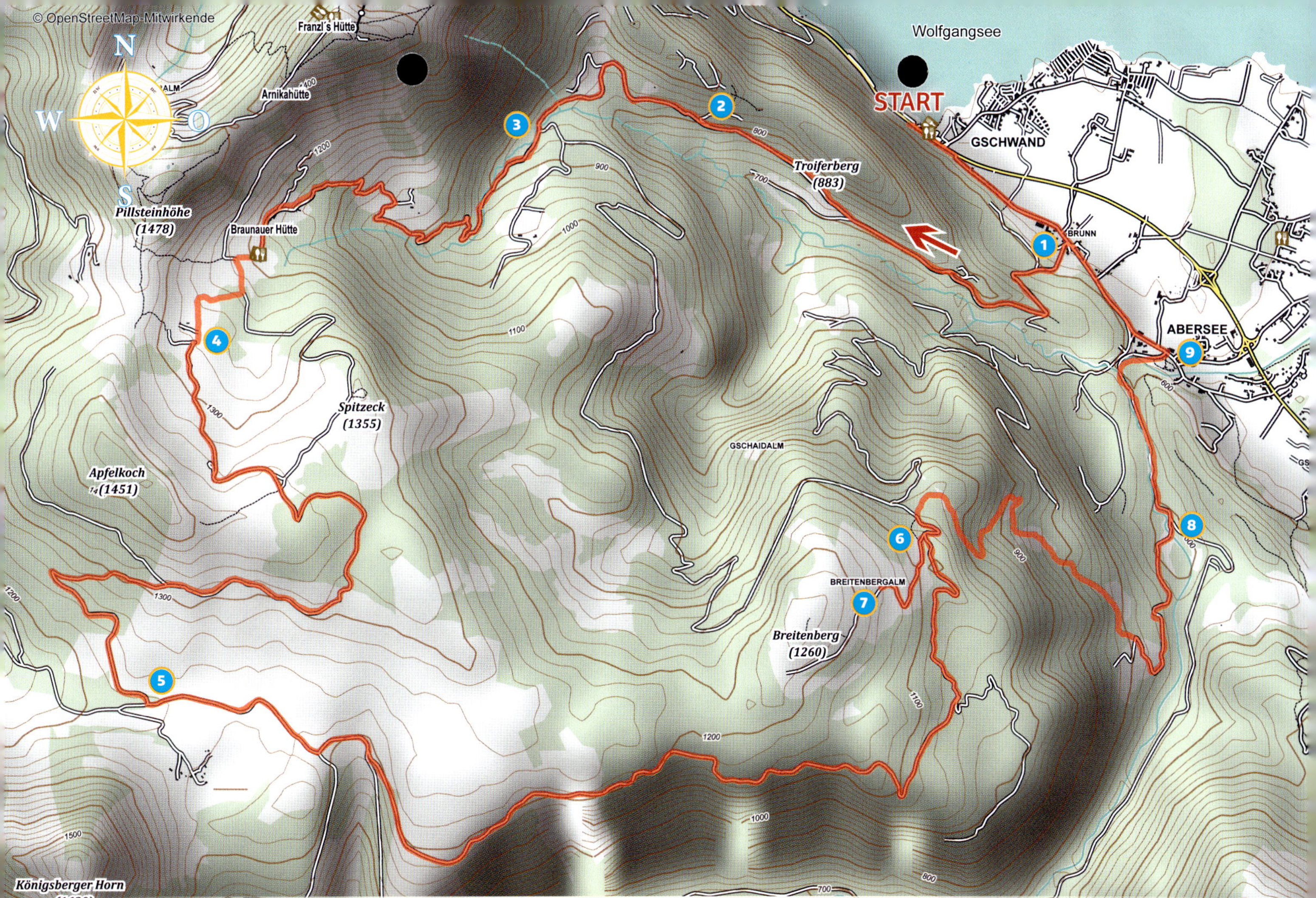

Tour 43 • Rund um den Breitenberg

Abfahrt nach Abersee am Wolfgangsee

Tour 44

Biketour um den Untersberg

Tour 44
Biketour um den Untersberg

Fahrradtyp	Bike, E-MTB
Kondition	
Fahrtechnik	S2
Länge	43,0 Kilometer
Anstiege	870 Höhenmeter
Fahrzeit	3:45 Stunden
Charakteristik	Eine sehr variantenreiche, anspruchsvolle Biketour zwischen Berchtesgaden und Salzburg, sie beinhaltet alles was ein Bikerherz begehrt. Die ersten Kilometer bis Hallthurm werden auf Radwegen abgespult. Am Panoramaweg von Hallthurm nach Winkl ist gute Fahrtechnik gefragt. Der Maximilians-Reitweg führt uns im ständigen Auf und Ab von Winkl mit herrlichen Ausblicken auf Hochkalter, Watzmann und Göll nach Bischofswiesen. Am Gerner Höhenweg erreicht man Maria Gern. Der absolute Kick ist der anschließende Trail „S2“ hinunter zur Kugelmühle, der aber nur für Biker, die ihr Gefährt super beherrschen, zu bewältigen ist. Der Schwierigkeitsgrad der Abfahrten wird mit „S1 bzw. S2“ klassifiziert. Eine detaillierte Einstufung der technischen Schwierigkeiten findet man unter www.singletrail-skala.de.
Sehenswürdigkeiten	Freilichtmuseum in Großgmain www.freilichtmuseum.com. Kugelmühle bei Marktschellenberg www.marktschellenberg.de.
Einkehrmöglichkeiten	Latschenwirt in Großgmain, Gasthaus Kugelmühle, Thorerlehen in Marktschellenberg, Hotel Untersberg am Startort in Fürstenbrunn.
Ausgangspunkt	Parkplatz der Untersberg Seilbahn im Grödiger Ortsteil St. Leonhard. Von der Autobahnabfahrt Salzburg Süd Richtung Berchtesgaden, nach 1,5 km an der Ampelkreuzung in St. Leonhard rechts zur Untersberg Seilbahn.
Karten	Kompass Nr. 14.

0	km 0,0:	Vom Hotel Untersberg, (Gartenauer Platz) links in die Gartenauer Straße Richtung Grödig. Entlang der Hauptstraße geradeaus durch Grödig.
	km 2,0:	Nach der Ortsdurchfahrt Grödig bei Elektro Müller links in die Glanegger Straße Richtung Glanegg.
	km 3,7:	In Glanegg geradeaus über die Kreuzung durch den Schlosspark Glanegg, Radwegweisung „Rund um den Untersberg“.
1	km 4,7:	Fürstenbrunn; rechts in den Salzweg, nach 500 m geradeaus weiter am Salzweg. Nach der Brücke geradeaus auf die Forststraße.
	km 7,1:	Beginn Asphalt, geradeaus weiter.
	km 8,0:	An der Kreuzung beim Holzstadel rechts, Radwegweisung „Großgmain“. Nach 250 m an der Gabelung links Richtung Großgmain.
2	km 9,3:	Einmündung in die Großgmainer Landesstraße, links aufwärts am Radweg. Nach 2 km, beim Parkplatz Freilichtmuseum geradeaus weiter am Radweg.
3	km 12,2:	An der Kreuzung links aufwärts am Radweg, Radwegweisung „Fürstenbrunn“. Nach einigen Metern endet der Radweg. Man kann auf dem schmalen Wanderweg links neben der Straße mit kurzen Steilrampen weiterfahren. Nach 1,4 km endet dieser Schotterweg, jetzt auf der Straße weiter.
4	km 13,8:	Zum Parkplatz Latschenwirt rechts in die Latschenstraße, den Parkplatz geradeaus überqueren und weiter auf der Schotterstraße Weg Nr. 4 Richtung Wolfschwang.
5	km 15,7:	Beim Bruchhäusl links auf Asphalt Wegweisung „Hallthurm“. Nach 500 m links, nach weiteren 300 m in der Rechtskurve geradeaus auf die Forststraße. Diese Straße mündet später in einen Wanderweg, auf dem man die Grenze nach Deutschland passiert.
6	km 17,8:	Hier trifft man auf einen asphaltierten Radweg, links Richtung Hallthurm, an der nächsten Wegkreuzung links aufwärts. Nach einem kurzen Steilstück weiter auf asphaltiertem Radweg neben der B 2[illegible]

Im Bereich der Fahrverbotstafeln das Rad schieben!
Gegebenenfalls auf den Fahrradweg an der Hauptsraße ausweichen!

7 km 18,4: Hallthurm; rechts abwärts zur B 20, dann links und die Bahngleise überqueren. Dieser Abschnitt ist nur für Trailfreaks „S1" gedacht. (Variante leicht: geradeaus weiter auf beschildertem Radweg Richtung Bischofswiesen.) Nach 200 m rechts aufwärts, vorbei am Sozialtherapeutischen Zentrum. Nach weiteren 200 m nach dem Parkplatz geradeaus weiter. Beim Wanderwegweiser „Panoramaweg Winkl" links auf den Wanderweg.

km 19,2: Den Wanderparkplatz geradeaus überqueren und auf Forststraße 800 m steil aufwärts. Nach kurzer Abfahrt nach dem Viehgatter weiter auf dem Wanderweg. Jetzt auf dem beschilderten Panoramaweg Winkl bleiben. Im Bereich der Fahrverbotstafeln das Rad schieben!

8 km 21,3: An der Wegkreuzung nach der Holzbrücke rechts steil aufwärts Wanderwegweisung „Panoramaweg Winkl/Bischofswiesen" (links abwärts zur B 20). Nach dem folgenden Steilstück links.

9 km 22,0: Nach kurzer Abfahrt mündet man in eine Asphaltstraße (Klaushäuslweg) auf dieser geradeaus abwärts.

10 km 22,9: Einmündung in die B 20, rechts auf dem Radweg Richtung Bischofswiesen. (Hier treffen die Variantenfahrer wieder auf die Originalroute.)

11 km 23,7: Bahn und B 20 überqueren, an der gegenüberliegenden Seite aufwärts, Wanderwegweisung „Nr. 5 Maximilians-Reitweg Bischofswiesen". Nach 150 m mündet man in den Maximilians-Reitweg (kurz MRW), hier rechts Richtung Bischofswiesen. An den folgenden Kreuzungen immer links MRW Bischofswiesen halten. Der MRW ist an fast allen Abzweigungen beschildert, sonst im Zweifelsfall immer links halten.

km 24,9: Die Hans-Kudlich-Straße nach links überqueren und nach 70 m auf dem schmalen Randstreifen trifft man wieder auf den MRW.

km 26,1: An der Gabelung nach dem Viehrost links aufwärts Richtung Berchtesgaden.

12 km 29,9: Einmündung in eine Asphaltstraße. Achtung! Links im spitzen Winkel extrem steil aufwärts Richtung Maria Gern. (Geradeaus nach Berchtesgaden) Nach 700 m an der Kreuzung in Unterrabenstein rechts, der Wegweisung Maria Gern folgen. Nach 200 m, nach dem letzten Gebäude stoßen wir auf den Gerer Höhenweg.

km 31,1: Der Weg führt oberhalb des Gehöftes vorbei, über einen kurzen Wiesenweg, oberhalb der Garage weiter. Nach 300 m, beim Haus Klammweg 11 mündet man in eine Asphaltstraße, auf dieser geradeaus aufwärts. Am Hartlerlehen links vorbei, 50 m auf einem Wiesenweg, beim Schwabenlehen (Klammweg Nr. 17) wieder auf Asphalt weiter.

km 31,7: Einmündung in eine Kehre des Obergerner Weges, rechts abwärts, nach 200 m links in die Gerner Straße.

13 km 32,4: Hintergern; beim Feuerwehrhaus Maria Gern rechts in den Bichlweg Wegweisung Almbachklamm nach 100 m rechts Richtung Kugelmühle.

km 33,5: Höchster Punkt, an der Gabelung links abwärts Richtung Kugelmühle (rechts bergauf zur Kneifelspitze). Nach 500 m links abwärts auf den Wanderweg (stellenweise extrem steil mit schwierigen Geländestufen „S2").

14 km 35,7: Den Parkplatz Almbachklamm geradeaus überqueren, über die Brücke und weiter auf der Asphaltstraße. Nach 500 m geradeaus auf der alten Berchtesgadener Straße Richtung Marktschellenberg.

15 km 38,7: Marktschellenberg; nach der Brücke über die Berchtesgadener Ache links auf die B 305 Richtung Grödig über den Grenzübergang Hangendenstein.

km 41,4: Grenzübergang Hangendenstein.

km 42,6: St. Leonhard; nach dem Sägewerk links in den Dr. Friedrich-Oedl-Weg.

km 43,0: Parkplatz Untersberg Seilbahn St. Leonhard.

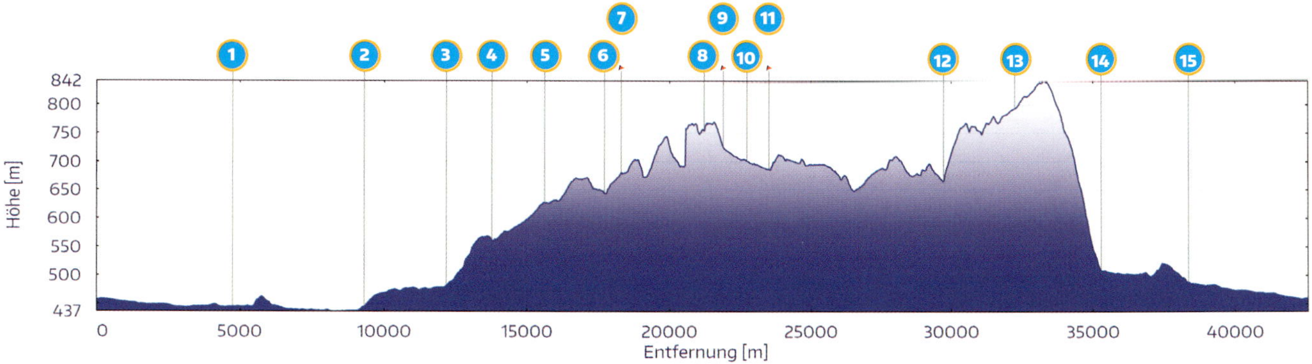

Panoramaweg bei Hallthurm

Wasserfall am Maximilians Reitweg

Abfahrt zur Kugelmühle

Tour 44 • Biketour um den Untersberg

FLOWINGER
BIKESHOP / COACHING / GUIDING

Tour 45

Berchtesgadener Panoramatour

Tour 45
Berchtesgadener Panoramatour

Fahrradtyp	Bike, Trekkingrad, E-Bike
Kondition	
Fahrtechnik	
Länge	40,2 Kilometer
Anstiege	1100 Höhenmeter
Fahrzeit	3:15 Stunden
Charakteristik	Eine optische Genusstour oberhalb von Berchtesgaden zum großen Teil auf Asphalt mit herrlichen Ausblicken auf die Berchtesgadener Alpen. Der Steinerweg über Oberstein, der Abstecher zur Buchenhöhe und die Salzwandstraße in die Scharitzkehl sind landschaftliche Juwele. Ein weiterer Höhepunkt ist die rauschende Talfahrt von Vorderbrand nach Berchtesgaden. Gemütliche Radwege führen entlang der Königsseeache zurück nach Marktschellenberg.
Sehenswürdigkeiten	Salzbergwerk, Museum im Schloss Adelsheim www.museum-schloss-adelsheim.de, Schlossmuseum in Berchtesgaden www.schloss-berchtesgaden.de, Dokumentation Obersalzberg www.obersalzberg.de.
Einkehrmöglichkeiten	Scharitzkehlalm, Berggasthof Vorderbrand, mehrere Gasthöfe in Berchtesgaden und Marktschellenberg.
Ausgangspunkt	In Marktschellenberg, 2,5 km südlich des Grenzüberganges Hangendenstein zwischen Salzburger- und Berchtesgadener Land. Die Tour beginnt am Marktplatz unmittelbar vor der Kirche.
Karten	Kompass Nr. 14.

0	km	0,0:	Von der Kirche am Marktplatz von Marktschellenberg südwärts, vorbei am Dorfbrunnen in Richtung Scheffau, Radwegweiser „Salz Handelsweg", nach der Linkskurve beim Gasthaus Forelle links steil bergauf in die Messerergasse. Nach 1,0 km rechts in den Steinerweg, Wegweisung Oberstein/Oberau.
	km	3,9:	An der Kreuzung beim Steinlehen geradeaus, nach 300 m bei der Kapelle geradeaus bergauf Richtung Oberau.
1	km	4,9:	Am Ende der steilen Abfahrt mündet man in die Scheffauer Straße, auf dieser rechts.
2	km	5,8:	Vorsicht bei der Abfahrt! An der Verzweigung links aufwärts auf die schmale Asphaltstraße Richtung Oberau/Rossfeld.
3	km	7,5:	In Oberau trifft man auf die Rossfeld Höhenringstraße, fährt rechts bergab, nach 80 m an der Kreuzung links Wegweisung Obersalzberg/Buchenhöhe/Kehlstein.
4	km	10,3:	Am Beginn einer langgezogenen Rechtskurve vor der Brücke geradeaus steil bergauf Richtung Resten, Buchenhöhe, nach 800 m die Rechtskehre bergauf. Anschließend fährt man immer geradeaus durch die Siedlung Buchenhöhe mit Asthmazentrum.
	km	12,6:	Bei der Bushaltestelle vor der Rossfeldstraße geradeaus direkt zur Mautstelle der Rossfeld-Höhenringstraße.
5	km	14,0:	Bei Höhe 1060 m ü. d. M. rechts auf eine asphaltierte Forststraße, Wegweisung Kehlstein/Scharitzkehlalm. Nach 300 m geradaus, nach weiteren 300 m die Straße zum Kehlsteinhaus geradeaus queren (Landlerwald). Nun immer dem schmalen Asphaltweg folgen.
6	km	16,9:	An der Wegkreuzung rechts die Salzwandstraße in Richtung Scharitzkehlalm, (geradeaus Ofnerboden - Tour 47 Kehlsteinhaus). Bei km 19,0 geradeaus bergab zur Scharitzkehlalm (links aufwärts zur Kehlsteinstraße).
	km	21,3:	Scharitzkehlalm; herrlich gelegen unter der Westwand des Hohen Göll.

7 km 22,0: Einmündung in die Scharitzkehlstraße, links bergauf Richtung Hinterbrand.

8 km 24,3: Den Parkplatz Hinterbrand geradeaus überqueren. Am Ende des Parkplatzes rechts abwärts in die Vorderbrandstraße nach Berchtesgaden.

km 29,3: Berchtesgaden; rechts in die Königsseer Straße.

9 km 30,0: Vor dem Kreisverkehr, beim Schwabenwirt rechts in den Hansererweg. Nun entlang der Berchtesgadener Ache weiter. Nach 900 m beim Eisstadion vorbei. Beim Parkplatz der Watzmann Therme rechts in die Bergwerkstraße.

km 32,0: Beim Salzbergwerk geradeaus.

10 km 32,4: Beim Rot-Kreuz-Haus rechts in den Wiesenweg, nun den Wegweisern Marktschellenberg folgen. Nach 1,8 km durch die Unterführung der Salzburger Straße, dann weiter auf dem Radweg.

11 km 34,8: Links über den schmalen Steg der Berchtesgadener Ache (bei der Abzweigung Oberau) Wegweisung „Rund um den Untersberg/Marktschellenberg", dann geradeaus auf dem Schotterweg. Nach der Brücke über den Kraftwerkskanal rechts auf den Rad- und Wanderweg Richtung Almbachklamm/Gasthaus Kugelmühle.

km 36,6: Den Parkplatz Almbachklamm queren und rechts über die Brücke auf die Asphaltstraße. Nach 450 m geradeaus in die Alte Berchtesgadener Straße nach Marktschellenberg.

km 40,0: Marktschellenberg; nach der Brücke über die Berchtesgadener Ache links zum Marktplatz.

km 40,2: Marktplatz in Marktschellenberg.

Die Ligeretalm oberhalb der Scharitzkehlalm

Die Auer Kirche

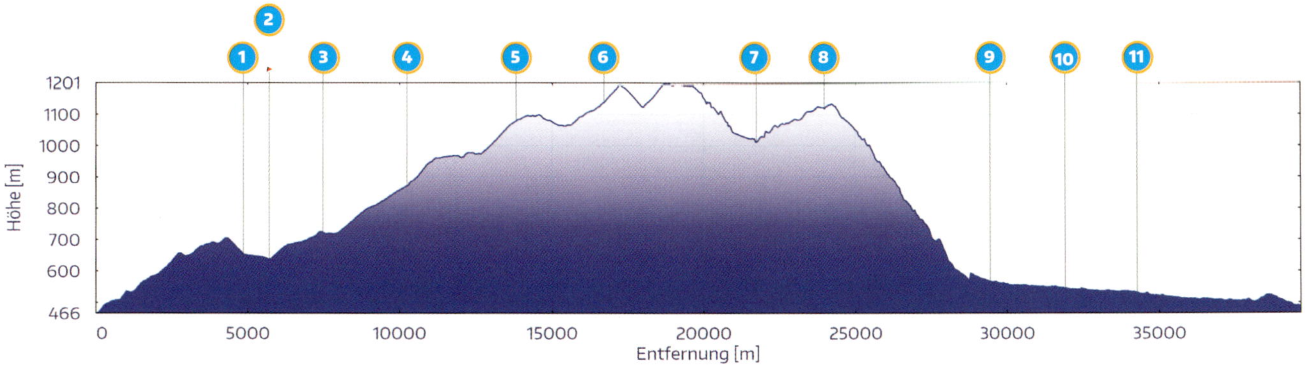

Bei der Scharitzkehlalm

Hoher Göll

Tour 45 • Berchtesgadener Panoramatour

Ideale Radlerrast mit herrlichem Ausblick auf den Berchtesgadener Talkessel
Alpengasthof Hochlenzer
Ferienwohnungen und Gästezimmer
Gasthof: Montag Ruhetag
Familie A. Maltan
Scharitzkehlstraße 6 · 83471 Berchtesgaden-Obersalzberg
Tel. 08652/2105 · Fax 08652/66164
www.hochlenzer.de · hochlenzer@t-online.de
Sommerrodelbahn
Spielplatz + Cart-Bahn
600 m in rasanter Fahrt bergab. Mit jedem Meter steigt die Spannung und der Spaß, denn jeder bestimmt sein eigenes Tempo.
Sommerrodelbahn täglich geöffnet von April - November
Nicht bei Regenwetter!

Tour 46

Rossfeld

Tour 46
Rossfeld

Fahrradtyp	Bike, E-MTB
Kondition	
Fahrtechnik	S1
Länge	36,4 Kilometer
Anstiege	1220 Höhenmeter
Fahrzeit	4 Stunden
Charakteristik	Die Rossfeld Höhenringstraße ist Deutschlands höchst gelegene Panoramastraße und führt in eine einmalige, hochalpine Bergwelt des Berchtesgadener Landes. Oben angekommen wartet ein herrlicher Rundblick über das gewaltige Bergmassiv des Hohen Göll, den Kehlstein, das Tennen- und Dachsteingebirge, den Untersberg, die Osterhorngruppe sowie über das Berchtesgadener und Salzburger Land. Die Auffahrt erfolgt großteils auf Asphaltstraßen, wobei die letzten 3 km mit bis zu 15% zum Ahornbüchsenkopf am steilsten sind. Die Abfahrt erfolgt auf einem steilen, wenig begangenen Wanderweg und ist ein Leckerbissen für Technik Freaks. Bei dieser Tour ist ein GPS-Gerät für die teils schwierige Wegfindung bei der Abfahrt empfehlenswert. Der Schwierigkeitsgrad der Abfahrt wird mit „S1" klassifiziert. Eine detaillierte Einstufung der technischen Schwierigkeiten findet man unter www.singletrail-skala.de:
Einkehrmöglichkeiten	Auerwirt in Oberau, Ahornkaser und Schihütte am Rossfeld, Gasthaus Kugelmühle.
Ausgangspunkt	Marktschellenberg; vom Autobahnknoten Salzburg-Süd Richtung Berchtesgaden, 2,5 km südlich des Grenzüberganges Hangendenstein. Die Tour beginnt am Marktplatz unmittelbar vor der Kirche.
Karten	Kompass Nr. 14.

0	km	0,0:	Von der Kirche am Marktplatz von Marktschellenberg südwärts, vorbei am Dorfbrunnen in Richtung Scheffau. Nach der Linkskurve beim Gasthaus Forelle links steil bergauf in die Messerergasse, anschließend weiter in der Tiefenbachstraße steil aufwärts Richtung Scheffau/Zill. (Nach 1,0 km rechts, am Steinerweg kann man die Anfahrt nach Oberau wie bei Tour Nr. 43 wählen.)
	km	2,8:	In Scheffau geradeaus in den Dorfleitenweg.
1	km	3,4:	An der Kreuzung rechts Richtung Berchtesgaden (links nach Zill).
	km	4,3:	Geradeaus weiter (hier mündet rechts die „Variante Steinerweg" in unsere Tour).
2	km	5,2:	Vorsicht bei der Abfahrt! An der Verzweigung links aufwärts auf die schmale Asphaltstraße Richtung Oberau/Rossfeld.
3	km	7,0:	In Oberau trifft man auf die Rossfeld Höhenringstraße, fährt rechts bergab, nach 80 m an der Kreuzung links Wegweisung Obersalzberg/Buchenhöhe.
4	km	9,9:	Am Beginn einer langgezogenen Rechtskurve vor der Brücke geradeaus steil bergauf Richtung Resten, Buchenhöhe, nach 800 m rechts Richtung Buchenhöhe „MTB 12". Anschließend fährt man immer geradeaus durch die Siedlung Buchenhöhe.
	km	12,1:	Bei der Bushaltestelle vor der Rossfeldstraße halblinks direkt zur Mautstelle der Rossfeld-Höhenringstraße. Nach 100 m Mautstelle Süd passieren.
5	km	13,5:	Bei Höhe 1060 m rechts auf eine abgeschrankte Forststraße, Wegweisung „MTB 12" Kehlstein/Scharitzkehlalm. Nach 300 m links aufwärts (geradeaus Scharitzkehl, Tour Nr. 43).
	km	15,1:	An der Kreuzung links abwärts Richtung Ofnerboden (rechts aufwärts zum Kehlsteinhaus).

6	km	15,4:	Ofnerboden; nach kurzer Abfahrt Einmündung in die Rossfeldstraße, rechts aufwärts Richtung Rossfeld.
	km	16,0:	Enzianhütte.
7	km	19,0:	Links abzweigen Richtung Ahornkaser. Nach 300 m rechts vorbei am Ahornkaser auf den Wanderweg um den Ahornbüchsenkopf herum.
8	km	19,8:	Am Ahornbüchsenkopf links auf die Rossfeldstraße. Über die Scheitelstrecke mit Traumpanorama in alle Richtungen erreicht man erst das Schigebiet, danach die Nordabfahrt vom Rossfeld.
9	km	22,5:	Vorsicht bei der Abfahrt! Nach einer leichten Rechtskurve bei Höhe 1400 m links auf dem schmalen Wanderweg Richtung Resten/Buchenhöhe/Oberau weiter. Der Wanderweg hat anfangs einen mittleren Schwierigkeitsgrad „S1" und mündet nach ca. 800 m in einen alten Ziehweg.
	km	23,1:	Einmündung in Forststraße, nach 10 m rechts abwärts den Wanderwegweisern Richtung Resten folgen.
10	km	24,9:	An der Wegkreuzung bei der Resteck Kapelle links abwärts Richtung Resten.
	km	25,3:	In der Resten; Beginn Asphalt, geradeaus durch die Siedlung.
	km	25,7:	Nach der Rechtskurve geradeaus abwärts (gleicher Weg wie Auffahrt).
	km	26,5:	Bei Wegpunkt 4 mündet man in die Obersalzbergstraße, links aufwärts über die Brücke. Nach 80 m rechts abwärts auf Schotter Richtung Berchtesgaden.
11	km	28,8:	Vorsicht bei der Abfahrt! Beim Spornhof rechts über einen kleinen Parkplatz, bei einer Birke links steil abwärts auf den Wanderweg Richtung Unterau. Nach 250 m die schmale Asphaltstraße überqueren Richtung Unterau. Dieser Wanderweg führt abwärts zum Camping Allweglehen.
	km	29,7:	Rechts am Campingplatz vorbei und über einige Stufen hinunter zur Asphaltstraße. Nach 100 m rechts abwärts auf Asphalt.
12	km	30,4:	Unterau; rechts am Radweg entlang der B305. Nach 250 m links über die Brücke der Berchtesgadener Ache, Mozartradweg Richtung Almbachklamm. Man folgt jetzt den Radwegweisern.
	km	32,7:	Den Parkplatz bei der Almbachklamm überqueren und rechts über die Brücke den Radwegweisern folgen. Nach 600 m geradeaus entlang der Alten Berchtesgadener Straße nach Marktschellenberg.
	km	36,4:	Marktschellenberg.

Abfahrt nach Unterau

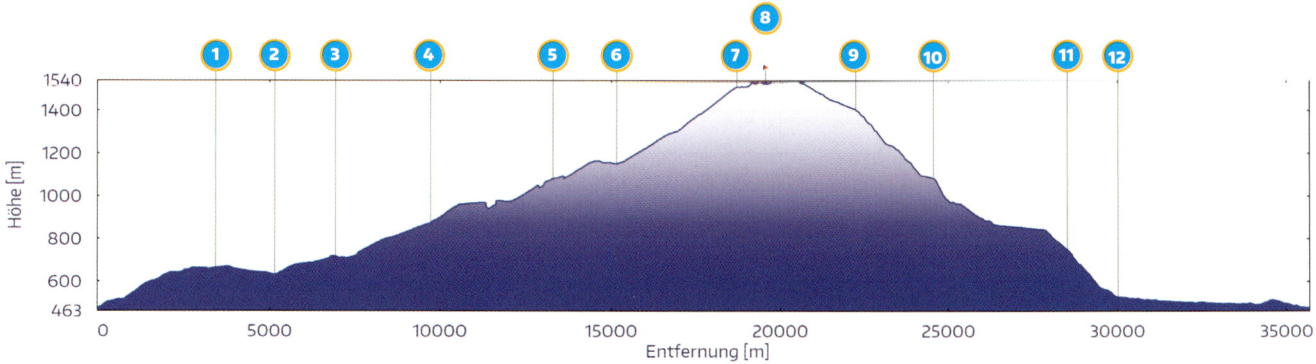

Beim Ahornkaser

Die Untersberg-Südwände

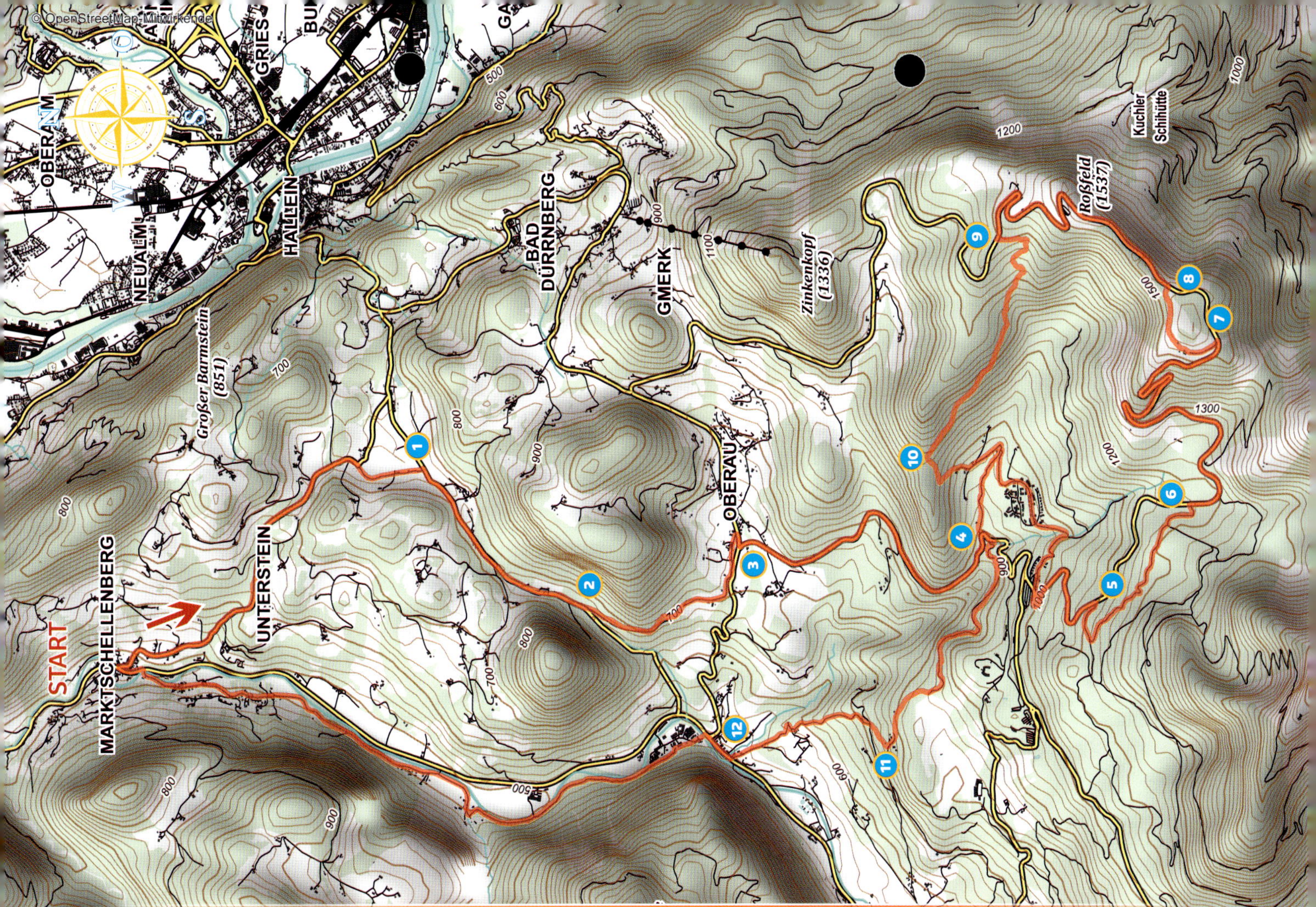
© OpenStreetMap-Mitwirkende
START
MARKTSCHELLENBERG
UNTERSTEIN
Großer Barmstein (851)
NEUALM
OBERALM
HALLEIN
GRIES
BAD DÜRRNBERG
GMERK
Zinkenkopf (1336)
OBERAU
Roßfeld (1537)
Kuchler Schihütte

HAUS DER BERGE
NATIONALPARKZENTRUM BERCHTESGADEN
Komm vorbei!
Im Nationalparkzentrum
»Haus der Berge«
in Berchtesgaden.
Haus der Berge
Nationalparkzentrum
Hanielstraße 7
83471 Berchtesgaden
+49 8652 979060-0
hausderberge@npv-bgd.bayern.de
haus-der-berge.bayern.de
© ATELIER BRÜCKNER | Michael Jungblut

Tour 47

Kehlsteinhaus

Tour 47 Kehlsteinhaus

Fahrradtyp	Bike, E-MTB
Kondition	
Fahrtechnik	
Länge	16,7 Kilometer
Anstiege	780 Höhenmeter
Fahrzeit	2 Stunden
Charakteristik	Das Kehlsteinhaus ist ein grandioser Aussichtsplatz hoch über Berchtesgaden und eines der berühmtesten Ausflugsziele in ganz Bayern. Erbaut im nationalsozialistischen Größenwahn, ist das ehemalige NS-Diplomatenhaus heute ein Bergrestaurant. Adolf Hitler bekam das Kehlsteinhaus zum 50. Geburtstag geschenkt. www.kehlsteinhaus.de Eine aussichtsreiche Tour hoch über dem Berchtesgadener Land. Über die Nordseite führt vom Ofnerboden die schmale, etwa 4 km lange Dalsenwinkelstraße zum Buswendeplatz beim Kehlsteinhaus. Sie quert die steile Nordwand des Kehlsteins und kann von Fußgängern und Radfahrern benützt werden. Die letzten 3 km mit permanent 12-18 % Steigung bieten ein würdiges Finale einer Bergwertung. Sehr empfehlenswert ist die ca. 20-minütige Wanderung zum Kehlstein Gipfel. Achtung! Auf der Kehlsteinstraße ist absolutes Fahrverbot, ausgenommen Zubringerbusse.
Sehenswürdigkeiten	Salzbergwerk, Museum im Schloss Adelsheim, Schlossmuseum in Berchtesgaden, Dokumentationszentrum Obersalzberg, Kehlsteinhaus.
Einkehrmöglichkeiten	Bergrestaurant Kehlsteinhaus.
Ausgangspunkt	Berchtesgaden, Kreisverkehr Obersalzberg Dokumentationszentrum. Von Berchtesgaden auf der Salzbergstraße nach Obersalzberg oder von Unterau nach Oberau und Obersalzberg.
Karten	Kompass Nr. 14.

	km		
0		0,0:	Vom Kreisverkehr beim Kehlsteinhaus-Busterminal in Obersalzberg Richtung Hinterbrand/Scharitzkehl.
1		1,4:	Links aufwärts auf die abgeschrankte Forststraße. Nach 150 m links im spitzen Winkel auf dem steil bergauf führenden Wanderweg Richtung Kehlstein.
2		2,1:	Man mündet in ein wunderbares Asphaltsträßchen und fährt auf diesem rechts bergauf Richtung Scharitzkehlalm. Nach 1 km an der Kreuzung geradeaus Richtung Ofnerboden/Kehlstein (rechts Scharitzkehl).
		3,9:	Die Kehlsteinstraße überqueren und weiter auf schmaler Asphaltstraße Richtung Ofnerboden/Kehlstein. Nach 700 m halbrechts aufwärts Richtung Kehlstein (links bergab Ofnerboden/Obersalzberg).
3		5,2:	An der Kreuzung rechts aufwärts Richtung Kehlstein (links Ofnerboden).
4		8,5:	Großer Parkplatz bzw. Busterminal Kehlsteinhaus. Wer noch Lust auf einen Gipfel hat, hier Raddepot und zu Fuß ca. 20 Min. zum Kehlsteinhaus und weiter zum Gipfelkreuz. Vom Parkplatz fährt man auf gleichem Weg wieder bergab, da auf der Kehlsteinstraße Radfahrverbot gilt.
		11,8:	Nach 3,3 km Abfahrt erreicht man den Wegpunkt Nr. 3 und fährt geradeaus bergab Richtung Ofnerboden (links Auffahrtsroute). Nach 600 m links abwärts Richtung Ofnerboden.
5		12,8:	An der Forststraßenkreuzung links (rechts Ofnerboden). Nach 1,2 km geradeaus.
6		14,3:	Einmündung in die Rossfeldstraße, links abwärts.
		15,5:	Mautstelle passieren.
7		15,7:	An der großen Kreuzung links in die Scharitzkehlstraße Richtung Obersalzberg.
		16,7:	Kreisverkehr Obersalzberg.

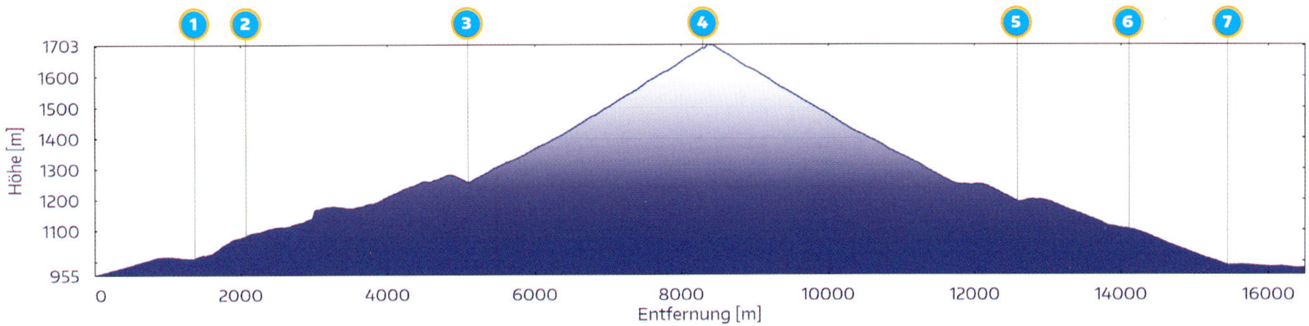

Blick Richtung Salzburg

Der Eingangstunnel zum Lift auf den Kehlstein

Dahlsenwinkelstraße am Nordhang des Kehlsteins

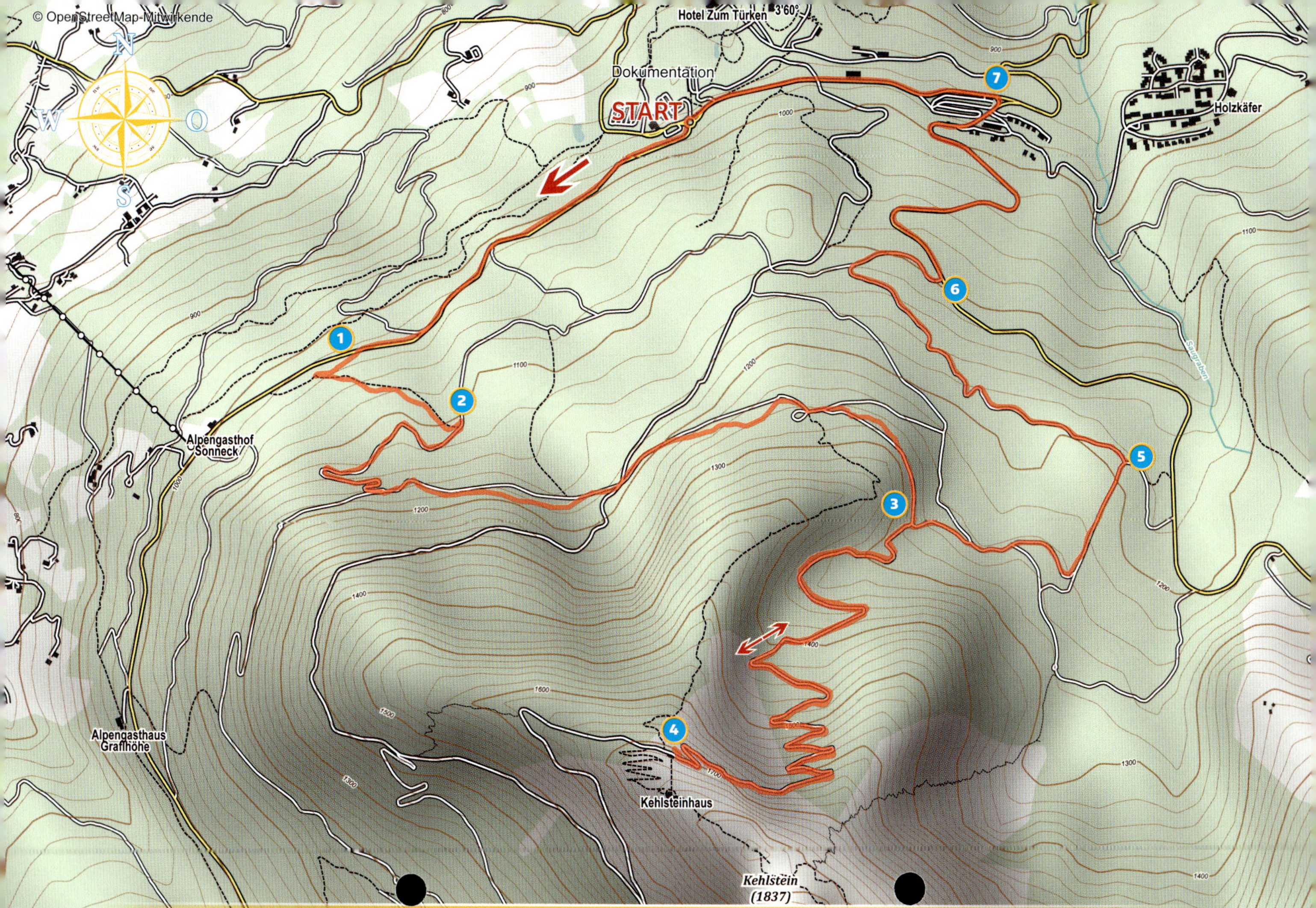

© OpenStreetMap-Mitwirkende
N
W
O
S
Hotel Zum Türken
3'60°
Dokumentation
START
Holzkäfer
Alpengasthof Sonneck
Alpengasthaus Graflhöhe
Kehlsteinhaus
Kehlstein (1837)
1
2
3
4
5
6
7

Tour 48
Gotzenalm

Tour 48
Gotzenalm

Fahrradtyp	Bike, E-MTB
Kondition	
Fahrtechnik	
Länge	23,3 Kilometer
Anstiege	1120 Höhenmeter
Fahrzeit	3 Stunden
Charakteristik	Die Gotzenalm mit Tiefblick zum Königssee ist für viele die Krönung der Berchtesgadener Mountainbike Touren. Wegen der sehr steilen Auffahrt eine extrem schwere Tour. Es sollte auch beachtet werden, dass die steile Abfahrt eine gute Bremstechnik erfordert! Eine breite Forststraße führt von Hinterbrand im ständigen Auf und Ab zur Gotzentalalm. Die nun folgenden 4 km zum Almplateau der Gotzenalm haben es in sich, müssen doch auf dieser Distanz 600 Höhenmeter überwunden werden. Nur extrem gute, konditionsstarke Biker können sich an der letzten Steigung von 25% noch im Sattel halten. Oben angekommen, sind alle Mühen wegen der faszinierenden Aussicht auf Watzmann-Ostwand, Steinernem Meer, Hagengebirge und Hohem Göll vergessen. Pflicht ist noch ein Abstecher zu Fuß zum Feuerpalfen mit gigantischem Tiefblick zum über 1100 Meter tiefer gelegenen Königssee und der Watzmann-Ostwand.
Sehenswürdigkeiten	Salzbergwerk, Museum im Schloss Adelsheim, Schlossmuseum in Berchtesgaden, Dokumentationszentrum Obersalzberg, Feuerpalfen mit Blick auf Königssee und Bartholomä, zehn Gehminuten von der Gotzenalm.
Einkehrmöglichkeiten	Gotzenalm, Königsbachalm.
Ausgangspunkt	Vom großen Kreisverkehr in Berchtesgaden Richtung Königssee. Nach 600 m (vor Bushaltestelle Wemholz) links aufwärts ca. 5 km zum Parkplatz Hinterbrand. Start ist bei der Bushaltestelle Hinterbrand am Ende des Parkplatzes.
Karten	Kompass Nr. 14.

0	km	0,0:	Von der Bushaltestelle Hinterbrand links aufwärts in die Forststraße, Radwegweisung „Königsbachalm/Stahlhaus/Gotzenalm" (nicht auf den Wanderweg am Ende des Parkplatzes Richtung Königsbachalm).
1	km	1,1:	An der Kreuzung geradeaus weiter auf der breiten Forststraße Richtung Königsbachalm (nicht links auf den Wanderweg über die Mittelstation der Jennerbahn Richtung Gotzenalm/Stahlhaus/Schneibsteinhaus).
	km	1,9:	Speicherteich mit herrlichen Panoramablicken.
	km	3,6:	Nach der Abfahrt geradeaus steil aufwärts (rechts abwärts Wanderweg Hochbahn zum Königssee).
2	km	4,7:	Königsbachalm; rechts auf der breiten Forststraße Richtung Gotzenalm (nicht auf den Wanderweg!).
	km	7,4:	Gotzentalalm; geradeaus weiter, nun sehr steil bergan Richtung Gotzenalm.
	km	10,2:	Seeaualm; die letzte Steilrampe zum Gotzenalm Plateau wird nach oben immer steiler.
3	km	11,8:	Gotzenalm, am Plateau leicht abwärts führt der Weg direkt zur bewirtschafteten Alm. Nicht vergessen! In ca. 10 Gehminuten in Blickrichtung Watzmann Ostwand gelangt man zum grandiosen Aussichtspunkt Feuerpalfen. Nach gemütlicher Einkehr in der Gotzenalm fährt man auf gleicher Strecke zurück nach Hinterbrand.
	km	18,7:	Königsbachalm, Vorsicht! nach 1,1 km steiler Abfahrt halbrechts aufwärts Richtung Mittelstation der Jennerbahn (geradeaus nach Königssee).
	km	22,2:	Geradeaus aufwärts auf der Forststraße. (Nicht den Wanderweg benützen!).
	km	23,3:	Parkplatz Hinterbrand.

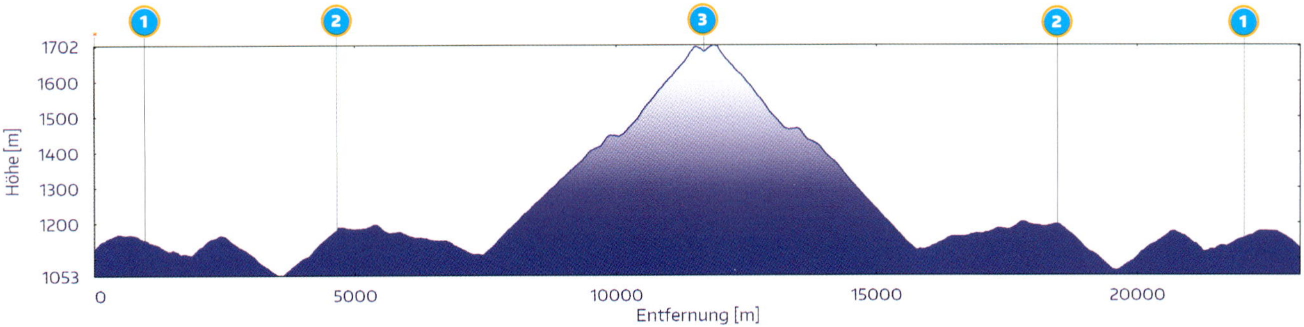

Die letzte Steilkurve vor der Gotzenalm

Die Königsbachalm

Auf der Gotzenalm Richtung Feuerpalfen

© OpenStreetMap-Mitwirkende
START
Gasthof Vorderbrand
Hinterer Brandkopf (1156)
Brettgabel (1805)
Dr.-Hugo-Beck-Haus
Jenner (1874)
Königsberg (1656)
Schneibsteinhaus
Farnleiten (1716)
Rothspielscheibe (1940)
Fagstein (2164)
Hochseeleinkopf (2105)
Büchsenkopf
Gotzentauern (1858)
Seeauer Tauern
Seeaukopf (1501)
Gotzenstein
Warteck (1742)
Gotzenalm
Lafeldkopf
Wassererberal
KÖNIGSSEE
SCHÖNAU AM KÖNIGSSEE
Königssee
1200
1100
700
1300
1400
1500
1600
1700
1800
2000

Tour 49

Watzmann-Panoramastraße zur Kühroint

Tour 49
Watzmann-Panoramastraße zur Kühroint

Fahrradtyp	Bike, E-MTB
Kondition	
Fahrtechnik	
Länge	16,7 Kilometer
Anstiege	790 Höhenmeter
Fahrzeit	2:15 Stunden
Charakteristik	Was bedeutet eigentlich „Kühroint"? Roint bedeutet geräumte bzw. gerodete Fläche! Die Kührointalm wird heute noch auf traditionelle Art in der Pflegezone des Nationalparks bewirtschaftet. Die gemütliche Kühroint-Hütte sowie das herrliche Panorama entschädigt für die Mühen des besonders nach der Schapbachalm sehr steilen Anstieges. Eine sehr komfortable Forststraße führt uns hinauf zum Zielpunkt am Fuße der Watzmannkulisse. Nicht entgehen lassen sollte man sich den kurzen Weg von der Kührointalm zur Archenkanzel. Dieser Aussichtspunkt oberhalb des Königssees erlaubt einen fantastischen Tiefblick auf Sankt Bartholomä.
Sehenswürdigkeiten	Wimbachklamm, der Blick von der Archenkanzel, ca. 1 km südlich der Kührointalm.
Einkehrmöglichkeiten	Kühroint-Hütte.
Ausgangspunkt	Von Berchtesgaden auf der B 305 Richtung Ramsau zum Parkplatz Wimbachklamm. Start ist vor der Nationalpark Informationsstelle.
Karten	Kompass Nr. 14.

0	km	0,0:	Vom Parkplatz Wimbachbrücke links über die Brücke des Wimbaches, die Asphaltstraße (Schapbachweg) aufwärts, Wegweisung „Kührointalm/Schapbachalm". Nach 500 m beginnt die sehr gepflegte Schotterstraße zur Kühroint.
		1,0:	Die Linkskehre bergauf.
1		3,5:	An der Straßenkreuzung geradeaus (links Hammerstiel, rechts Stubenalm)
		4,3:	Schapbachalm, die Straße wird jetzt zunehmend steiler.
2		6,6:	Die Rechtskehre bergauf Wegweisung „Kühroint".
3		7,7:	In der Rechtskurve weiter zur Alm (links Abzweigung zur Archenkanzel).
		7,8:	Kühroint-Hütte, Umkehrpunkt und auf gleichem Weg zurück. (Von der Kühroint-Hütte führt ein Wanderweg in ca. 30 min zur Archenkanzel, einem der schönsten Aussichtspunkte im Berchtesgadener Land.)
		8,0:	Geradeaus, die Anstiegsroute wieder zurück.
		12,2:	An der Kreuzung beim Wegpunkt 1 rechts Richtung Hammerstiel/Schönau.
4		14,5:	Nach dem Schranken, vor dem Parkplatz Hammerstiel links abzweigen in die schmale Asphaltstraße. Nach 100 m weiter auf Schotter. Nach weiteren 300 m geradeaus, den kleinen Teich rechts liegen lassen.
		15,1:	Rechts vorbei am Gehöft, Beginn Asphaltstraße.
5		15,3:	Einmündung in den Hinterschönauer Weg, links im spitzen Winkel Richtung Wimbachbrücke (geradeaus Oberschönau).
6		16,0:	Bei einer Garage links steil abwärts auf Rad- und Wanderweg Richtung Wimbachbrücke. (Vorsicht, 200 m technisch anspruchsvoll!) Nach 600 m Einmündung in Asphaltstraße, geradeaus weiter.
		16,7:	Parkplatz Wimbachbrücke.

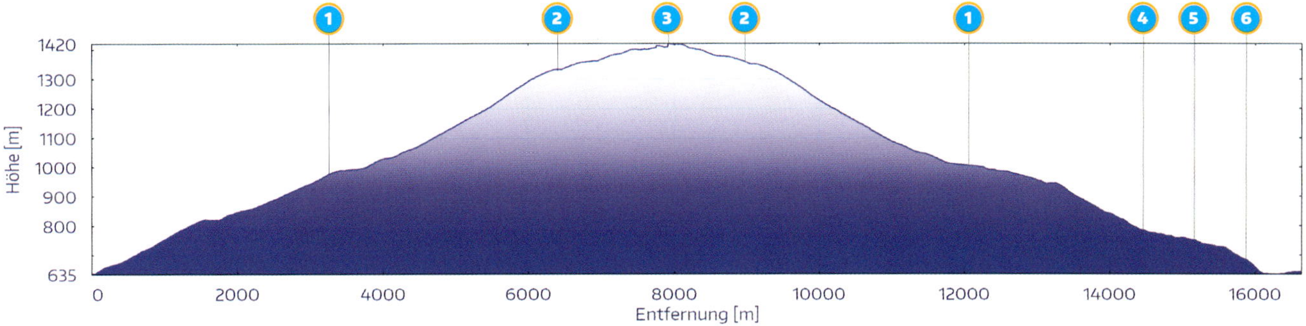

Die letzten Meter

Blick von der Archenkanzel aus

Im Hintergrund die Schappbachalm

© OpenStreetMap-Mitwirkende
START
N
W
O
S
SCHÖNAU AM KÖNIGSSEE
KÖNIGSSEE
Grünstein
(1304)
Schapbachriedel
(1329)
Watzmanngugel
(1800)
Watzmannhaus
Sommerbichl
(1458)
Kederbichl
Königssee
700
800
900
1000
1100
1200
1300
1400
1500
1600
1
2
3
4
5
6

Tour 50

Kallbrunnalm
(um den Gerhardstein)

Tour 50

Kallbrunnalm (um den Gerhardstein)

Fahrradtyp	Bike, E-MTB
Kondition	
Fahrtechnik	
Länge	26,3 Kilometer
Anstiege	910 Höhenmeter
Fahrzeit	2:30 Stunden
Charakteristik	Landschaftlich eine der reizvollsten Touren dieser Region. Die Kallbrunnalm ist das größte Almgebiet in den Berchtesgadener Alpen. An die 30 Almhütten bilden eine verstreute Almsiedlung oberhalb des Saalachtales, umrahmt von einer mächtigen Bergkulisse. Vorsicht ist geboten bei der anschließenden Abfahrt in Richtung Ehrmad Reit: steil und der zum Teil lose Schotter erfordern Aufmerksamkeit. Schattig dann die Überfahrt zum Hirschbichl. Vor der Abfahrt zum Gasthaus Lohfeyer lohnt sich noch ein Abstecher zur Litzlalm aus zweierlei Gründen: die gute Jause und die schöne Lage der Hütte. Der Forstweg um den Gerhardstein bzw. Goldenen Zweig überrascht immer wieder durch schöne Ausblicke, die Abfahrt zum Gasthaus Lohfeyer ist problemlos.
Sehenswürdigkeiten	Naturdenkmal Seisenbergklamm, www.seisenbergklamm.com
Einkehrmöglichkeiten	Gasthaus Lohfeyer, Kallbrunnalm, Kashüttn, Litzlalm.
Ausgangspunkt	Von Salzburg durch das „Deutsche Eck" nach Lofer oder von Saalfelden durch das Saalachtal (B311) nach Weißbach. Hier 2,9 km aufwärts Richtung Hirschbichl/Hintertal zum Gasthaus Lohfeyer.
Karten	Kompass Nr. 14.

0	km	0,0:	Start bei der Ausfahrt vom Parkplatz Gasthaus Lohfeyer, links in Richtung Hirschbichl.
1	km	0,3:	Bei einer Sage rechts auf den Forstweg und über einen Bachübergang.
2	km	2,2:	Nach dem Viehgatter links auf Asphalt weiter, Wegweisung „Kallbrunnalm", gleiche Wegweisung nach 300 m.
	km	3,0:	Parkplatz Pürzlbach; vorbei beim Schranken und auf dem Forstweg bergauf, die Wegweisung ist weiterhin „Kallbrunnalm".
3	km	7,1:	Kallbrunnalm; nach 200 m geradeaus, der Wegweisung „Hirschbichl" folgen.
4	km	7,7:	Links weiter (rechts Abstecher zur Kashüttn), Wegweisung „Hirschbichl/Hintersee/Seehorn".
5	km	11,2:	In der Linkskurve rechts abzweigen, Wegweisung „Falleck/Hirschbichl". Nach 1,1 km vorbei am Ausgleichsbehälter, anschließend über eine kleine Brücke.
6	km	12,6:	Kaltwasserstube, links, Wegweisung „Falleck/Hirschbichl".
	km	14,6:	Schranken passieren, nach 300 m vorbei am Forsthaus Falleck.
	km	15,4:	Einbindung die Asphaltstraße zum Hirschbichl, halbrechts bergauf, Wegweisung „Hirschbichl/Litzlalm".
7	km	16,4:	Links abzweigen auf den Forstweg, Wegweisung „Litzlalm" (geradeaus zum Hirschbichl).
8	km	17,7:	Geradeaus weiter, links Abstecher zur Litzlalm.
9	km	18,3:	Eiblkreuzung, links, Wegweisung „Hundsfußalm/Weißbach über Grasenberg". Nach 500 m vorbei an der Möserwaldstube.
10	km	20,4:	In der Rechtskurve geradeaus bergauf, Wegweisung „Hundsfußalm/Weißbach/Hintertal" folgen. Nach 3,5 km Schranken und ebenso nach weiteren 600 m.
	km	26,3:	Parkplatz Gasthaus Lohfeyer.

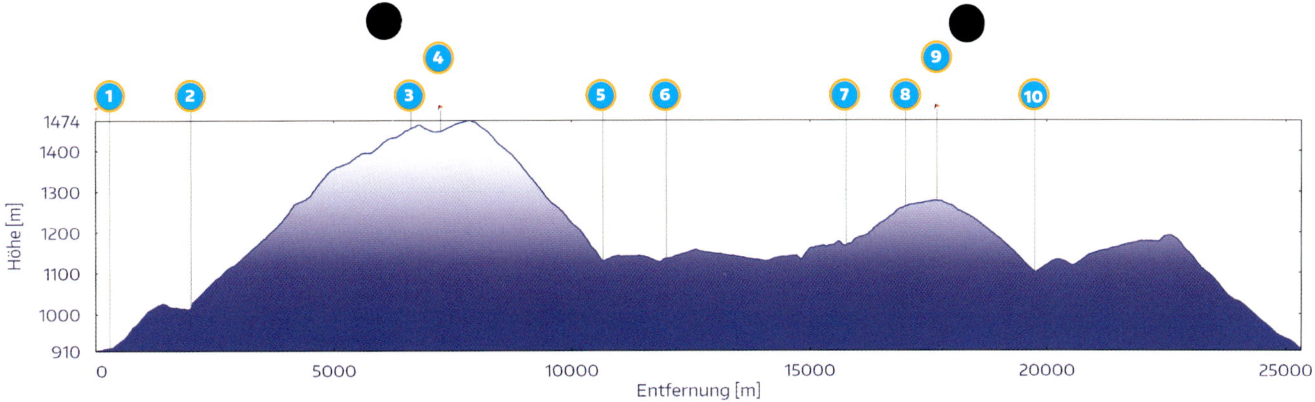

Weg über den Almboden

Die Kapelle bei Lohfeyer

Kaser auf der Kallbrunnalm

Tour 50 • Kallbrunnalm (um den Gerhardstein)

Tour 51

Über die Loferer Alm

Tour 51
Über die Loferer Alm

Fahrradtyp	**Bike, E-MTB**
Kondition	
Fahrtechnik	
Länge	**40,1 Kilometer**
Anstiege	**1380 Höhenmeter**
Fahrzeit	**4 Stunden**
Charakteristik	**Das anfangs gemütliche Einrollen durch das romantische Unkenbachtal ist ein Vorgeschmack auf die landschaftliche Schönheit dieser Tour. Man besucht die Schigebiete Winklmoosalm sowie Loferer Alm. Vom Panoramablick Schwarzeck oberhalb der Loferer Alm kann man alle umliegenden Gebirgsgruppen genießen. Diese wunderschöne Almentour ausschließlich auf gepflegten Forststraßen bietet sich auch ideal für E-Biker an.**
Sehenswürdigkeiten	**Schwarzbergklamm**
Einkehrmöglichkeiten	**Möseralm, Alpenhof Schönblick und Kecht Alm auf der Loferer Alm, Gasthaus Dietrichshorn in Unken.**
Ausgangspunkt	**Ortszentrum von Unken. Von Salzburg kommend über Reichenhall und durch das „Deutsche Eck" in das Ortszentrum Unken. Von Lofer oder Saalfelden durch das Saalachtal in das Ortszentrum Unken. Im Ort sind mehrere kleine Parkplätze.**
Karten	**Kompass Nr. 14.**

0	km	0,0:	Von der Ortsmitte Unken (Volksschule bzw. Gemeindeamt) folgt man den Hinweisschildern in Richtung Heutal.
1	km	2,5:	Links abzweigen Wegweisung „Friedlwirt/Unkenbachtal". Nach 700 m beim Friedlwirt geradeaus, hier beginnt die Forststraße in das Unkenbachtal.
2	km	10,3:	Schwarzbergklamm; geradeaus weiter steil bergauf. (Hier links über die Klammbrücke Richtung Fußtalstube kann die Tour um ca. 9 km abgekürzt werden.)
	km	13,1.	An der Verzweigung rechts Richtung Winklmoos, die folgenden Abzweige ignorieren.
	km	14,0:	Gschieberstube.
3	km	15,1:	Tanzanger; an der großen Wegkreuzung links aufwärts Richtung Möseralm/Steinplatte (geradeaus Winklmoosalm, rechts Heutal).
	km	18,2:	An der Wegkreuzung unterhalb der Möseralm links Radwegweisung „Loferer Almrunde". Vorher ist aber eine kurze Labung in der Möseralm angesagt.
	km	19,4:	Bei der Talstation des Sessellifts rechts, anschließend vorbei an der Talstation der Bäreckbahn.
	km	20,2:	An der Wegkreuzung rechts aufwärts. Nach 1,2 km wieder rechts aufwärts.
4	km	23,7:	Fußtalstube; geradeaus Radwegweisung „Loferer Alm". (Variante: von hier links abwärts in 4,5 km zur Schwarzbergklamm.)
	km	26,4:	Schigebiet Loferer Alm, Beginn Asphalt.
5	km	27,2:	Loferer Alm; vor dem Alpenhof Schönblick links Richtung Kecht Alm/Schwarzeck/Unken.

6 km 28,3: An der Wegkreuzung links aufwärts zur Kecht-Alm am Schwarzeck. Es zahlt sich jedenfalls aus, diese wenigen Höhenmeter zur Kecht-Alm hinaufzufahren. Die Alm-Sonnenterrasse bietet einen Panoramablick, der seinesgleichen sucht! Sogar eine Akku Ladestation für E-Bikes wird hier geboten.

km 28,8: Wieder zurück bei Wegpunkt 6, hier links abwärts Richtung Unken. Nach 1 km vorbei am Götz-Kaser. Auf der Forststraße immer Richtung Unken, alle Abzweige ignorieren.

7 km 34,8: Vorsicht bei der Abfahrt! Links Richtung Unkenberg/Unken. Nach 100 m Beginn Asphalt.

8 km 38,2: Unkenberg; an der Verzweigung nach der Brücke rechts abwärts entlang des Unkenbaches.

km 39,1: Einbindung in die B 178, links auf den Radweg parallel zur Bundesstraße Richtung Unken.

km 40,1: Ortszentrum Unken.

Abfahrt vom Schwarzeck

Durch die Schwarzbergklamm

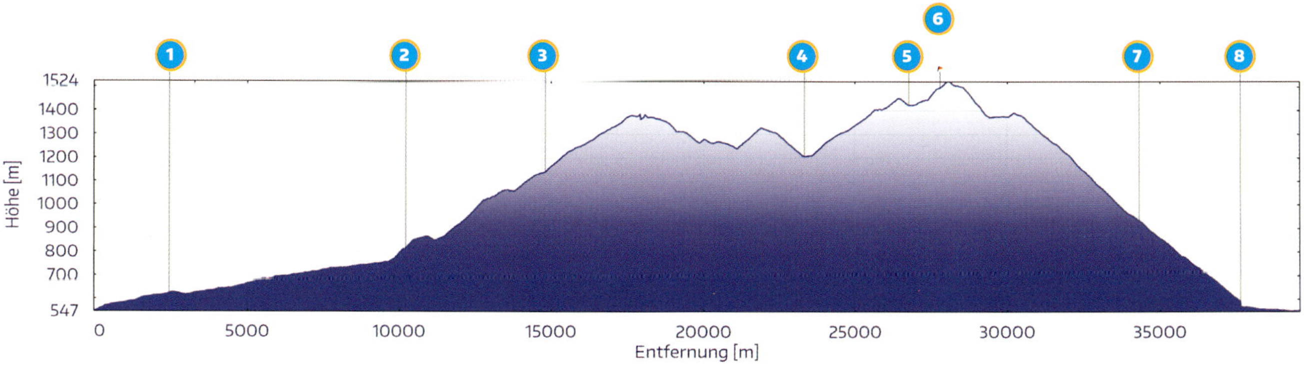

Schwarzeckalm

Transalp Bergwertung Schwarzeck,
Abschnitt Loferer Alm

Möseralm

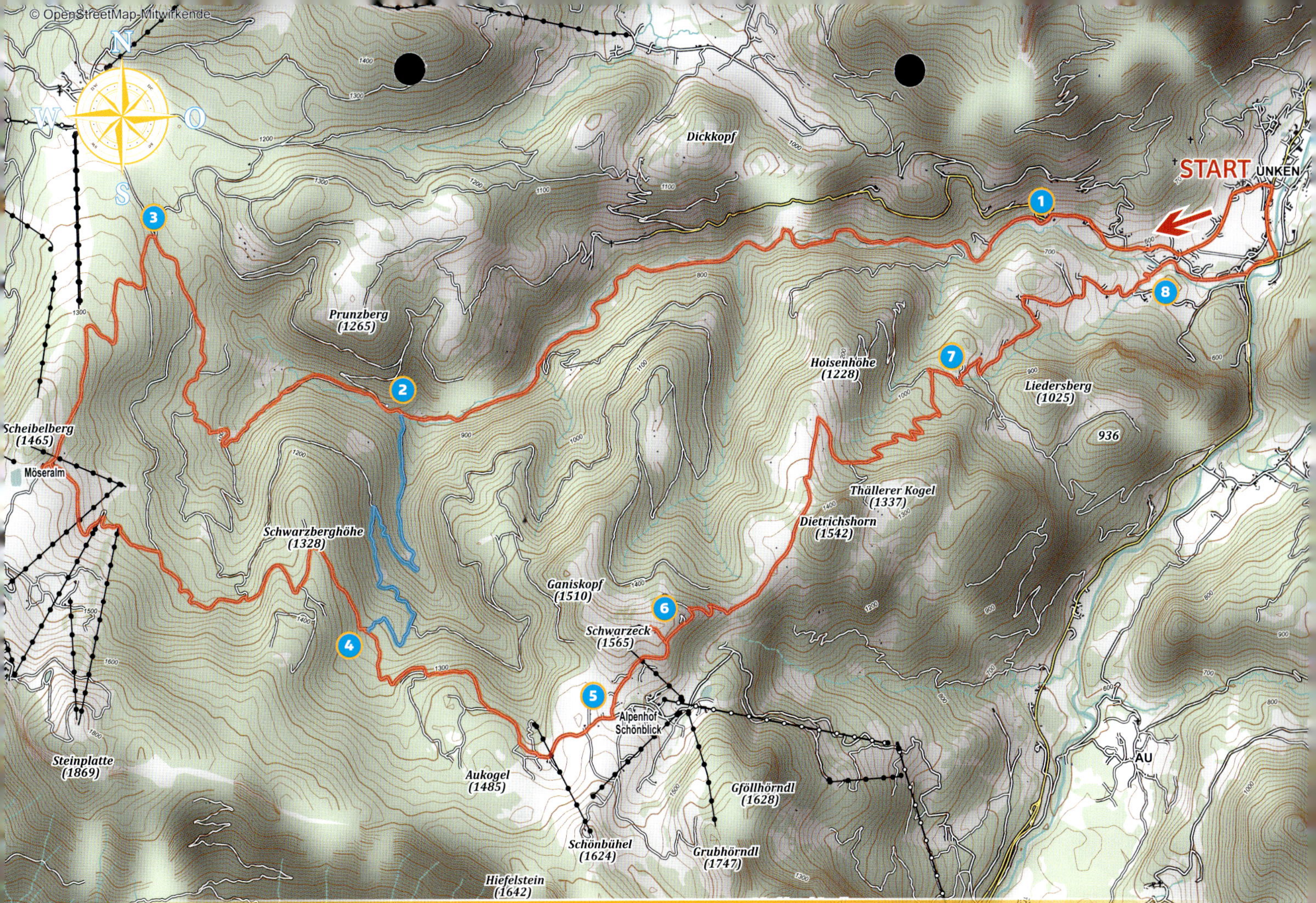

Tour 51 • Über die Loferer Alm

Der Fahrradspezialized im Saalachtal für Mountainbikes, Rennräder und E-Bikes!

Öffnungszeiten: Mo-Fr 8:00 - 12:00 & 13:00 - 18:00 Uhr, Sa 8:00 - 12:00 Uhr, Mittwoch Nachmittag geschlossen.

Martins Bikeshop KG | Unkenberg 22 | A-5091 Unken
Tel. +43 6589 7325 | Mail: office@martins-bikeshop.at
www.martins-bikeshop.at

BILDBAND

Marika Hildebrandt·Dr. Michael Vogel

Nationalpark Berchtesgaden

Im Augenblick der Zeitlosigkeit

Die mehrfach ausgezeichnete Fotografin Marika Hildebrandt fotografierte jahrelang mit Geduld und Hingabe ein Stück ihrer Heimat, den Nationalpark Berchtesgaden. Vom Wasser über Wiesen, Bergwälder, Almboden bis hin zum Fels entführen hinreißende Aufnahmen zu den Lebensräumen der Tiere und Pflanzen. Mit erklärenden Texten vom Leiter des Nationalparks. Der offizielle Bildband zum neu eröffneten „Haus der Berge" in Berchtesgaden.

224 Seiten, Hardcover
ISBN 978-3-940141-41-5, € 39.80

Im Buch- & *Zeitschriftenhandel*

Tour 52

Von Reichenhall um das Lattengebirge

Tour 52
Von Reichenhall um das Lattengebirge

Fahrradtyp	Bike, E-MTB
Kondition	
Fahrtechnik	S1
Länge	34 Kilometer
Anstiege	840 Höhenmeter
Fahrzeit	3:30 Stunden
Charakteristik	Bei dieser sehr abwechslungsreichen Tour können wir immer wieder herrliche Blicke auf die beeindruckende Kulisse der Berchtesgadener Alpen genießen. Die ständig wechselnde Wegbeschaffenheit und einige steile Anstiege fordern Kondition und Können. Vor allem die steile Forststraße zur Mordaualm zieht sich einige Kilometer dahin. Dafür bekommt man bei einer Pause auf der Mordaualm die bayerischen Gebirgsklassiker Watzmann und Hochkalter serviert. Der Schwierigkeitsgrad eines kurzen Teils der Abfahrt wird mit „S1" klassifiziert. Eine detaillierte Einstufung der technischen Schwierigkeiten findet man unter www.singletrail-skala.de
Sehenswürdigkeiten	Alte Saline in Bad Reichenhall www.alte-saline.de
Einkehrmöglichkeiten	Gasthaus Schießstätte, Wirtshaus Wachterl bei der Schwarzbachwacht, 2 bewirtschaftete Almen auf der Mordaualm.
Ausgangspunkt	Luitpoldbrücke in Reichenhall, von der Autobahn A 8 Salzburg - München kommend Richtung Bad Reichenhall, Umfahrungsstraße bis zur Luitpoldbrücke, die den Ortsteil Kirchberg mit der Bundesstraße verbindet. Parkmöglichkeit bei der Rupertustherme bzw. „P7 Festplatz" an der Umfahrungsstraße.
Karten	Kompass Nr. 14.

0	km	0,0:	Von der Luitpoldbrücke auf dem Saalachtal Radweg flußaufwärts Richtung Unterjettenberg, Wegweisung Unterjettenberg/Baumgarten. Nun immer entlang des Saalachstausees. Nach 2,4 km die Zufahrtsstraße zum Kieswerk überqueren.
1	km	6,1:	Nach der Unterführung der Bundesstraße bei Unterjettenberg links im spitzen Winkel aufwärts zur Bundesstraße Richtung Reichenhall, Radwegweisung: „MTB 14 - Rund um das Lattengebirge". Nach 200 m am Ende der Parkbucht rechts aufwärts auf schmaler Asphaltstraße. Nach weiteren 200 m die Rechtskehre bergauf. Bei km 6,7 Brücke über den Schwarzbach.
2	km	7,3:	Links auf die Alpenstraße B 305 zur Schwarzbachwacht „MTB 14".
3	km	8,9:	Unmittelbar nach einer Brücke rechts abwärts auf einem Schotterweg abzweigen, Wegweisung „MTB 14". Nach 2,8 km passiert man die Schwarzbachalm, quert einen Bach, dann rechts. Jetzt wird der Forstweg zusehends steiler.
4	km	13,0:	Parkplatz Schwarzbachwacht, diesen geradeaus überqueren und Richtung Taubensee auf dem Wanderweg weiter. Nach 200 m die Asphaltstraße queren und weiter am Wanderweg „Rund um den Taubensee".
	km	13,7:	An der Wegverzweigung vor dem Taubensee links „MTB 14".
5	km	14,2:	An der Wegverzweigung links, nach 50 m links steil aufwärts „MTB 14". Anschließend die Deutsche Alpenstraße schräg überqueren, auf der gegenüberliegenden Seite aufwärts Richtung Mordaualm. Jetzt auf der „Forstautobahn" alle Abzweige ignorierend zur Mordaualm.
	km	17,1:	Mordaualm; (zwei bewirtschaftete Almen) geradeaus über den Almsattel Richtung Winkl. Nach 1,0 km bei der Fernwasser Diensthütte halbrechts abwärts, Beginn Trail „S1" bzw. Schiebestrecke. Nach 350 m den oberen, rechten Steig nehmen und nach 100 m Einmündung in eine Forststraße, auf dieser weiter bergab.

6 km 20,4: An der Wegkreuzung geradeaus steil abwärts „MTB 14" (rechts nach Loipl). Auf dieser Forststraße abwärts, alle Abzweige ignorieren. Nach 2,4 km Beginn Asphalt, am Klaushäuslweg talauswärts bis zur Bundesstraße in Winkl.

7 km 24,1: Einmündung in die B 20 bei Winkl. Links auf den Radweg Richtung Hallthurm „MTB 14".

km 25,3: Rechts über die Bahngleise und weiter den Radwegweisern folgen. Nach 700 m links Richtung Hallthurm (rechts Maximilians-Reitweg).

8 km 27,5: Hallthurm; nach dem Parkplatz links im spitzen Winkel abwärts zur Hauptstraße. Die Hauptstraße schräg nach unten überqueren und auf einer Forststraße parallel zur Bahn Richtung „Bayerisch Gmain/Reichenhall". Nach 500 m links, die Bahngleise überqueren.
(Gemütlichere Variante: von Hallthurm immer geradeaus auf dem Radweg nach Bayerisch Gmain. An der Kreuzung in Bayerisch Gmain rechts, dann sofort links in die Reichenhallerstraße. Beim Wegpunkt 10 trifft man wieder auf die Originalroute).

km 28,7: Über eine schmale Brücke, dann einige Stufen aufwärts schieben, anschließend weiter auf dem Wanderweg Richtung „Bayerisch Gmain/Reichenhall".

9 km 29,4: Rechts über die Bahngleise, nach 60 m nach dem Asphalt links auf den Wanderweg „Bayerisch Gmain/Reichenhall". Nach 100 m über einige Stufen abwärts dann über eine schmale Brücke. Man mündet bei einem Haus in eine schmale Schotterstraße, auf dieser rechts abwärts, später wieder entlang der Bahn.

km 30,8: Wieder die Bahngleise überqueren. Nach 100 m vorbei am Wanderparkplatz und geradeaus weiter auf Asphalt in die Alpentalstraße, beim Getränkemarkt rechts abwärts.

km 31,4: Bayerisch Gmain; rechts in die Lattenbergstraße, nach 20 m links abwärts in die Obere Bahnhofstraße. Vor dem Hotel Post links, danach rechts in die Untere Bahnhofstraße, durch die beiden Unterführungen von Bahn und Straße.

10 km 31,8: Links in die Reichenhaller Straße, nach 300 m halbrechts weiter in der Reichenhaller Straße. Nach weiteren 150 m die Kreuzung geradeaus überqueren.

11 km 32,3: Links abbiegen in die Sonnenstraße. Nach 700 m an der Verzweigung links abwärts den Radwegweisern folgen.

km 33,4: Reichenhall; Einbindung in die Berchtesgadener Straße, rechts abwärts. Nach 500 m beim Bahnhof Reichenhall rechts im spitzen Winkel abwärts durch die Rad- und Fußgängerunterführung zur Saalach.

km 34,0: Luitpoldbrücke.

Schwarzbachalm unterm Wachterl

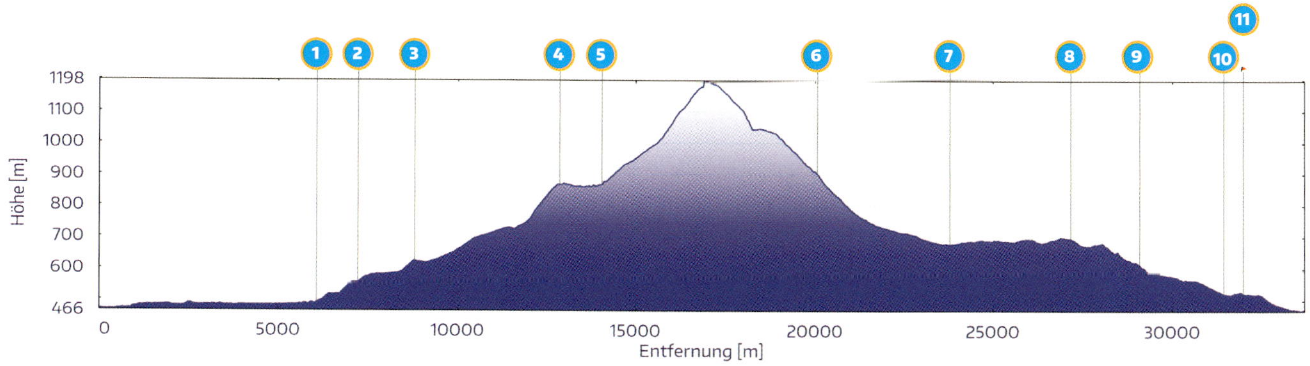

Abfahrt von der Fernwasser-Diensthütte

Die Mordaualm

Schwarzbachalm

Tour 52 • Von Reichenhall um das Lattengebirge

Die Jausenstation Litzlalm

Alm im Österreichischen Pinzgau

Von Mitte Mai bis Mitte Oktober bewirtschaftet. Auf dem Gebiet der österreichischen Gemeinde Weißbach bei Lofer liegt die Litzlalm oberhalb des Hirschbichl. Die Jausenstation auf der Litzlalm ist eine typisch östereichische Berggaststätte: Zwischenmahlzeiten und Mehlspeisen, und dazu ein herrlicher Ausblick auf die Bergwelt der Berchtesgadener Alpen.

Beliebte Mountainbike-Strecke!

Familie Hohenwarter – Telefon +43 (0) 664 3512143

Schwarzbachalm

Tour 53

Rund um die Reiter Alpe

Tour 53
Rund um die Reiter Alpe

Fahrradtyp	Bike, E-MTB
Kondition	
Fahrtechnik	
Länge	66,1 Kilometer
Anstiege	1530 Höhenmeter
Fahrzeit	5:30 Stunden
Charakteristik	Ein MTB-Klassiker! Die Reiter Alpe und ihre Umgebung sind ein wahres Feuerwerk an tollen Ausblicken. Entlang des Saalachsees genießt man noch die gemütliche Fahrt. Technisch bietet diese Tour absolut keine Schwierigkeiten. Herrliche Ausblicke auf die Loferer Steinberge begleiten uns während der Abfahrt nach Reit, ehe wir durch das Saalachtal nach St. Martin radeln. Ein langer Anstieg durch das Wildental bringt uns hinauf zum Hirschbichl. Ein guter Tipp für eine kulinarische Einkehr wäre die Litzlalm mit herrlicher Aussicht zu den Bergkulissen der Reiter Alpe sowie Hochkalter. Der Rückweg führt uns durch das Klausbachtal zum Hintersee. Noch ein paar Höhenmeter hinauf zum Taubensee, danach ist nur noch genussvolles Ausrollen zum Saalachsee angesagt.
Sehenswürdigkeiten	Salzmuseum in Bad Reichenhall, Nationalpark-Infostelle am Parkplatz Hintersee (Klausbachhaus).
Einkehrmöglichkeiten	Gasthaus zu den 3 Brüdern in Reit, Litzlalm, Gasthaus Hirschbichl, mehrere Gasthäuser am Hintersee, Gasthaus Wachterl bei der Schwarzbachwacht.
Ausgangspunkt	Luitpoldbrücke in Reichenhall, von der Autobahn A 8 Salzburg - München kommend Richtung Bad Reichenhall, Umfahrungsstraße bis zur Luitpoldbrücke, die den Ortsteil Kirchberg mit der Bundesstraße verbindet. Parkmöglichkeit bei der Rupertustherme bzw. „P7 Festplatz" an der Umfahrungsstraße.
Karten	Kompass Nr. 14.

0	km 0,0:	Von der Luitpoldbrücke auf dem Saalachtal Radweg flussaufwärts und entlang des Saalachstausees Richtung Unterjettenberg. Nach 2,4 km die Zufahrtsstraße zum Kieswerk überqueren.
1	km 6,1:	Nach der Unterführung der B 21 bei Unterjettenberg links im spitzen Winkel aufwärts zur Bundesstraße Richtung Reichenhall, Radwegweisung „MTB 14 - Rund um das Lattengebirge". Nach 200 m am Ende der Parkbucht rechts aufwärts auf schmaler Asphaltstraße. (Hier wäre ein alternativer Startplatz für diese Tour.) Nach weiteren 200 m die Rechtskehre bergauf und über die Brücke des Schwarzbaches.
2	km 7,2:	Die Deutsche Alpenstraße geradeaus überqueren, Wegweisung „Oberjettenberg/Traunsteiner Hütte". (Links aufwärts zur Schwarzbachwacht „MTB 14".) Nach 130 m geradeaus (links zum Dolomitwerk).
3	km 8,9:	Links abzweigen, Wegweisung „Traunsteiner Hütte" (geradeaus Oberjettenberg). Nach 1,0 km vor dem Kasernentor rechts aufwärts auf Forststraße.
	km 11,7:	Nach kurzer Abfahrt bei der Rastnock Diensthütte halbrechts bergab.
	km 14,1:	Aschauer Klause.
4	km 15,0:	In einer Linkskurve geradeaus auf einem Waldweg Richtung Reit, nach 700 m bei der Einmündung in die Forststraße halbrechts, über den Sattel, dann stets bergab, MTB Wegweisung „Reit/Unken".
5	km 19,4:	In Reit 100 m nach dem Gasthaus „ Zu den 3 Brüdern" bei einer kleinen Kirche links, Wegweisung „Saalachtalrunde/Rund um die Reiter Alpe/Au/Lofer", nach 400 m geradeaus über die Wiese. Man folgt immer der Radwegweisung „Pinzgau-Bike-Saalachtalradweg".
	km 21,9:	Nach einem Bauernhaus die Rechtskurve bergab, Wegweisung „Au/Lofer".

6 km 22,1: Unmittelbar nach der Brücke links, Richtung „Scheffsnoth/ Auer Kircherl". Nach 400 m vorbei am Auer Kircherl.

7 km 22,8: In Au an der Kreuzung links „Saalachtalrunde Richtung Scheffsnoth".

km 24,6: In Scheffsnoth links, nach 100 m beim Bauernhaus rechts bergab.

8 km 25,6: Scheffsnoth; links über die Brücke Richtung St. Martin (geradeaus über die Saalach nach Lofer). Nach 400 m entlang der Saalach auf Schotter.

9 km 28,3: St. Martin; links im spitzen Winkel bergauf Richtung Wildental, Wegweisung „Hirschbichl/Litzlalm".

km 31,4: An der Verzweigung beim Heustadel halbrechts Richtung Hirschbichl.

km 31,8: St. Georgs Kapelle im Mühlgraben.

10 km 32,7: In der Rechtskurve geradeaus auf die Forststraße Wegweisung „Hirschbichl/Litzlalm".

km 34,1: Möserwaldkreuzung, die Linkskehre bergauf (rechts Goldener Zweig, Tour Nr. 50).

11 km 36,1: Eiblkreuzung, rechts weiter.

12 km 36,8: Abzweigung „Hufnagei" zur Litzlalm, rechts aufwärts, diese erreicht man nach 900 m.

km 37,7: Litzlalm; auf derselben Strecke wieder retour zur Kreuzung (Wegpunkt 12), dann rechts abwärts Richtung Hirschbichl.

km 40,5: Einmündung in die Hirschbichlstraße, links abwärts auf Asphalt, nach 200 m den Grenzübergang passieren und in flotter Fahrt bergab zum Hintersee. (Vorsicht Busverkehr!)

km 47,5: Nationalparkhaus Hintersee, Schranken passieren.

13 km 47,9: An der Kreuzung vor dem Hintersee links entlang des Hintersees, nun der Wegweisung „Schwarzbachwacht" folgen.

14 km 49,9: Am Ende der Steigung auf den links gelegenen Schotterweg „König Max Weg" abzweigen, Wegweisung „Schwarzbachwacht/Taubensee, nach 1,2 km mündet man in die Alte Reichenhaller Straße, auf dieser Richtung Schwarzbachwacht.

15 km 53,1: Schwarzbachwacht; 50 m vor der Einmündung in die B 305 links auf den Wanderweg zum Parkplatz abzweigen, diesen geradeaus überqueren. Anschließend auf dem Forstweg steil bergab, Wegweisung „Schwarzbachalm/Rund um die Reiter Alpe". Bei der Schwarzbachalm links den Bach überqueren.

km 57,4: Einbindung in die Alpenstraße (B 305), links bergab Richtung Unterjettenberg.

km 58,9: Vorsicht bei der Abfahrt! Am Wegpunkt 2 bei Unterjettenberg rechts in die schmale Asphaltstraße, die bei der Anfahrt benützt wurde. Nach 800 m die Linkskurve bergab. Nach weiteren 200 m links über den kleinen Parkplatz (alternativer Startort).

km 60,0: Am Wegpunkt 1 rechts abwärts, durch die Unterführung der B 21 und am Radweg zurück nach Reichenhall.

km 66,1: Reichenhall, Luitpoldbrücke.

Hängebrücke über dem Klausbach

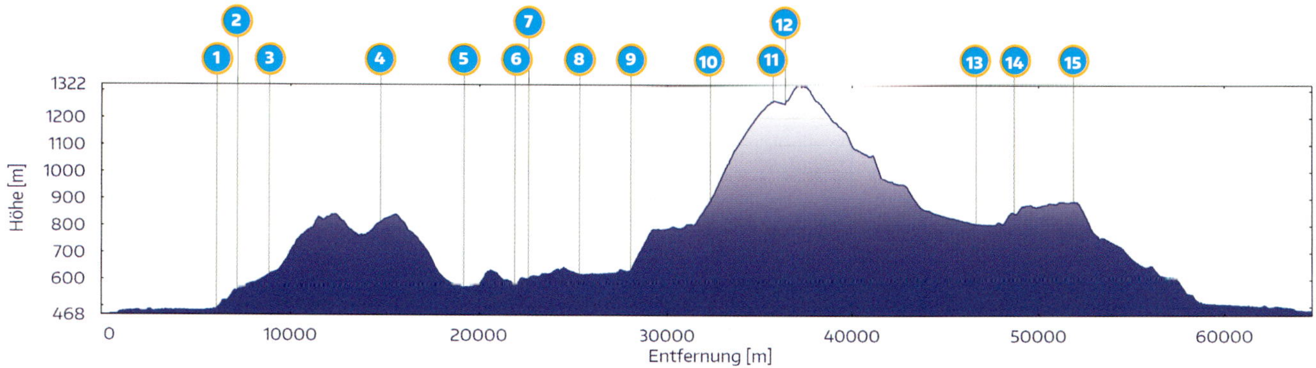

Aschauer Klause

Almwiese auf der Litzlalm

Aschau mit Loferer Steinbergen

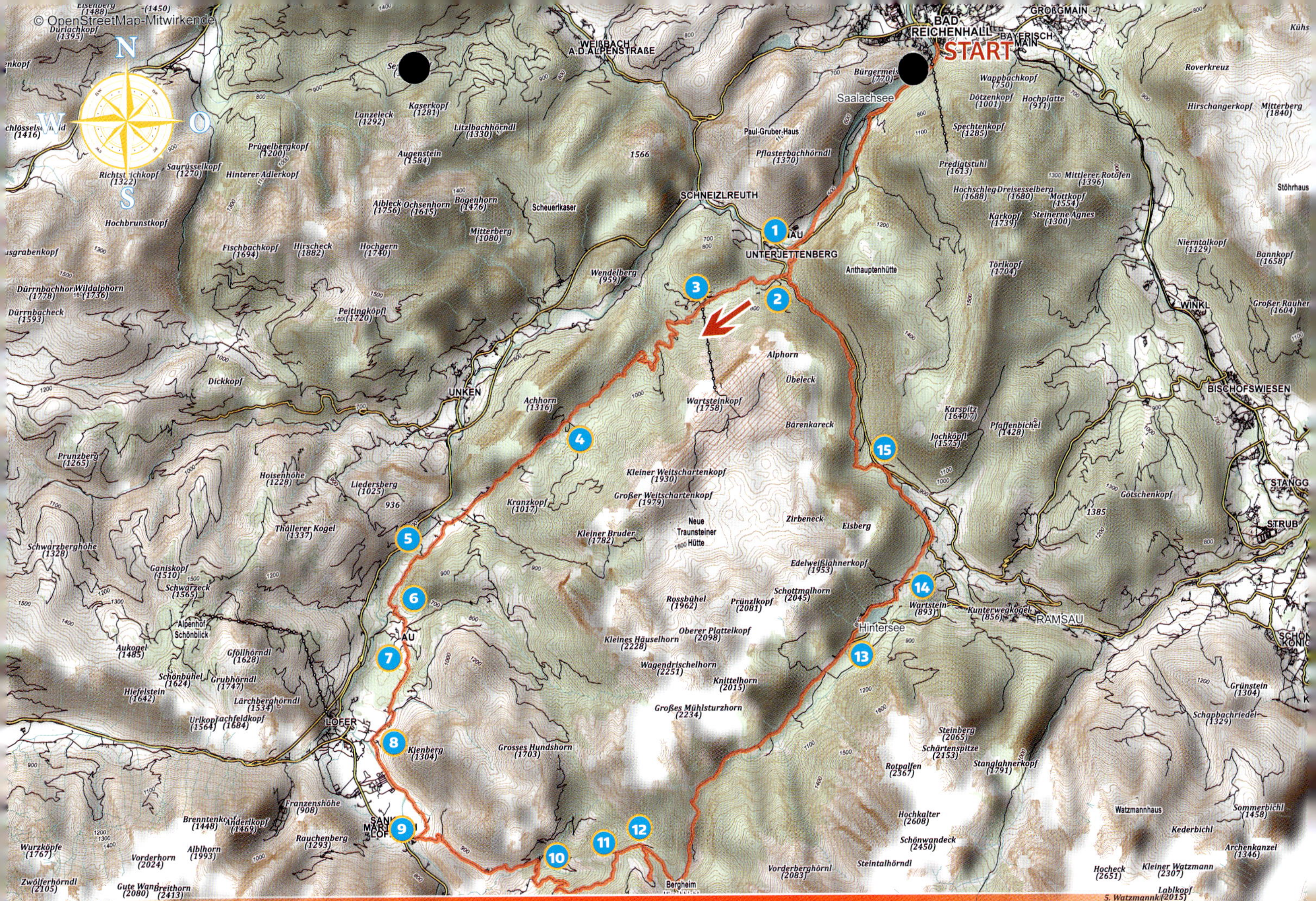

Tour 53 • Rund um die Reiter Alpe

www.dorfbaeckerei.de
Bäckerei - Konditorei - Café Niedermayer
83486 Ramsau, Im Tal 1 - Tel. 0 86 57 / 12 51
Filiale Berchtesgaden: Am Franziskanerplatz 6
Filiale Bad Reichenhall: Im Drexler-Frischemarkt
Café
Bäckerei Niedermayer
Die Watzmann-Nudel
Ramsauer Frischeinudeln
aus eigener Produktion
Ramsauer Holzofenbrot
Mai - Oktober durchgehend
von 6.00 - 18.00 Uhr geöffnet
Brot- und Semmeln, Kuchen, Torten
Gebäck, Konfitüren, Nudeln und
Schokolade - alles Eigenproduktion
Frühstück, Brotzeit, kleines Gericht,
Kaffee und Eisspezialitäten

Tour 54

Rund um den Staufen

Tour 54
Rund um den Staufen

Fahrradtyp	**Bike, E-MTB**
Kondition	
Fahrtechnik	
Länge	**42,2 Kilometer**
Anstiege	**1020 Höhenmeter**
Fahrzeit	**4 Stunden**
Charakteristik	**Rad- und Wanderwege führen uns von Piding nach Anger. Entlang der Stoißer Ache ein Stück Richtung Stoißer Alm und über die Inzeller Höhe fahren wir hinüber nach Adlgaß. Erst noch steil hinauf nach Schneewinkel, dann vorbei am idyllischen Falkensee kommt man in das Weißbachtal. 2 kurze Abwärts-Tragepassagen entlang des Soleleitungsweges sind die einzigen Hindernisse am Weg in der Weißbachschlucht, die etwas Abwechslung in diese Tour bringen. Der folgende Anstieg auf einer Asphaltstraße nach Jochberg ist nochmals schweißtreibend aber problemlos und ohne besondere Schwierigkeit. Nach der Abfahrt bietet sich eine Pause am Listsee bzw. beim Listwirt an.**
Sehenswürdigkeiten	**Weißbachschlucht.**
Einkehrmöglichkeiten	**Wirtshaus Adlgaß, Café Zwing, Gasthof Stabach in Weißbach, Gasthaus Listwirt, Altwirt in Piding.**
Ausgangspunkt	**Piding, von der Autobahn A 8 Salzburg - München kommend, nach ca. 300 m in Richtung Freilassing rechts nach Piding-Dorf. Im Ort sind einige Parkmöglichkeiten. Start ist am Petersplatz bei der Kirche zwischen Dorfbrunnen und Maibaum.**
Karten	**Kompass Nr. 14.**

0	km	0,0:	Vom Petersplatz in Piding in die Wisbacherstraße, nach 150 m links durch die Unterführung der B 20, anschließend links auf den Radweg. Nach 650 m geradeaus Richtung Kleinhögl (links Innebergweg).
1	km	0,8:	Links über die Brücke, über den Parkplatz auf den Wanderweg Richtung Jechling. Jetzt immer diesem Weg folgen, alle Abzweige ignorieren. Man trifft hier auf originelle Waldgeister aus Wurzeln und Ästen. (Den hier beschriebenen Wanderweg nach Anger kann man wie bei Tour 17 Höglrunde WP 3 bis WP 4 umfahren!).
	km	2,2:	Nach dem Brückerl rechts auf den Wiesenweg entlang dem Gerinne. Bei der Kapelle rechts steil aufwärts, nach 50 m links auf den Güterweg, der in eine Asphaltstraße mündet.
2	km	2,8:	Jechling; nach der Brücke rechts im spitzen Winkel aufwärts Richtung Anger/Aufham. Nach 300 m geradeaus.
3	km	3,8:	Einmündung in eine Forststraße, halbrechts aufwärts, nach 100 m links auf den Wanderweg Richtung Anger. Nach 500 m auf einem schmalen Weg entlang der Stoißer Ache.
	km	5,1:	Links über die Holzbrücke der Stoißer Ache, nach 30 m mündet man in eine Asphaltstraße, nach 200 m auf einen Wanderweg entlang der Stoißer Ache.
	km	5;5:	Hadermarkt; die Hauptstraße geradeaus überqueren in den Hadermarktweg.
4	km	6,1:	Anger; nach der kurzen Steigung links abwärts, nach 70 m rechts in die Scheiterstraße. Nach 400 m links in die Kohlhäuslstraße Richtung Stoißeralm. An der nächsten Kreuzung rechts über die Brücke.
5	km	11,8:	In der Rechtskurve geradeaus Richtung Inzell/Adlgaß (rechts Stoißeralm). Wir fahren über die Inzeller Höhe, bei den nächsten 2 Kreuzungen immer der Wegweisung Inzell/Adlgaß folgen.
	km	15,0:	Beim Parkplatz Adlgaß geradeaus abwärts auf der Asphaltstraße Richtung Inzell. (Wirtshaus Adlgaß 200 m links aufwärts).

6 km 15,7: Nach der Brücke links, die Forststraße steil aufwärts Richtung Gamsknogl/Zwiesel. Nach 500 m rechts nach Schneewinkel. Nach weiteren 200 m links vorbei am Gehöft mündet man in einen schmalen Wiesenweg. Nach der kurzen Steilstufe mündet man in einen Waldpfad, auf diesem immer geradeaus.

km 16,6: Einmündung in Forststraße, auf dieser immer geradeaus abwärts.

km 18,2: Nach der Abfahrt mündet man in eine breitere Forststraße, auf dieser links Richtung Falkensee. Nach 100 m bei einem Marterl links „Panoramaweg/Rund um den Falkenstein", später Wegweisung Café Zwing.

7 km 20,5: An der Wegkreuzung geradeaus Richtung Café Zwing. Nach 300 m, nähe Café Zwing links auf den Wanderweg Richtung Weißbachschlucht/Weißbach. Nach weiteren 300 m links über die Holzbrücke auf den Salinenweg zur Weißbachschlucht. Es folgt ein 2 km langer, technisch anspruchsvoller Wanderweg mit 2 Tragepassagen abwärts. (Hier alternativ Richtung Café Zwing zur Alpenstraße, auf dieser dann links abwärts nach Weißbach.)

km 22,5: Rechts über die schmale Holzbrücke über den Weißbach, Wegweisung „Zu den Almen/Kaitelalm", ein kurzes Stück aufwärts, dann links abwärts durch den Tunnel.

8 km 23,1: Vor der nächsten Brücke geradeaus in dem asphaltierten Seelauerweg, nach 300 m links in die Auenstraße. 1,0 km weiter, bei einem Parkplatz links über die Brücke Richtung Ortsmitte Weißbach.

9 km 24,6: Weißbach; beim Alpenmichl die Alpenstraße überqueren, rechts auf den Radweg, nach 70 m links auf die schmale Asphaltstraße Richtung Jochberg. Jetzt immer dieser Straße aufwärts bis Jochberg folgen.

10 km 28,8: Beim Parkplatz in Jochberg links auf die Forststraße, nach 50 m Schranken passieren und geradeaus steil bergauf Richtung Zwieselalm, „MTB 18 Höllenbachalmrunde". Nach 800 m rechts im spitzen Winkel abzweigen.

11 km 30,0: An der Kreuzung links aufwärts zum Zwieselweg. (Variante: hier geradeaus abwärts, an den folgenden Kreuzungen immer Richtung List Anger/Reichenhall. Nach 3,4 km, beim List Anger Lagerplatz links Richtung Listsee/Nonn, nach 300 m vorbei am Listsee). Nach 400 m ist der höchste Punkt erreicht, hier rechts abwärts am Zwieselweg. Dieser Wanderweg wurde bei den Unwettern 2013 zerstört und 2014 wieder hergestellt. Jetzt präsentiert sich ein 2 Meter breiter, jedoch steiler Weg. Nach 1,3 km und weiteren 600 m die Forststraßen geradeaus überqueren. Beim Hochspannungsmasten wird der Weg schmäler, steiler und sehr technisch.

km 32,4: Beim Listsee geradeaus abwärts Richtung Listwirt. Nach 400 m Schranken passieren, beim Listwirt weiter auf der Asphaltstraße, auf dieser nun stetig bergab.

12 km 34,7: Vorsicht bei der Abfahrt! In der Rechtskurve links auf den Wanderweg Wegweisung „Nonn/Saalachauen". Nach 600 m in Nonn mündet man wieder in eine Asphaltstraße, die sich in einer Rechtskurve in Richtung Staufenbrücke richtet. Nach dem Gablerhof geradeaus weiter auf dem Schotterweg Richtung Staufenbrücke/Piding.

km 38,0: Beim Camping Schranken passieren, geradeaus auf Asphalt, die Staufenbrücke rechts liegen lassen.

13 km 38,4: Rechts auf dem geschotterten Rad- und Wanderweg Richtung Piding. Nach der Unterführung der B 20 rechts auf den Damm, auf diesem geradeaus entlang der Saalach.

km 40,9: Links vom Damm abfahren auf den Rad- und Wanderweg Richtung Freilassing. Nach der Autobahnunterführung links über die Holzbrücke, dann links, und über die Gleise, den Rad- und Wanderweg über die Wiese Richtung Piding. Nach 1 km links in die Salzburger Straße Richtung Kirche.

km 42,2: Piding Petersplatz.

Links: Entlang der Stoißer Ache, rechts die Abfahrt Richtung Inzell

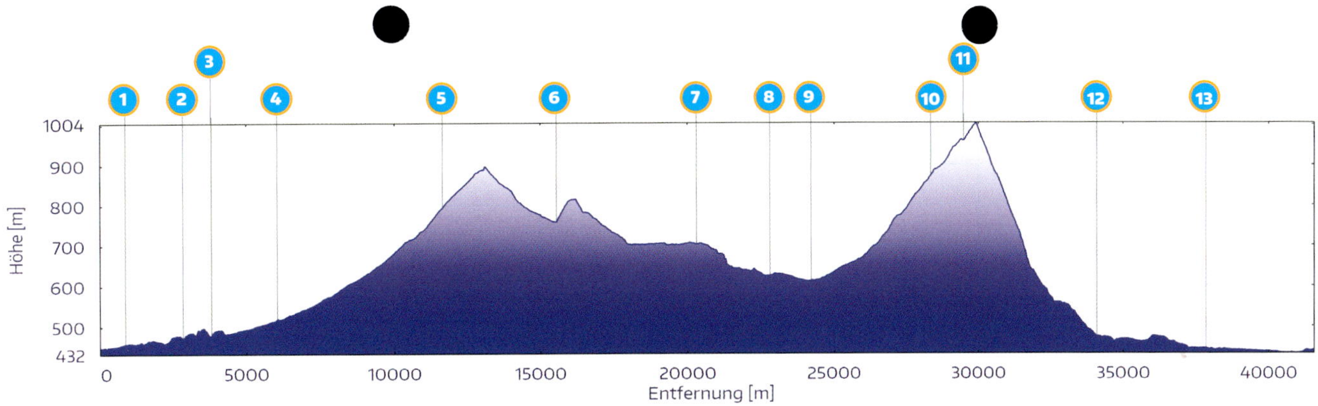

Im Schneewinkel

Salinenweg bei Weißbach

Der Weißbachfall

© OpenStreetMap-Mitwirkende
N
W
O
S
Stoisser Alm
ANGER
MOOSBACHERAU
HADERMARKT
PFINGSTL
KLEINHÖGL
AUFHAM
JECHLING
ULRICHSHÖGL
Högl (827)
WIESBACH
BICHELN
START
PIDING
SCHWARZBACH
TÜRK
MARZOLL
WEIßBACH
HINTERREIT
GROßGMAIN
BAYERISCH GMAIN
BAD REICHENHALL
NONN
Kienberg
Adlgass
EINSIEDEL
BREITMOOS
INZELL
UNTERAU
Murkopf
Gamsknogel (1750)
Zennokopf (1756)
Mittelstaufen (1618)
Hochstaufen (1771)
Steinerne Jage
Fuderheustein (1321)
Gruberhörndl (1493)
Kaiser-Wilhelm-Haus
Inzeller Kienbergl (1135)
Falkenstein (1181)
Großer Turm (1120)
Kleiner Turm
Maierknogl (1303)
WEIßBACH A.D.ALPENSTRAßE
Wappbachkopf
1
2
3
4
5
6
7
8
9
10
11
12
13

Tour 55

Rund um den Rauschberg

Tour 55
Rund um den Rauschberg

Fahrradtyp	Bike, E-MTB
Kondition	3 von 3 Schuhen (Symbole)
Fahrtechnik	Var. S2
Länge	35,4 Kilometer
Anstiege	790 Höhenmeter
Fahrzeit	3 Stunden
Charakteristik	Eine Tour für Genussbiker, E-Biker oder solche, die es noch werden wollen. Gleich nach dem Start in Weißbach muss eine kurze, steile Rampe am Radweg nach Inzell bewältigt werden. Dafür wird man die nächsten 20 km mit Genuss pur belohnt. Auf Radwegen und Forststraßen werden die schönsten Flecken von Inzell und Ruhpolding besucht. Der Übergang von Laubau nach Weißbach wird mit zwei urigen Almen gekürt. Ein super Trail am Ende der Abfahrt ins Lizlbachtal beendet diese sehr abwechslungsreiche, teils anspruchsvolle Tour. Diese Trailabfahrt kann jedoch auf einer Forststraße gemütlich umfahren werden.
Sehenswürdigkeiten	Weißbachschlucht in Weißbach, Holzknechtmuseum in Laubau.
Einkehrmöglichkeiten	Gasthaus Zwing in Inzell, Fischerwirt in Ruhpolding, Kaitelalm, Reiteralm.
Ausgangspunkt	Weißbach-Stabacheck an der deutschen Alpenstraße, zwischen Reichenhall und Ruhpolding. In Weißbach von Ruhpolding kommend rechts über die Brücke Richtung Weißbachau/Sportplatz. Unmittelbar nach der Brücke auf der linken Seite kleiner Parkplatz.
Karten	Kompass Nr. 14.

0	km 0,0:	Vom Wanderparkplatz in Weißbach rechts Richtung Norden in die Auenstraße Richtung Sportplatz, nach 1 km rechts in den Seelauerweg.
	km 1,3:	An der Kreuzung rechts abwärts, über die Brücke und aufwärts zur B 305. Nach 150 m links auf den geschotterten Radweg parallel zur B 305 Richtung Inzell.
1	km 2,0:	Rechts im spitzen Winkel steil aufwärts auf Schotter, MTB-Weg Richtung Inzell. Nach dem kurzen Steilstück links weiter Richtung Inzell (rechts nach Jochberg). Es folgen 2 Kehren mit 2 kurzen, heftigen Rampen.
2	km 3,9:	An der großen Wegkreuzung links Richtung Zwing (rechts zum Falkensee/Adlgaß). Nach 400 m links durch die Unterführung der B 305, Radwegweisung „Ruhpolding/Schmelz". Rechts vorbei am Gasthaus Zwing, beim Wanderparkplatz geradeaus aufwärts Richtung Schmelz wird der Inzeller Kienberg umrundet.
3	km 6,7:	Beim Gasthaus Schmelz rechts vorbei in die Schmelzer Straße, Radwegweisung „Inzell/Ruhpolding".
4	km 8,0:	Bei der Bushaltestelle, bzw. „beim Bader" links in die Froschseer Straße. Nach 900 m bei der Kesselalm (Talstation Schilift) halblinks Richtung Ruhpolding.
5	km 10,0:	In Oberhausen rechts aufwärts Richtung Ruhpolding zwischen dem Gehöft hindurch, anschließend weiter auf Schotter.
6	km 14,1:	Golfplatz Ruhpolding; an der Kreuzung in Infang links, Radwegweisung „Reit im Winkl/Rauschbergbahn" folgen. Nach 50 m, unmittelbar nach der Brücke rechts, leiten Radwegweiser durch das Golfplatzgelände.
	km 14,7:	Links über die Brücke Richtung Rauschbergbahn (geradeaus Ruhpolding Ortsmitte). Nach 200 m rechts, den Radwegweisern folgen.
	km 15,4:	Einmündung in die Grashofstraße (Asphalt), geradeaus

7 km 15,8: Links in die B 305 Richtung Inzell. Nach 400 m rechts, über den Wanderparkplatz auf den Wanderweg Richtung Laubau/Seehaus/Chiemgau Arena. An der Verzweigung vor dem Taubensee rechts, weiter am Wanderweg in die gleiche Richtung.

8 km 18,9: An der Wegkreuzung links Richtung Schwarzachenalm/Kaitelalm (rechts über die Brücke zur Chiemgau Arena, bzw. Anschluss zu Tour Nr. 57). Nach 400 m halbrechts.

km 21,7: Schwarzachenalmen, geradeaus.

km 23,5: An der Kreuzung halblinks Richtung Kaitelalm.

9 km 24,4: Den Almsattel geradeaus überqueren. (Am Sattel Almzufahrt zur Kaitelalm.) Nach 400 m an der großen Kreuzung rechts Wegweisung Reiteralm (geradeaus Harbachalm).

10 km 26,5 Links abbiegen Richtung Reiteralm (geradeaus Schwarzachenalm).

km 28,1: Rechts aufwärts Richtung Reiteralm (links abwärts nach Weißbach).

11 km 29,1: Am höchsten Punkt mündet man in eine Kreuzung von mehreren Wegen, man fährt geradeaus den mittleren Weg abwärts und zur Reiteralm.

12 km 29,6: Reiteralm; 100 m zurück zur Wegkreuzung, dann geradeaus auf der Forststraße (anfangs mit leichtem Gegenanstieg) abwärts Richtung Weißbach, alle Abzweige ignorieren.

km 33,9: Am Wanderparkplatz Reitereck halbrechts abwärts auf Asphalt „Im Mautnerfeld", anschließend in der Auenstraße zurück nach Weißbach.

km 35,4: Wanderparkplatz Weißbach.

Variante Trailabfahrt Reiteralm-Weißbach:

Von der Reiteralm geradeaus weiter, ein kurzes Stück bergauf, Viehgatter passieren und auf dem Forstweg stets bergab. Nach 1,5 km wird der Forstweg schmäler und mündet in einen steil abwärts führenden Pfad (Schwierigkeitsgrad S2). Am Ende des Pfades mündet man in eine Forststraße und fährt auf dieser talauswärts. Vor der Brücke über den Weißbach links in den Ödenweg zurück zum Parkplatz.

Eine detaillierte Einstufung der technischen Schwierigkeiten findet man unter: www.singletrail-skala.de

Die Kaitelalm

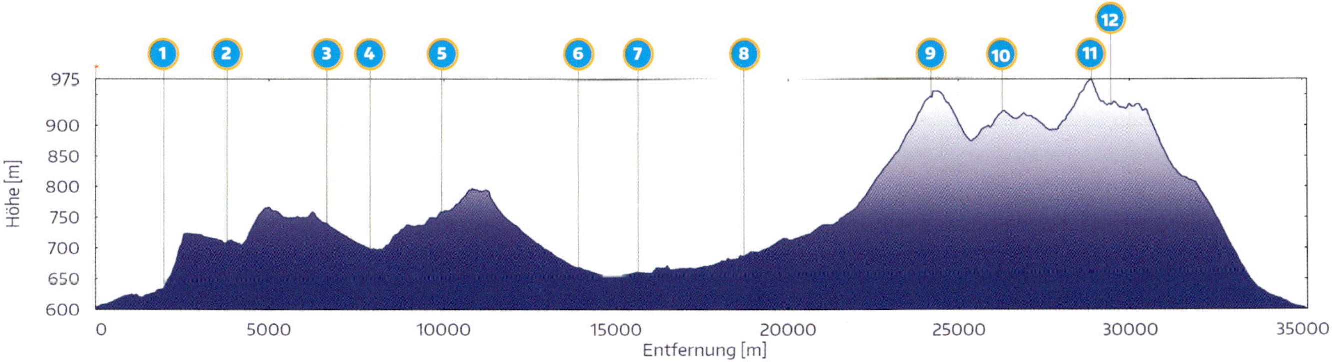

Golfplatz in Ruhpolding

Die Schwarzachenalm

Tour 55 • Rund um den Rauschberg

D' Stoaner Alm

Besuchen Sie die Steiner Alm am Fuße
des Hochstaufen auf 1.089 Metern.
Im Almsommer täglich von 8 bis 21 Uhr geöffnet.
Sie können auch bei uns Übernachten.

Auf Sie freut sich Cathi!

Jeden 3. Oktober Bergmesse.

Familie Hartl - Steiner Alm am Hochstaufen-Piding
Tel. +49 (0) 8652 4404 | Handy +49 (0) 151 18615219
e-mail: info.steiner.alm@gmail.com

Trailabfahrt von der Reiter Alpe

Tour 56

Stoißeralm und Steineralm

Tour 56
Stoißeralm und Steineralm

Fahrradtyp	**Bike, E-MTB**
Kondition	
Fahrtechnik	**S2**
Länge	**35 Kilometer**
Anstiege	**1170 Höhenmeter**
Fahrzeit	**3:15 Stunden**
Charakteristik	**Die Stoißeralm ist der MTB-Klassiker im Berchtesgadener Land! Von Anger erst ganz gemächlich entlang der Stoißer Ache bis Kohlhäusl. Dann immer steiler werdend mit 15% Rampen zur Stoißeralm. Auf der Almterrasse gibt´s zur Brotzeit ein phantastisches Bergpanorama. Nach dem Forststraßen Downhill nach Adlgaß folgt die zweite, etwas angenehmere Auffahrt zur Steineralm. Während dieser Auffahrt bietet sich ein Abstecher zum idyllisch gelegenen Frillensee an. Steil und verblockt zaubert man ab der letzten Steigung am Singeltrail zur Steineralm hinunter, eine eher kleine, jedoch liebliche Alm. Bei der Abfahrt nach Urwies kann man sich entscheiden, entweder rechts die einfachere Forststraße oder links den schwierigen Trail durch den Leitengraben abzufahren. Der Schwierigkeitsgrad dieser Abfahrt wird mit „S2" klassifiziert. Eine detaillierte Einstufung der technischen Schwierigkeiten findet man unter www.singletrail-skala.de.**
Einkehrmöglichkeiten	**Stoißeralm, Wirtshaus Adlgaß, Steineralm.**
Ausgangspunkt	**Piding, von der Autobahn A 8 Salzburg - München kommend, nach ca. 300 m in Richtung Freilassing rechts nach Piding-Dorf. Im Ort sind Parkmöglichkeiten. Start am Petersplatz bei der Kirche zwischen Dorfbrunnen und Maibaum.**
Karten	**Kompass Nr. 14.**

0	km	0,0:	Vom Petersplatz in Piding in die Heurungstraße Richtung Sportplatz. Nach 250 m in die Bachstraße, über die Brücke in die Jahnstraße. Vor dem Fußballplatz rechts auf den Radweg, durch die Unterführung der B 20, danach auf der Asphaltstraße immer geradeaus.
	km	1,3:	Am Radweg zwischen Autobahn und Stoißer Ache Richtung Aufham.
1	km	4,0:	Aufham; vor der Autobahn rechts im spitzen Winkel in die Jechlinger Straße, nach der Brücke sofort links in den Wiesenweg. Nach 400 m die Hauptstraße überqueren und links auf den Radweg über die Wiese Richtung Anger.
2	km	6,1:	Anger; links in die Scheiterstraße. Nach 500 m links in die Kohlhäuslstraße Richtung „Irlberg/Wolfertsau/Kohlhäusl", nach weiteren 400 m rechts über die Brücke und weiter entlang der Kohlhäuslstraße Richtung Stoißeralm, alle Abzweige ignorieren.
3	km	11,8:	Die Rechtskurve bergauf Richtung Stoißeralm (geradeaus über Inzeller Höhe nach Adlgaß).
	km	13,1:	An der großen Wegkreuzung „Zum heiligen Vinzenz" die Rechtskurve bergauf. Dieser Forststraße folgt man jetzt bis zur Stoißeralm.
	km	16,0:	Stoißeralm; rechts an der Alm vorbei, Viehsperre passieren und auf den Wanderweg Richtung Adlgaß. An der folgenden Weggabelung auf dem linken Weg in den Wald. Es folgt ein kurzer verblockter Wurzelpfad, bevor man in einen angenehmen Wanderweg mündet.
	km	16,7:	Einmündung in eine schmale Forststraße, nach 200 m links auf die Forststraßenautobahn Richtung Adlgaß.
4	km	17,9:	Vorsicht bei der Abfahrt! An der Kreuzung rechts aufwärts Richtung „Adlgaß/Bäckeralm".
	km	20,4:	An der Wegkreuzung links abwärts Richtung Adlgaß.

5 km 22,6: Einmündung in die Adlgaßer Straße (Asphalt), links aufwärts im spitzen Winkel nach Adlgaß. Nach 200 m vorbei am Wanderparkplatz (rechts 200 m aufwärts zum Wirtshaus Adlgaß).

km 23,0: An der Gabelung nach der Brücke rechts aufwärts Richtung Frillensee/Steineralm, dieser Forststraße folgen, alle Abzweige ignorieren.

6 km 25,0 An der großen Wegkreuzung links aufwärts Richtung Steineralm (rechts lohnenswerter Abstecher zum Frillensee). Die Forststraße wird jetzt etwas steiler.

7 km 26,0: Links abzweigen Richtung Steineralm (geradeaus der Wanderweg Steineralm/Staufen). An den folgenden zwei Kreuzungen immer rechts „Steineralm" halten.

km 27,3: Die Forststraße mündet in einen Wanderweg, über einen Wurzelpfad erreicht man den Almsattel oberhalb der Steineralm. Bei der folgenden Trailabfahrt „S2" zur Alm werden die Fahrkünste gefordert.

km 27,9: Steineralm; nach der Labung auf der urigen Alm folgt die Abfahrt auf der Forststraße nach Urwies.

8 km 29,0: An der Gabelung rechts Richtung Urwies (Variante: links Richtung Aufham, nach 300 m rechts Trailpfad „S2" durch den Leitengraben).

km 30,2: Moar Alm (nicht bewirtschaftet).

km 30,9: Die Linkskurve bergab Richtung Urwies (rechts nach Mauthausen/Piding).

9 km 32,6: Nach dem Wanderparkplatz rechts in eine schmale Straße Richtung Urwies/Piding.

km 33,1: Urwies; rechts in die Teisendorfer Straße, nach 400 m bei einem Holzstadel links in die schmale Asphaltstraße über die Autobahn. Nach der Autobahnüberführung rechts am Anfahrtsweg zurück Richtung Piding.

km 34,5: Links durch die Unterführung der B 20, beim Fußballplatz wieder links durch Jahnstraße-Bachstraße-Heurungstraße zurück in die Ortsmitte.

km 35,0: Petersplatz in Piding.

Abfahrt nach Urwies

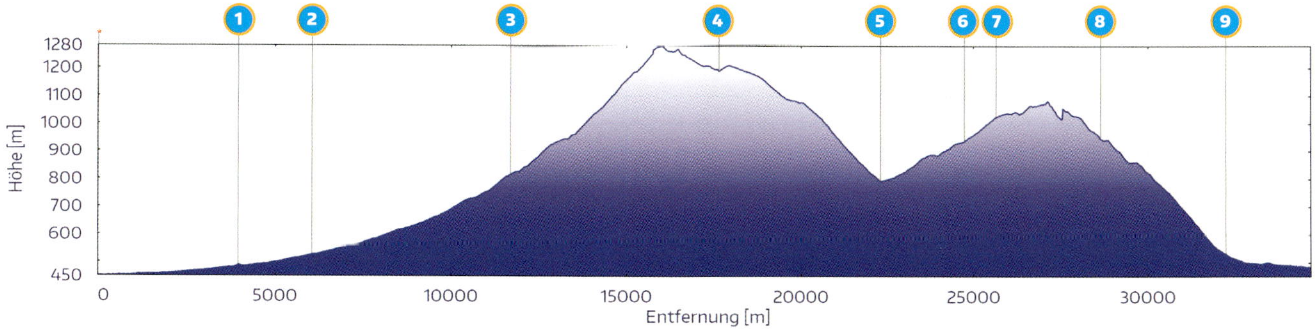

Abfahrt zur Steineralm

Stoißeralm

Kapelle bei der Steineralm

Tour 56 • Stoißeralm und Steineralm

Unser Almstüberl auf
der bekannten Winklmoosalm (1200 m)
ist der ideale Ausgangspunkt für Biker & Wanderer.
Wir verwöhnen Sie mit bayerischen und
österreichischen Schmankerln und unsere Kuchen
werden von der Chefin selbst gebacken.
Unser Haus hat Almcharakter und ist „griabig"
eingerichtet. Sie werden sich wohlfühlen!

Berggasthaus Almstüberl | Martina Hausberger-Schneider
Klammweg 6 | D-83242 Reit imWinkl | Tel. +49 (0)8640/8616
almstueberl@t-online.de | www.almstüberl.de

Abfahrt von der Stoißeralm

Tour 57

Von Ruhpolding um das Dürrnbachhorn

Tour 57
Von Ruhpolding um das Dürrnbachhorn

Fahrradtyp	**Bike, E-MTB (beim Staubfall 50 m Rad tragen!)**
Kondition	
Fahrtechnik	
Länge	**33,5 Kilometer**
Anstiege	**690 Höhenmeter**
Fahrzeit	**3 Stunden**
Charakteristik	**Ein Klassiker in der deutsch-österreichischen Grenzregion, wobei man zweimal die „grüne Grenze“ passiert. Von Ruhpolding fährt man auf dem gemütlichen Radweg teils leicht ansteigend zum großen Parkplatz Seegatterl. Hier folgt der anstrengendste Abschnitt dieser Tour, die bis zu 16% steile Auffahrt zur Winklmoosalm. Die Belohnung für die Mühen bekommt man in Form eines herrlichen Panorama Rundblickes. Der absolute Höhepunkt dieser Runde ist der Weg durch den Staubfall in das Fischbachtal. Auf diesem schmalen Wanderweg muss das Rad ca. 1 km geschoben werden.**
Sehenswürdigkeiten	**Holzknechtmuseum in Laubau, Staubfall im Fischbachtal. Die sportlichen Höhepunkte finden jährlich im Bundesleistungszentrum für Biathlon in Ruhpolding statt.**
Einkehrmöglichkeiten	**Berggasthaus Almstüberl, Winklmoos Sonnenalm auf der Winklmoosalm (mit E-Bike-Ladestation), Heutaler Hof im Heutal, Gasthaus Laubau.**
Ausgangspunkt	**Ca. 3 km nach Ruhpolding in Richtung Reit im Winkl, beim Gasthaus Laubau links zum Holzknecht-Museum, hier ist ein großer Parkplatz. Startort ist die Viehsperre am Ende des Parkplatzes.**
Karten	**Kompass Nr. 14.**

0	km 0,0:	Vom Parkplatz in Laubau beim Holzknecht-Museum taleinwärts den Salinenweg Richtung Seehaus/Kaitelalm. Nach 500 m rechts auf Schotter Richtung Seehaus (links Kaitelalm).
1	0,9:	Rechts Richtung Chiemgau Arena/Seehaus (links zum Staubfall), nach 70 m links in gleiche Richtung.
2	1,9:	Chiemgau Arena; nach dem Stadion rechts durch die Unterführung der Alpenstraße, dann links auf den geschotterten Radwanderweg Richtung Seegatterl/Reit im Winkl.
	3,8:	Beim Seehaus links durch die Unterführung, vorbei an der Bushaltestelle. Der Radweg verläuft nun auf der anderen Straßenseite entlang des Förchensees. Man folgt jetzt immer der Radwegweisung „Seegatterl/Reit im Winkl“ entlang von Förchensee, Lödensee und Weitsee.
3	13,3:	Seegatterl; links den großen Parkplatz überqueren, vorbei an der Talstation der Winklmoosalmbahn. Am hinteren Ende des Parkplatzes auf die Forststraße in Richtung Winklmoosalm.
	16,6:	Geradeaus Richtung Winklmoosalm (rechts Eibenstockhütte/Steinplatte). An den folgenden Kreuzungen immer der Beschilderung „Winklmoosalm“ folgen.
	17,6:	An der Gabelung links Winklmoosalm (rechts zur Steinplatte).
4	18,7:	Nach der Bergstation der Winklmoosalmbahn geradeaus aufwärts über die Viehsperre zu den Gasthäusern. Nach 200 m rechts, vorbei an den 2 Gasthäusern. 50 m nach dem Almstüberl rechts abwärts, nach weiteren 150 m vor einer Holzhütte halblinks abwärts Richtung Heutal.
	20,7:	An der Kreuzung geradeaus (rechts zur Möserstube). Nach 200 m geradeaus, von hier links bergauf Abstecher zur 3,2 km entfernten Jausenstation Wildalm möglich.

5 21,2: An der Verzweigung links Richtung Heutal (rechts zur Moarlack Alm).

23,8: Herbstalm.

6 24,7: Heutal; am Ende der Abfahrt rechts über die Brücke Richtung Unken. Nach 150 m, unmittelbar vor dem Heutaler Hof, führt links abwärts der Wanderweg Nr. 8 in das Fisch-bachtal zum Staubfall.

25,0: Nach dem Viehgatter weiter auf dem Wanderweg, ab hier Rad schieben.

7 26,4: Staubfall; Grenzübergang nach Bayern. Anschließend am Wanderweg steil hinunter zum Fischbach.

27,5: Nach der Brücke beginnt die Forststraße, die uns talauswärts Richtung Ruhpolding führt.

32,7: Zurück am Wegpunkt 1, rechts Richtung Laubau, nach 400 m links auf Asphalt zurück zum Ausgangspunkt.

33,5: Parkplatz Laubau.

Am Förchensee

Der Staubfall im Fischbachtal

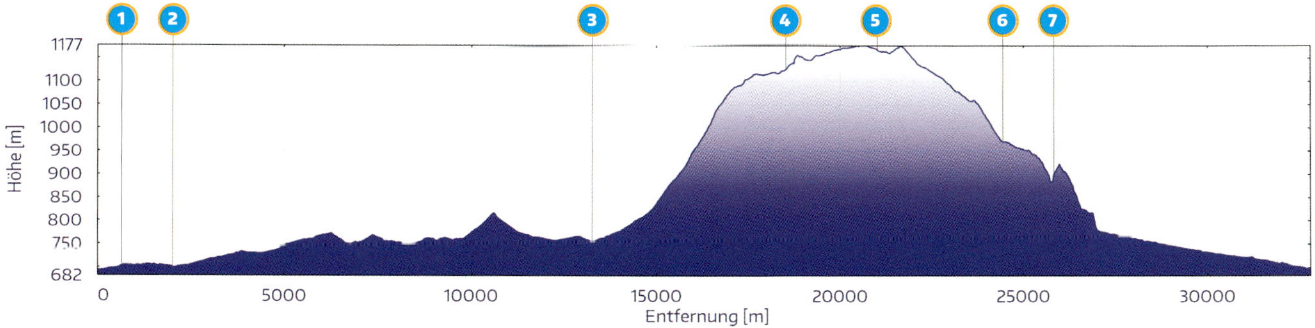

Impressionen von der Winklmoosalm

Winklmoosalm vor den Loferer Steinbergen

Impressionen von der Winklmoosalm

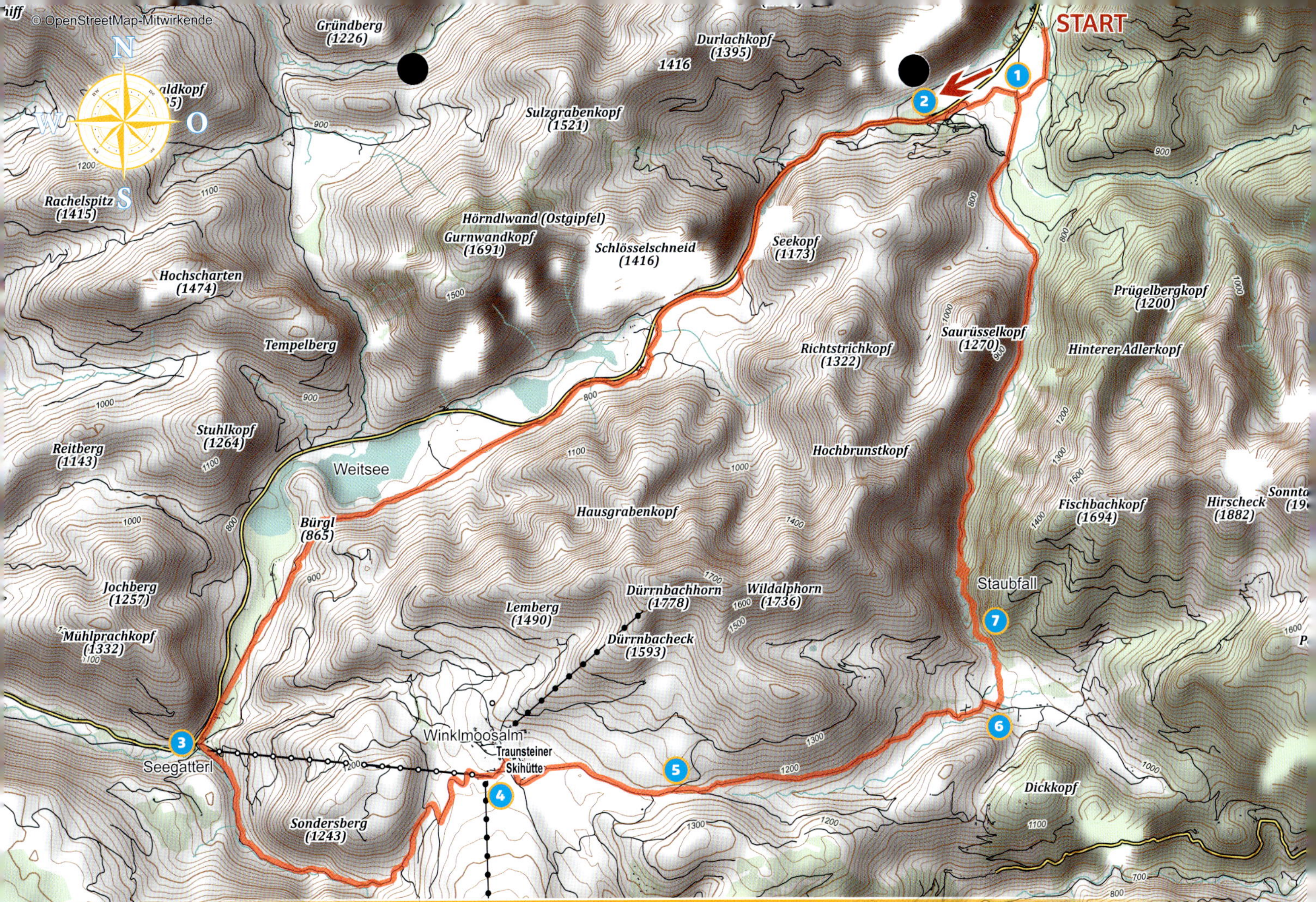

Tour 57 • Von Ruhpolding um das Dürrnbachhorn

BOSCH DRIVE UNIT 36V,
25km/h PERFORMANCELINE CX
Powerpack 13.9Ah - 500W
2016-Nyon Premium LCD Display,
Remote w/ Walkassist
RockShox Recon silver
29-100-SA-TK-T-15TA
20.2 kg
MACINA
ACTION 11 CX5+
1×11
SHIMANO XT
KTM
BIKES MADE IN
AUSTRIA
KTM SPORTLICHKEIT &
GENUSSRADELN IN
PERFEKTER SYMBIOSE
KTM-BIKES.AT
DESIGN BY GROUPE-DEJOUR.DE

Tour 58

Von Ruhpolding um den Hochfelln

Tour 58
Von Ruhpolding um den Hochfelln

Fahrradtyp	Bike, E-MTB
Kondition	3 von 3
Fahrtechnik	2 von 3
Länge	26,3 Kilometer
Anstiege	850 Höhenmeter
Fahrzeit	2:30 Stunden
Charakteristik	Eine prächtige Tour mit einigen Höhepunkten. Von Ruhpolding geht eine abwechslungsreiche Fahrt in das Urschlau Tal. Eine Forststraße mit moderater Steigung führt uns anschließend hinauf zur Eschelmoosalm. Der teils grob steinige Weg hinunter zur Weißen Ache leitet uns durch ein enges felsiges Tal. Bei der folgenden Auffahrt zur Gleichenbergalm müssen auf 2,5 km 250 Höhenmeter bewältigt werden. Noch heftiger wird es an der 400 m langen Steilrampe Richtung Mittelstation der Hochfellnbahn. Ein Abstecher zur herrlich gelegenen Bründlingalm mit drei bewirtschafteten Almen sollte unbedingt eingeplant werden. Von der Steinbergalm folgt eine rauschende Talfahrt auf der Asphaltstraße mit bis zu 20% nach Ruhpolding.
Sehenswürdigkeiten	Holzknechtmuseum in Laubau, Ruhpolding ist einer der bekanntesten Luftkurorte in den Bayerischen Alpen. Die sportlichen Höhepunkte finden jährlich im Bundesleistungszentrum für Biathlon statt.
Einkehrmöglichkeiten	Gleichenbergalm, Oederkaser, Bachschmiedkaser, Bründlingalm, Steinbergalm.
Ausgangspunkt	Ruhpolding, von der A 8 Salzburg-München kommend ca. 300 m nach dem Ortsschild Ruhpolding rechts abzweigen in die Maiergschwendter Straße Richtung Brand/Märchen Familien Park. Nach 1,1 km an der Kreuzung Brand-Steinbergalm, bei der Bushaltestelle Blicken, beginnt die Tour. In Ruhpolding, auch in der Maiergschwendter Straße sind ausreichend Parkplätze.
Karten	Kompass Nr. 14.

0	km	0,0:	Von der Bushaltestelle Blicken auf der Asphaltstraße Richtung Brand/Maiergschwendt vorbei am Schilift Maiergschwendt. Nach 750 m rechts auf den Wanderweg Richtung Brandnertal. Bei km 1,8, beim Haßlberger Hof, mündet der Wanderweg in eine schmale Asphaltstraße, auf dieser geradeaus.
	km	2,5:	An der Kreuzung links Richtung Brand, nach der Brücke links abwärts Richtung Brand/Urschlau.
1	km	2,9:	Beim Wanderparkplatz rechts auf den Wanderweg über die Wiese entlang der Stromleitung Richtung Brand/Urschlau.
2	km	3,6:	Brand; links über die Brücke, danach rechts. Bei der Bushaltestelle Brand links, anschließend geradeaus auf der Asphaltstraße Richtung Urschlau.
	km	6,2:	Wanderparkplatz Urschlau, geradeaus Richtung Eschelmoos.
	km	6,4:	An der Gabelung geradeaus Richtung Eschelmoos (links Wanderweg Röthelmoosalm).
3	km	7,6:	Geradeaus auf der Forststraße Richtung Eschelmoos (links zur Röthelmoosalm).
4	km	9,3:	An der Wegverzweigung geradeaus Richtung Eschelmoos (rechts zur Haaralm).
5	km	11,4:	Bei der Holzhütte rechts abzweigen, über die Brücke, dann links durch das Gatter Richtung Eschelmoos.
6	km	12,8:	Eschelmoos; an der Wegkreuzung nähe Eschelmoos-Diensthütte geradeaus Richtung Bergen. Nach 300 m rechts abwärts (links zur Hinteralm), dann durch ein Weidegatter. Es folgt ein teils steiler, grob steiniger Schotterweg Richtung Bergen. Nach der steilen Abfahrt beginnt bei einem Rastplatz mit Holzhütte eine Forststraße.

7	km	16,3:	An der Wegkreuzung rechts aufwärts über die Brücke Richtung Gleichenbergalm/Bründlingalm „Bergener MTB-Strecke" (geradeaus nach Bergen).
8	km	19,0:	Gleichenbergalm; geradeaus über den Almsattel Richtung Bergen.
9	km	19,9:	Nach der Abfahrt mündet man in die Forststraße von Bergen zur Bründlingalm, geradeaus aufwärts Richtung Bründlingalm (links abwärts nach Bergen). Nach 250 m rechts extrem steil aufwärts in gleiche Richtung. Es folgt eine 400 m lange, 15-18% Steilrampe.
10	km	20,8:	An der Kreuzung links im spitzen Winkel Richtung Ruhpolding/Steinbergalm. (Variante Bründlingalm 1,3 km, 130 Höhenmeter: Geradeaus aufwärts auf der Forststraße zur Bründlingalm mit 3 bewirtschafteten Gaststätten und herrlicher Aussicht.)
	km	21,7:	Geradeaus auf Schotter über die abgezäunte Almwiese. Nach 80 m rechts über die Viehsperre Richtung Steinbergalm. Vor der Steinbergalm kurz abwärts, über den Wanderer-Überstieg zum Parkplatz vom Gasthaus.
11	km	22,3:	Steinbergalm; vom Parkplatz rechts abwärts (bis zu 20 % Gefälle) auf der Asphaltstraße Richtung Ruhpolding.
	km	26,3:	Bushaltestelle Blicken in Ruhpolding.

Steile Auffahrt zur Bründlingalm

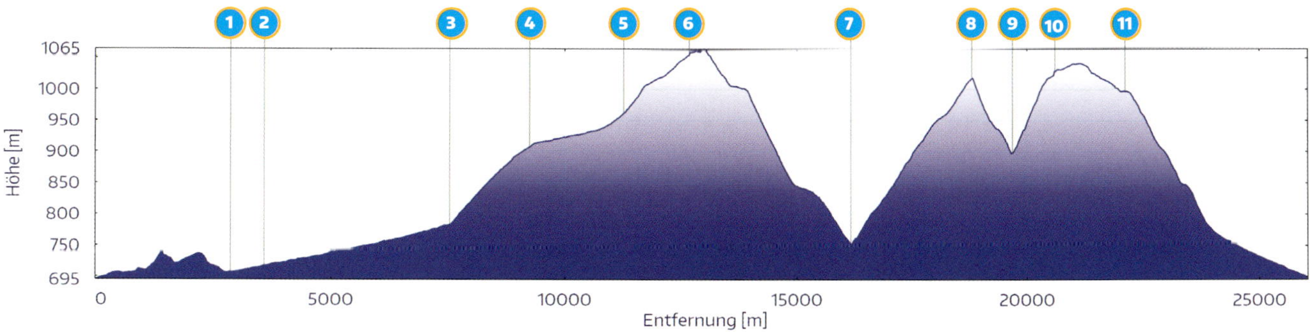

Abfahrt nach Kohlstatt Richtung Bergen

Bei Maiergschwendt

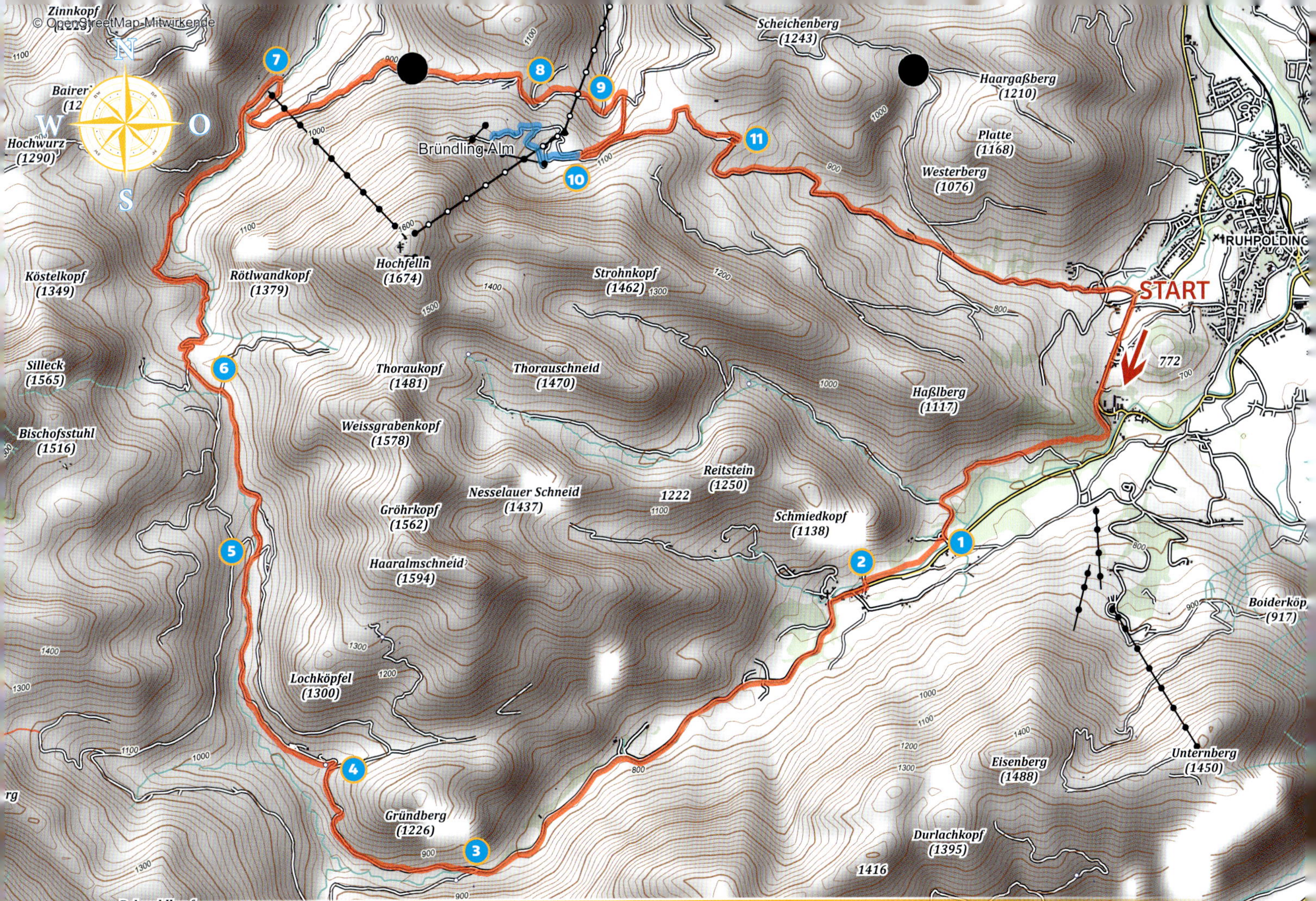

Tour 58 • Von Ruhpolding um den Hochfelln

Die Gleichenbergalm

Tour 59

Von Ruhpolding über Röthelmoos- und Eschelmoosalm

Tour 59

Von Ruhpolding über Röthelmoos- und Eschelmoosalm

Fahrradtyp Bike, E-MTB

Kondition 

Fahrtechnik 

Länge 39,9 Kilometer
Anstiege 670 Höhenmeter
Fahrzeit 3:00 Stunden

Charakteristik Eine landschaftlich reizvolle Tour, die vom Holzknechtmuseum in der Laubau ohne wesentliche Steigung zuerst zu der Dreiseenlandschaft des Weitsee führt. Entlang des Wappbachtales zur Röthelmoosalm in noch gemächlicher Steigung, ab hier heißt es großes Ritzel auflegen - der gut ausgebaute Forstweg kostet einige Körner. Bei der Eschelmoosalm bietet sich ein Abstecher zur schön gelegenen Hinteralm an (zusätzliche steile ca. 100 Höhenmeter). Die Abfahrt in die Urschlau entlang vom Eschelmoosbach erfreut das Auge, um dann vorbei beim Märchenpark auf Nebenwegen und zuletzt auf einem Radweg zurück zum Ausgangspunkt zu fahren.

Sehenswürdigkeiten Holzknechtmuseum in Laubau, Chiemgau Arena Ruhpolding.

Einkehrmöglichkeiten Gasthaus Laubau, Gasthaus Fritz am Sand, Gasthaus Seehaus, Röthelmoosalm, Hinteralm.

Ausgangspunkt Ca. 3 km nach Ruhpolding in Richtung Reit im Winkl auf der Deutschen Alpenstraße (B 305). Beim Gasthaus Laubau links zum Holzknechtmuseum. Hier ist ein großer Parklatz. Startort ist unmittelbar bei der Einfahrt zum Parkplatz.

Karten Kompass Nr. 14.

0	km	0,0:	Vom Parkplatz in Laubau taleinwärts, Radwegweisung „Reit im Winkl/Seegatterl". Nach 700 m rechts abzweigen, Radwegweisung „Chiemgau Arena/ Dreiseengebiet" (links Kaitelalm).
1	km	1,1:	Rechts, Radwegweisung weiterhin „Chiemgau Arena/ Dreiseengebiet", nach 70 m links.
	km	2,2:	Parkplatz der Chiemgau Arena, rechts durch die Unterführung, Radwegweisung „Seegatterl/Reit im Winkl". Nun auf dem Radweg entlang der Deutschen Alpenstraße B 305.
	km	4,0:	Beim Seehaus links durch die Unterführung, nach 200 m weiter entlang vom Förchensee.
2	km	5,3:	Rechts, Radwegweisung „Lödensee/Mittersee", nach 700 m geradeaus weiter.
	km	7,0:	Vor dem Parkplatz links, beim Viehgatter ist die Radwegweisung „Reit im Winkl/Seegatterl".
3	km	9.8:	Rechts auf einem schmäleren Forstweg abzweigen, Wegweisung „Weitsee/Mittersee", später auf dem Wiesenweg entlang vom Ostufer des Weitsees in Richtung zur Deutschen Alpenstraße. Nach 800 m links, entlang der Deutschen Alpenstraße Richtung Reit im Winkl.
4	km	11,4:	Beim Ende der Leitschiene die Straße überqueren und auf dem Forstweg entlang des Großwappbaches Richtung Röthelmoos, Wegweisung „Röthelmoosalmen/Urschlau".
	km	13,9:	Halblinks, nach 800 m gerade.
	km	15,3:	Röthelmoosalm, an der Wegkreuzung geradeaus weiter, (links Zufahrt zur Röthelmoosalm).
5	km	15,4:	Vor einer Almhütte links bergauf abzweigen, Wegweisung „ Eschelmoos".
	km	18,3:	Geradeaus, Wegweisung „Eschelmoos/Bischofsfellnalmen.

6 km 20,5: Geradeaus, Wegweisung „Eschelmoos/Hinteralm". (Rechts bergab Abkürzung in die Urschlau). Nach 700 m gerade.

7 km 22,0: Eschelmoosalm, Wegkreuzung. Rechts bergab weiter, Wegweisung „Urschlau/Ruhpolding". (Variante: Links zur Hinteralm, nach 300 m dann links steil bergauf). Nach 1,0 km halbrechts bergab. Nun entlang vom Eschelmoosbach in die Urschlau.

8 km 27,3: Einbindung an die Asphaltstraße, geradeaus bergab Richtung Urschlau.

km 28,7: Parkplatz Urschlau.

9 km 31,1: 200 m nach der Bushaltestelle Brand bei mehreren Gebäuden rechts bergauf, Wegweisung „Unternbergbahn/Märchenpark". Nach 900 m beim Märchenpark vorbei.

km 32,4: Bei einem Kruzifix geradeaus, nach 700 m vorbei an der Gleitschirmschule.

10 km 33,6: Halblinks, Wegweisung „Ruhpolding/Siegsdorf/Reit im Winkl /Inzell". Nach 700 m nach einer Scheune rechts, Ortsteil Gstatt, Wegweisung „Reit im Winkl/Rauschbergbahn". Dann vorbei am Zellerhof und nach dem Zellerhof links.

11 km 36,0: Fuchsau; Querung der Asphaltstraße, nach 100 m und vor einer Brücke rechts auf den Radweg, nun entlang der Weißen Traun.

km 36,6: Querung der Deutschen Alpenstraße, gerade weiter.

km 39,1: Nach einem links gelegenen Gebäude rechts über die Brücke des Fischbachs und weiter nach Laubau.

km 39,9: Parkplatz Holzknechtmuseum.

Beim Weitsee

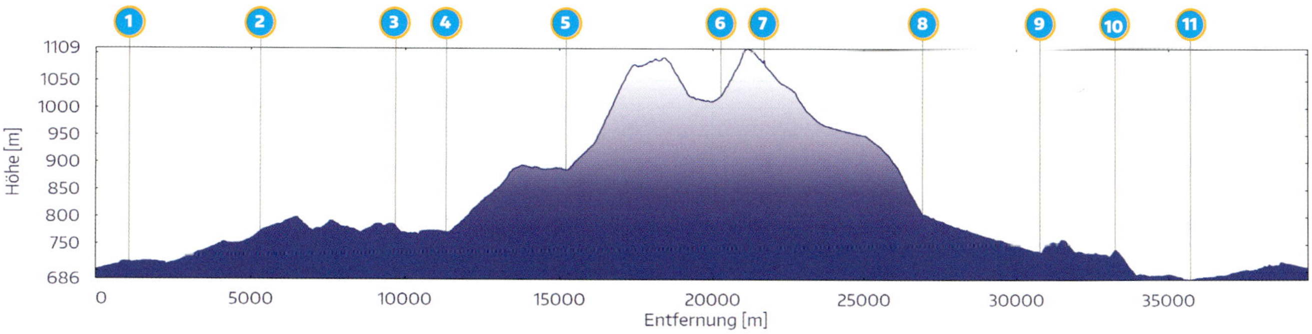

Hinteralm

Nachwuchs im Dreiseengebiet

Tour 59 • Von Ruhpolding über Röthelmoos- und Eschelmoosalm

Bei der Röthelmoosalm

Tour 60

Vom Seegatterl zum Dreiländereck

Tour 60
Vom Seegatterl zum Dreiländereck

Fahrradtyp	Bike, E-MTB mit Einschränkung (Viehgatter)
Kondition	
Fahrtechnik	S1
Länge	30,5 Kilometer
Anstiege	1050 Höhenmeter
Fahrzeit	3:30 Stunden
Charakteristik	Eine abwechslungsreiche Tour im deutsch-österreichischen Grenzgebiet. Vom Seegatterl bringt uns die gut ausgebaute Forststraße in Kehren hinauf über den Nattersberg zur Hindenburghütte. Über eine kurze Steilstufe kommt man zum Plateau der Hemmersuppenalm. Einige sehr anspruchsvolle Passagen auf Wanderwegen leiten uns hinüber zur Eibenstockhütte. Der Schwierigkeitsgrad wird mit „S1" klassifiziert. Eine detaillierte Einstufung der technischen Schwierigkeiten findet man unter www.singletrail-skala.de. Ein steiler Weg (Schiebstrecke, ca. 10 Min.) führt hinauf zum Grenzübergang nach Österreich. Wieder auf einer Forststraße gelangt man zum Parkplatz Steinplatte und dann nochmals steil hinauf zum Dreiländereck. Die lange Abfahrt zum Seegatterl kann man bei der Winklmoosalm für eine Brotzeit unterbrechen, es geht dann nur mehr bergab.
Sehenswürdigkeiten	Schnapsmuseum in Reit im Winkl
Einkehrmöglichkeiten	Alpengasthof Hindenburghütte, Stallenalm, Möseralm, Berggasthaus Almstüberl, Winklmoos Sonnenalm auf der Winklmoosalm (mit E-Bike-Ladestation)
Ausgangspunkt	Seegatterl; von Ruhpolding auf der B 305 Richtung Reit im Winkl, nach 18 km links zum Parkplatz „Seegatterl, Winklmoosalm" abzweigen und gleich zu Beginn rechts parken. Die Tour beginnt auf der Holzbrücke zwischen dem vorderen, großen und dem rechts hinten gelegenen, kleineren Parkplatz.
Karten	Kompass Nr. 14.

0	km	0,0:	Von der Holzbrücke beim Parkplatz Seegatterl den rechts gelegen Parkplatz geradeaus überqueren und bergauf Richtung „Nattersbergalm/Hindenburghütte/Straubinger Haus".
	km	1,3:	Nach der Rechtskehre auf der breiten Forststraße weiter geradeaus.
	km	3,4:	Die Linkskurve ausfahren, auf dem Hauptweg bleiben, Wegweisung „Hindenburghütte/Straubinger Haus".
1	km	3,8:	Rechts, Wegweisung „Hindenburghütte/Reit im Winkl". Nach 600 m weiter geradeaus.
2	km	7,5:	Vorbei an der Hindenburghütte und unmittelbar nachher links auf dem betonierten Fahrweg steil bergauf.
	km	8,6:	Geradeaus weiter, Wegweisung „Annakapelle/Schuhmacher Kreuz/Straubinger Haus". Nach 400 m vorbei an der links gelegenen Annakapelle.
	km	9,4:	Obere Hemmersuppenalm, links weiter, Wegweisung „Pflegereck/Eibenstockhütte/Winklmoosalm". Nach 300 m Viehgatter, weiter auf dem Wanderweg Richtung „Nattersbergalm/Seegatterl/Reit im Winkl".
	km	10,5:	Einbindung in einen Forstweg, geradeaus bergab weiter.
3	km	10,8:	Querung eines Forstweges, geradeaus bergab weiter, Wegweisung „Nattersbergalm/Seegatterl".
	km	11,1:	Einbindung in einen Forstweg, rechts bergauf.
4	km	13,5:	Vor einer Rechtskurve links auf den Wanderweg Nr. 18, auf einem schmalen Pfad abzweigen, Single Trail, Wegweisung „Eibenstockhütte/Winklmoosalm/Seegatterl".
5	km	15,3:	Eibenstockhütte, rechts bergauf auf dem Wanderweg Rich-tung Steinplatte. Nach 500 m Grenzübergang nach Österreich. Nach dem Grenzübergang auf der Forststraße weiter zum Parkplatz Steinplatte.

6 km 18,4: Parkplatz Steinplatte, links auf Asphalt bergauf, nach 700 m an der Stallenalm vorbei.

km 19,7: Bei der Rechtskurve auf Schotter geradeaus bergab Richtung Möseralm. Rechts ist ein Abstecher zum Gipfel der Steinplatte, ca. 3 km und 340 Hm, möglich.

km 20,3: Halbrechts.

7 km 20,8: Möseralm, nach 100 m links, kurz bergauf Richtung Winklmoosalm.

km 21,2: Schranken passieren.

8 km 23,9: Tanzanger; im spitzen Winkel nach links, Wegweisung „Winklmoosalm".

km 24,9: Winklmoosalm, geradeaus zur Abfahrt zum Seegatterl, nun immer der Wegweisung „Seegatterl" folgen. Oder auch Viehgatter passieren und nach ca. 200 m Rast bei der Winklmoosalm.

km 26,4: Rechts bergab, nach 200 m links.

km 30,5: Parkplatz Seegatterl.

Abfahrt von der Eibenstockhütte

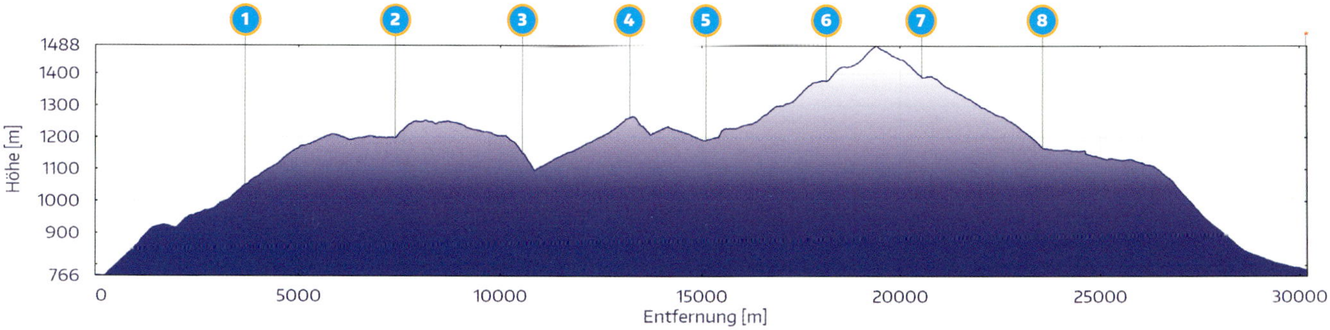

Abfahrt von der Winklmoosalm

Nach der Hemmersuppenalm

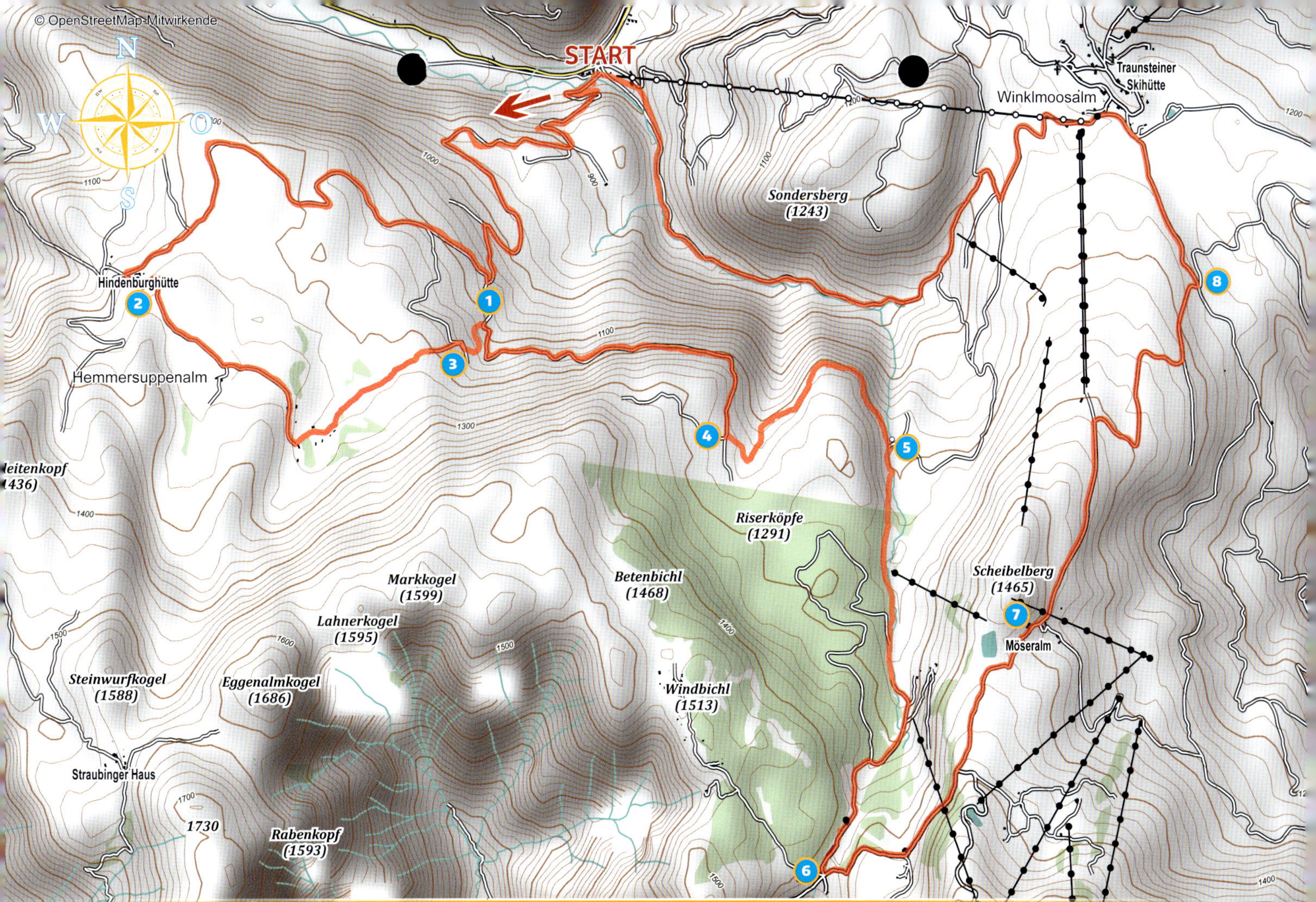

Tour 60 • Vom Seegatterl zum Dreiländereck

Notizen

50 TOUREN MIT GPS TRACKS

Radwandern und Mountainbiken

50 Touren im Salzkammergut

Die beiden Autoren Walter Köberl und Wolfgang Stumtner haben nicht nur einen neuen Radführer der Extraklasse für das Salzbuger Land, Berchtesgadener Land und den Chiemgau geschrieben, auch haben sie das **Salzkammergut** mit Ihren Bikes befahren. Auch dieser Radführer orientiert sich an dem **bewährten Konzept** seiner Vorgänger. Ein übersichtlicher Ordner, **Karten** und **Wegbeschreibungen** zum herausnehmen und eine mitgelieferte **Schutzhülle**, damit die **Touren** auch bei Regen gut geschützt sind. Um auch allen technikversierten Sportlern gerecht zu werden, können **alle Touren als GPS-Track für Navigationsgerät, Smartwatch oder Smartphone** direkt beim Verlag bezogen werden.

Erhältlich im Buch- und Zeitschriftenhandel, direkt beim Verlag oder über Ihren örtlichen Buchhändler.

Im praktischen Ringbuchordner • ISBN 978-3-940141-37-8 • Preis 28,90 € (D) • 29,80 € (A)

Erschienen bei Verlag Plenk Berchtesgaden GmbH und Co. KG

Koch-Sternfeld-Straße 5 • 83471 Berchtesgaden • Deutschland

www.plenk-verlag.com • plenk-verlag@t-online.de • Tel.: +49 (0) 8652 / 4474 • Fax: +49 (0) 8652 / 66277

+ 50 GPS TRACKS

BIKE

Notizen